国学新读本

论语集注

梁振杰 注说

河南大学出版社

国学新读本编辑委员会

总策划　马小泉

主　编　李振宏

编　委　(以姓氏笔画为序)

　　　　马小泉　王　健　朱绍侯　刘小敏
　　　　李中华　李振宏　苏凤捷　何晓明
　　　　张云鹏　张富祥　宋会群　杨天宇
　　　　杨寄林　杨朝明　赵国华　郑慧生
　　　　姜建设　袁喜生　曹　峰　曹础基
　　　　曾振宇　戚良德　龚留柱　熊铁基

目　录

序 ………………………………………… 李振宏（1）
《论语集注》通说 ……………………………………（1）
　一　朱子之生平 …………………………………（1）
　二　《章句集注》之撰述 …………………………（28）
　三　《章句集注》之思想 …………………………（38）
　四　《章句集注》之影响 …………………………（74）
　五　《章句集注》之阅读 …………………………（85）
　六　校注说明 ……………………………………（93）
《论语集注》简注 ……………………………………（94）
　论语序说 …………………………………………（94）
　读论语孟子法 ……………………………………（99）
　卷一 ……………………………………………（101）
　　学而第一 ……………………………………（101）
　　为政第二 ……………………………………（112）
　卷二 ……………………………………………（126）
　　八佾第三 ……………………………………（126）
　　里仁第四 ……………………………………（141）
　卷三 ……………………………………………（151）
　　公冶长第五 …………………………………（151）
　　雍也第六 ……………………………………（166）

卷四 ………………………………………………………… (182)
　述而第七 ……………………………………………… (182)
　泰伯第八 ……………………………………………… (198)
卷五 ………………………………………………………… (210)
　子罕第九 ……………………………………………… (210)
　乡党第十 ……………………………………………… (224)
卷六 ………………………………………………………… (240)
　先进第十一 …………………………………………… (240)
　颜渊第十二 …………………………………………… (256)
卷七 ………………………………………………………… (274)
　子路第十三 …………………………………………… (274)
　宪问第十四 …………………………………………… (288)
卷八 ………………………………………………………… (310)
　卫灵公第十五 ………………………………………… (310)
　季氏第十六 …………………………………………… (325)
卷九 ………………………………………………………… (335)
　阳货第十七 …………………………………………… (335)
　微子第十八 …………………………………………… (350)
卷十 ………………………………………………………… (359)
　子张第十九 …………………………………………… (359)
　尧曰第二十 …………………………………………… (368)
附录 ………………………………………………………… (373)
　四书章句附考序 ……………………………………… (373)
　四书章句集注定本辨 ………………………………… (374)

参考书目 ………………………………………………… (382)

序

最近一些年来,一股"国学热"的思潮强劲涌动,在文化学界以至于整个社会上,引起了强烈反响。为什么在这样一个社会的大变革时代,在从传统社会向现代社会的转型期,最为传统的国学,却能引起国人的极大兴趣,这的确是一个值得思考和研究的问题。

"国学"作为一个学术文化概念,产生于近代。从渊源上讲,"国学"概念的产生,与"国粹"有些关联,并且是从对抗西学侵入的角度提出来的。今天,中华民族早已是一个独立于世界民族之林的自立自强的民族,全球经济一体化所带来的世界文化的汇合与交融,也早已是历史发展的必然趋势,而在这样的历史大势中,却会有"国学热"的产生,乍一看来,确有不可思议之处。但实际上,国学的当代走红,则与我们今天所处的历史时代有着一定的关系。

随着改革开放的迅速推进,随着市场经济的强劲发展,传统道德受到了强烈冲击,传统文化与现代文化观念的碰撞也日益强烈。于是,如何看待传统文化的问题,就严峻地提到了国人的面前。传统文化的出路何在,它从何而来,要走向何方,如何对之进行价值重估,一切关心文化问题、有着强烈历史责任感的人们,无不把关注的目光投向中国的传统学术。当然,也不排除一些对改革开放和市场经济所带来的冲击无法理解和接受,对现代经济发展对传统道德的亵渎强烈抗议的人们，自然而然地发出向传统文化复归而倡导国学的呼声。总之，不论是出于积极的思考，还是抱着一种向后看的心态，对国学的重视则成了最近十多年来一种普遍的文化选择。

于是，对待"国学热"就需要有一个分析的态度。对于任何一个民族的发展来说，传统文化都是其牢固的根基，是其一切历史的出发点，摒弃传统、甚至全盘否定传统文化，都是幼稚可笑的，不可取的。但一遇到问题就求助于传统，甚至一味狂热地提倡向传统复归，也是走不通的，过去那句常说的"倒退是没有出路的"话，虽说不是什么至理名言，却也还是有些道理的。这些年来，一些地方出现的中小学生、甚至幼儿园小朋友的读经热，就是一种值得注意的倾向。国学，毕竟是一种学术，需要有一定的文化基础，有一定的分析批判能力，才能对之进行识读、鉴别而决定其取舍。所以，严格地说，对于国学，尤其是经学，在当代中国，需要的是研究以及在此基础上的批判继承，而不是再像传统社会中那样采取唱诗班的方式，对青少年一代进行无分析地灌输。因此，如何弘扬传统文化，就是一个需要思考的问题。

正是基于以上考虑，为着弘扬优秀传统文化的需要，也为着对社会上盲目崇尚读经的风气有所引导，我们组织了这套"国学新读本"丛书，选择一些在中国传统文化中影响较大的国学典籍，对之进行简明扼要的注释，然后在读本前边，用较大篇幅解读该典籍的基本思想文化内涵，评述其在中国文化史上的地位和影响，并对如何阅读该典籍做出读书方法上的引导。通过这样一个较为翔实的导读内容，以批判分析的态度，给青年人的国学典籍阅读提供一个健康的思想导向。根据这样的宗旨，这套丛书，在大的结构上，每本都分为"通说"和"简注"两个部分，"通说"是导读的性质，"简注"在于疏通文字，希望这样的安排，能够为青年朋友和一般社会读者提供一个国学入门的向导。果能如此,也就实现了撰著者和出版者的愿望。

国学所以是国学,就在于它是我们祖国优秀民族文化和民族精神的载体。在这些国学典籍中,包含着民族文化的基因,蕴藏着民族精神的范型。衷心期待这套丛书能够成为广大读者学习国学精华、体认民族精神、继承祖国优秀文化遗产的良师益友。

李振宏

2008 年 2 月 28 日

《论语集注》通说

朱熹《四书章句集注》是其理学思想的重要组成部分,在中国古代思想文化史上具有十分重要的地位与价值。自元代延祐以降,《章句集注》悬为功令,位列科举之目,愈为统治阶层与历代学人所重视,其对中国历史文化之影响,七百年来鲜有能出其右者。

一 朱子之生平

朱子名熹,生于南宋高宗赵构建炎四年庚戌(1130),卒于宁宗赵扩庆元六年庚申(1200),年七十一。南宋著名道学家,中国理学思想的集大成者,孔子之后的一代大儒。

朱熹乳名沈郎,小字季延。盖朱熹出生之尤溪古称沈溪[①],而尤溪又属延平,故有此称。排行五十二,又称五十二郎。字元晦,又为仲晦。朱子生平喜用熹或朱熹,时于其名前加新安、丹阳、吴郡、紫阳、平陵,以志其念本怀源。别号晦庵、晦翁、云谷老人、沧州

---

① 一说朱熹小名沈郎,以尤溪古称沈溪而名,但我们以为称"沈溪"、"沈郎"为是,详见束景南《朱熹年谱长编》,华东师范大学出版社2014年版,第3—4页。

病叟、晦庵病叟、遁翁；任祠官则称云台隐吏、云台真逸、云台外史、云台子、嵩高隐吏、鸿庆外史；又自称白鹿洞主、仁智堂主，后人称晦庵先生、紫阳先生。

（一）朱子家世

朱子家世，《宋史·朱熹传》曰"徽州婺源人"（今江西婺源），朱熹门人黄榦（亦是其女婿）《朱子行状》称朱子家世"婺源著姓，以儒名家"。《婺源县志·朱子世家》载：

> 唐末有朱古寮者，仕为婺源镇将，因家焉。历传至森，以子赠承事郎。森生松，字乔年，号韦斋，官吏部。年逾冠以上舍登第，授建州政和尉。父卒，贫不能归，因葬承事于政和。服除，调剑州尤溪尉，……御史中丞同荐公可任大事，复召对言至切。迁著作佐郎、尚书度支员外郎兼史馆校勘，历司勋吏部两曹兼领史职如故。转奉议郎，又转承议郎。①

朱氏一姓，源远流长。朱熹祖辈出自"吴郡朱氏"一支，此支是东汉灵帝时经青州过江的。青州朱氏过江又分为两支，一支居姑苏，一支居丹阳。朱子好自称"吴郡朱熹"、"丹阳朱熹"，可见他是吴郡朱氏徙居丹阳的一支。唐末朱古寮（又名朱瓌，字舜臣）奉命戍守婺源，为婺源镇将，徙家婺源。后来任制置茶院之官，为婺源朱氏始祖。至朱熹祖朱森、父朱松时，朱氏已家道式微。朱松出身于一个破落的读书人家，他曾提及家境的清寒："家素贫，俯仰水菽之养，朝不谋夕。"《韦斋集》卷九《上胡察院书》）政和八年（1118），朱松以同上舍出身授迪功郎、建州政和县尉（福建），于是朱松把婺源老家的百亩田地作为抵押换取资材，携家人入闽侨居。宣和二年

---

① 《婺源县志》卷18，清乾隆甲戌（1754）本。民国《重修婺源县志》，《朱子世家》为第20卷。

(1120),朱森卒,正值方腊乱,因贫不能归葬婺源故里,遂葬于政和县护国寺侧。服除,朱松调任南剑州尤溪县尉。约两年去官,往来旅寓建、剑二州,过着到处漂泊的贫苦生活,其第三子朱熹即生于南剑州尤溪郑氏寓舍(郑安道之家)。朱熹母祝姓,原来也是徽州歙县(新安)名门望族,但至朱熹的外公祝确时已是家道中衰,十八岁嫁给朱松。生于季世衰族的朱熹,注定有一个颠沛流离、生活困顿的童年。

高宗建炎四年(1130)九月十五日,朱熹诞生于南剑州尤溪县城北青印溪南山下(后来称毓秀峰)郑氏寓舍。在天象阴阳家看来,大凡圣人的出生必然有神奇的征兆。据传,朱熹诞生前三天,远在婺源朱氏故宅的古井突然紫气如虹,经久不散。更为神奇的是,呱呱坠地的婴儿,脸上右眼角旁即有七颗黑痣,形如北斗,预示着一代大儒、理学泰斗、万世师表降临人间。朱子天资卓异,颖悟早慧。四岁,开始思考天之上何物,尝指日而问其父:"日何所附?"朱松曰:"附于天。"又问:"天何所附?"父奇之。五岁,始诵《孝经》,即题字于其上:"不如是,非人也!"尝从群儿嬉戏于馆前沙地之上,以指画沙,视之,乃是八卦。

"天将降大任于斯人也,必先苦其心志,劳其筋骨"。朱子诞生于郑氏寓所,寄食人下。随后,为躲避金兵、起义军、叛军,及其朱松的迁任,小沈郎随父旅居尤溪、龙爬、长溪(寓居龟灵寺)、福州、桐江、建州浦城、建瓯等地。一路走来,漂泊困窘,小沈郎饱尝了生活的艰辛,他的两个哥哥也在"尽室饥寒"中夭折。绍兴十三年癸亥(1143)朱松卒于建州(建安)城南环溪寓舍,年四十七,后追谥献靖公。翌年,葬于建宁府崇安县五夫里西塔山(灵梵院侧)。朱松病重时,将家事托付好友刘子羽,命朱熹就学于武夷三先生:籍溪胡宪、白水刘勉之、屏山刘子翚。并且要求朱熹父事之。三先生皆居崇安县五夫里,十四岁的朱熹于是奉母率妹迁居五夫里,开始了在潭溪的生活。

（二）朱子受学

朱氏"以儒名家"，朱子早慧，五岁就学，始诵《孝经》、"四书"。① 绍兴七年(1137)，朱松被召入对，单身襆被入都，朱熹母子寄居浦城。朱松为儿子请了塾师，朱熹开始在塾师的指导下接受正规而系统的儒家经典训蒙教育。绍兴八年，朱熹母子随父到临安，朱熹就傅杨由义受学。杨由义由布衣而官至刑部侍郎，出入公卿之门。因出使金国不肯屈膝跪拜而名闻朝堂，令朱子大为赞叹。据《咸淳临安志》载："朱熹欲铭其墓，尝曰：'忠义大节，夷夏称叹。'会熹卒，不果。"②杨由义的忠义大节，对朱熹后来的思想及其政治主张影响颇大。绍兴十年(1140)，朱松请祠归闽，携朱熹自临安归居建安环溪。朱子读书，十分刻苦，日有所进，渐有"圣人"之志。朱熹尝自述其读书经历曰："某自卯读'四书'，甚辛苦。"③"孔子曰：'仁远乎哉？我欲仁，斯仁至矣。'这个全要人自去做。孟子所谓奕秋，只是争这些子，一个进前要做，一个不把当事。某年八九岁时读《孟子》到此，未尝不慨然奋发，以为为学须如此做工夫，当初便有这个意思如此，只是未知得那棋是如何著，是如何做工夫。自后更不肯休，一向要去做工夫。"④"某十数岁时，读《孟子》言'圣人与我同类者'，喜不可言，以为圣人亦易做，今方觉得难。"⑤在随父亲朱松居临安的日子里，朱熹时常侍行在父亲和老师的左右，因

---

① 据李方子《紫阳年谱》及束景南《朱熹年谱长编》。
② 咸淳《临安志》卷67。
③ 黎靖德：《朱子语类》卷104，中华书局1986年版。以下所引皆据此书，仅注卷数。
④ 《朱子语类》卷121。
⑤ 《朱子语类》卷104。

此时常可以听到文士、骚客、名儒们的高论宏辞，一睹这些名士们的风采，耳濡目染了道学先辈的流风遗韵。绍兴八年，朱熹侍父，见到了大儒尹焞。尹焞乃程颐四大弟子之一，当时杨时、胡安国等理学大家相继去世，尹焞成为一代宿儒。一心慕道的朱熹能够亲眼目睹一代大儒的风采，这对朱熹来说影响颇大，于是他找来尹焞所著《论语解》抄录勤读。后来朱熹在给尹焞弟子王德修的书信中回忆此事说："熹儿时侍先君子官中秘书，是时和静先生实为少监。熹尝于众中望见其道德之容，又得其书而抄之。然幼稚愚蒙，不能识其为何等语也。既长，从先生长者游，受《论语》之说，遍读河南门人之书，然后知和静先生之言，始有以粗得其味。"①可见，此次得见尹焞先生对朱熹影响深远。同年，朱熹还见到了礼部侍郎胡寅，胡寅为湖湘派的理学大师，理学家胡安国的长子，受学于龟山杨时。《朱子语类》卷一百一载："胡致堂议论英发，人物伟然。向尝侍之坐，见其数杯后，歌孔明《出师表》，诵张才叔《自靖人自献于先王义》、陈了翁《奏状》等，可谓豪杰之士也。"胡寅的豪爽之气深深打动了朱熹，朱子一生好饮酒、诵孔明《出师表》，深受胡寅影响。

在建安环溪精舍，朱熹开始了在父亲苦心督教下"十年寂寞抱遗经"的读书生活。黄榦《朱熹行状》："少长，厉志圣贤之学……自韦斋先生得中原文献之传，闻河洛之学，推明圣贤遗意，日诵《大学》、《中庸》之书，以用力于致知诚意之地。先生早岁已知其说，而心好之。"朱松不仅以经学理学教授朱熹，而且也教授朱熹诗文，朱子一生诗文之成就和这一时期密切相关。朱松本是一文士，平生致力于诗文。曾以诗文投左相赵鼎，除著作佐郎。其诗文在建炎、绍兴之间得到朝廷公卿的赞誉，一时传写吟诵于学子士人之间，有

---

① 《答王德修》，《晦庵先生朱文公文集》卷55。朱杰人等主编《朱子全书》，上海古籍出版社、安徽教育出版社2002年版。以下只注卷数。

《韦斋集》传世。朱松一生不得意，很希望朱熹能够通过科举来振兴朱氏家族，所以他对教授朱熹诗文十分用心。为此，他时常带他出访当时的文士诗友。绍兴十二年九月，朱松携朱熹拜访了归居长乐的著名诗（词）人张元干。在朱松的精心指导下，经过自己的努力，朱熹诗文大进，婺源先辈董颖赞其笔力扛鼎。① 朱松本人对朱熹诗文的进步亦十分满意，于绍兴十一年九月十五日朱熹生日那天作诗祝贺，称赞他运笔生风。《韦斋集》卷五《以月团为十二郎生日之寿戏为数小诗》中有："骎骎惊子笔生风，开卷犹须一尺穷。年长那知虫鼠等，眼明已见角犀丰。"朱松对沈郎诗文的惊喜、欣慰、自豪之情溢于言表。然而，绍兴十三年三月朱松卒于建安环溪寓舍，朱熹遂失庭训。

朱松病重时以手书托家事于好友刘子羽，命朱熹禀学于武夷三先生：籍溪胡宪、白水刘勉之、屏山刘子翚。据朱熹《屏山先生刘公墓表》云："盖先人疾病时，尝顾语熹曰：'籍溪胡原仲、白水刘致中、屏山刘彦冲，此三人者，吾友也。其学皆有渊源，吾所敬畏。吾即死，汝往父事之，而惟其言之听，则吾死不恨矣。'"②朱松卒后，刘子羽为朱熹母子在崇安五夫里屏山之下、潭溪之上修葺了一座五间的旧楼，朱熹母子便寄居于此。③ 朱熹从此入刘氏家塾，受学于刘子翚、刘勉之、胡宪三先生。潭溪的生活虽然无衣食之虞，但寄人篱下的感觉总让十几岁的朱熹精神上感到压抑，他曾寄书三叔朱槔，诉说异乡寄寓的辛酸。也正是这样一种寄居生活，造就了朱熹沉郁内向、持重耽思的性格特点。朱子在潭溪期间，读书甚勤，对于"四书"尤其用力。曾经读吕大临《中庸解》与《孟子》"自暴

---

① 董颖诗原文："共叹韦斋老，有子笔扛鼎。"见束景南《朱熹年谱长编》"绍兴十年"，朱熹十一岁。
② 《晦庵先生朱文公文集》卷90。
③ 此楼后来称为"紫阳楼"，朱熹也以"紫阳"为号。

自弃"章,警厉奋发,作《不自弃文》。①朱熹《答江德功书(二)》云:"格物之说,程子论之详矣。……盖自十五六时知读是书(《大学》),而不晓格物之义,往来于心,余三十年。"②此时,朱子开始在刘勉之、刘子翚的指导下细读二程与张载之书。朱熹《答宋深之书(一)》:"近世大儒如河南程先生、横渠张先生……熹自十四五时得两家之书读之,至今四十余年,但觉其义之深、指之远,而近世纷纷所谓文章议论者,殆不足复过眼。信乎,孟氏以来一人而已。"③三先生中,朱熹师事胡宪约二十年,然于朱熹思想,熏染不多,故《朱子语类》甚少提及。朱子所作祭文行状,多未涉及其学说思想。故朱子师事籍溪胡原仲,多为遵父临终遗训。刘勉之,五夫里白水人,人称白水先生。与胡宪同举,入太学。曾就学于二程门人杨时,其学近杨时、张载。政治上主战反和,南渡后因秦桧擅权主和,故谢病归隐。朱子就学勉之,他慨然帮助朱熹经理其家,待朱子如子侄,后以其女妻之。朱子师事白水先生约六年,其于朱子之影响,生活上的关照可能更甚于学术上的熏陶。三人之中,于朱熹学术思想影响最大者,当属屏山刘子翚。子翚字彦冲,未冠入太学,后归居屏山之下潭溪之上。自号病翁,讲学五夫里十七年。屏山于朱子影响甚大,绍兴十五年,为朱熹取字元晦。④《屏山集》卷六《字朱熹祝词》:"冠而钦名,粤惟古制。朱氏子熹,幼而腾异。交朋尚焉,请祝以字。字之元晦,表名之义:木晦于根,春容晔敷;人晦于身,神明内腴。"朱熹《跋潘显甫字序》亦提及此事:"余年十六七

---

① 《朱子语类》卷4:"某年十五六时,读《中庸》'人一己百,人十己千'一章,因见吕与叔(大临)解得此段痛快,读之未尝不悚然警厉奋发。"
② 《晦庵先生朱文公文集》卷44。
③ 《晦庵先生朱文公文集》卷58。
④ 后朱子以为,"元"为乾四德之首,愧不敢当,遂改为"仲晦",故《宋史·朱熹传》曰:"朱熹,字元晦,一字仲晦,徽州婺源人。"

时,屏山刘先生字余以元晦而祝之。……余受其言,而行之不力,涉世犯患,颠沛而归,然后知其言之有味也。"①朱子寓居崇安五夫里,一直在刘氏家塾中读经受学。刘子翚长期在五夫里讲学,朱子则长期侍读。其间,朱熹对二程理学精心潜研,大有长进。《朱子语类》卷一百一十五:"某少时为学,十六岁便好理学,十七岁便有如今学者见识。"《语类》卷一百四:"某是自十六七岁时下工夫读书,彼时四旁皆无津涯,只自恁地硬著力去做。至今日虽不足道,但当时也是吃了多少辛苦,读了书。"朱熹还谈到:"某年十七八时,读《中庸》、《大学》,每日早起须诵十遍。"②可见,此时朱熹对于"四书"十分用心,时时体认其中的深意。

从总体上看,三先生都崇尚程学,但三人学问思想亦各有传授渊源,其于朱子的影响亦驳杂不一。刘子翚多取胡瑗、程颐、胡安国,胡宪多取谢良佐、胡安国、朱震湖湘派,刘勉之多取刘安世、杨时、张载。朱熹对这些理学思想兼收并蓄,为其日后成为理学思想的集大成者准备了丰厚的思想资源。与传统经师不同,三先生首先是理学家,显然他们对朱熹的影响,更重于理学思想,而不是章句训诂。因此,他们把少年朱熹的关注点由"五经"引到了"四书",对此,朱熹在《朱子语类》和《文集》中反复提及。也许正是他们的影响,在朱熹的学术体系中,"四书"学要比"五经"学位置重要。不仅在经学、理学上,而且在诗文上朱熹也深受三先生影响。刘子翚最好五古,刘勉之擅长辞赋,朱子则兼取二家之长,其后诗赋皆有所成。

此时的朱子,已励志圣贤之学,潜心研读二程、张载的著作,只是对举业不甚经意。《朱子语类》卷一百七:"又因问举业,先生笑

---

① 《晦庵先生朱文公文集》卷 82。
② 《朱子语类》卷 16。

曰：'某少年时只做得十五六篇义，后来只是如此发举及第。'"和许多青少年学子一样，朱熹有着广泛的兴趣爱好，《朱子语类》卷一百四："某旧时亦要无所不学，禅、道、文章、楚辞、诗、兵法，事事要学。"就思想而言，朱熹思想中的佛老成分无疑深受三先生影响。武夷三先生虽然宗二程、张载，务儒者之学，但三者亦不排斥佛老。朱子尝自言："初师屏山、籍溪。籍溪学于文定，又好佛老；以文定之学为论治道则可，而道未至。然于佛老亦未有见。屏山少年能为举业，官莆田，接塔下一僧，能入定数日。后乃见了老，归家读儒书，以为与佛和，故作《圣传论》。其后屏山先亡，籍溪在。某自见于此道未有所得，乃见延平（李侗）。"①胡宪与刘子翚俱好佛老，子翚糅合儒释而成《圣传论》。子翚与子羽、宗杲关系甚密，《续传灯录》曾把刘子羽作为宗杲的"法嗣"，算是俗家弟子。宗杲曾说："彦冲修行，却不会禅；宝学会禅，却不修行。"②刘子翚与宗杲及其弟子道谦均有来往，绍兴十四年，朱熹在刘子翚处初见道谦禅师，向其学禅，此后出入佛老十余年。《朱子语类》卷一百四："某年十五六时，亦尝留心于此（禅学）。一日在病翁所会一僧，与之语。其僧只相应和了说，也不说是不是；却与刘说：'某也理会得个昭昭灵灵底禅。'刘后说与某，某遂疑此僧更有要妙处在，遂去扣问他，见他说得也煞好。及去赴试时，便用他意思去胡说。是时文字不似而今细密，由人粗说，试官为某说动了，遂得举。"此处所说的"得举"指的是绍兴十八年二月的省试（礼部试），朱熹以道谦禅说回答《易》、《论语》、《孟子》之义，其得中，与当时的考官周执羔、沈该、汤思退俱好佛老有关。可见，佛老思想对朱熹的影响之大。

绍兴十八年四月，十九岁的朱熹殿试中举，位第五甲第九十

---

① 《朱子语类》卷104。
② 《朱子语类》卷126。

人,赐同进士出身。登第后的朱熹,与一般士子把读书为学作为进入官僚阶层和上流社会的敲门砖不同。十九岁的学子并没有陶醉于"春风得意马蹄疾"的狂喜之中,也没有表现出汲汲进入官宦之列的憧憬与向往,而是表现出了异乎寻常的理智与持重。对于学问,朱熹更加精进勤苦,进入研读体悟、晓知义理的阶段。他遍求"五经"、《论》、《孟》,反复诵读,沉思体贴。对此,朱熹本人曾回忆说:"某旧时看文字,一向看去,一看数卷,全不曾得子细;于义理之文亦然,极为病。今日看《中庸》,只看一段子。"①"某从十七八岁读(《孟子》)至二十岁,只逐句去理会,更不通透。二十岁已后,方知不可恁地读。元来许多长段,都自首尾相照管,脉络相贯串,只恁地熟读,自见得意思。从此看《孟子》,觉得意思极通快。"②"讲论自是讲论,须是将来自体验。说一段过又一段,何补!某向来从师,一日说话,晚头如温书一般,须子细看过。有疑,则明日又问。"③可以看出,此时朱熹读书不再如过去一般贪多图快,而是注重对义理的思量和融会贯通,仔细体验。为了思索体悟一段文字的义理,有时会废寝忘食,甚至彻夜不眠。《朱子语类》卷一百四中他曾说:"某旧年思量义理未透,直是不能睡。初看子夏'先传后倦'一章,凡三四夜,穷究到明,彻夜闻杜鹃声。"

朱子中举后,可以脱却场屋,潜心读经,研读《论》、《孟》,思量义理,使其学问思想大有长进。然而,此时朱熹对于佛家、道家亦不反对,他时常拜访儒学前辈,谈经论道;亦时常访释谒道,沉潜于佛典、道卷之中。绍兴二十年,高僧道谦自衡阳归密庵,朱熹数至山中,与道谦朝夕问道学禅;绍兴二十二年,朱熹再访密庵道谦,归

---

① 《朱子语类》卷104。
② 《朱子语类》卷105。
③ 《朱子语类》卷119。

来斋居,耽读佛经,究味禅理;九月道谦卒,朱子有文往祭之。同年秋间,朱子亦沉潜道经,学长生飞仙之术;冬间,斋居修道,作焚修室,拟《步虚辞》,仿道士步虚焚修。促成朱熹思想、学术重大转变的,是绍兴二十三年初见延平李侗。绍兴二十一年三月,朱熹铨试中等,授左迪功郎、泉州同安县主簿,待次。绍兴二十三年五月,赴泉州同安县主簿任,经南剑,途中拜见延平李侗。

朱熹与李侗的这次会面,对朱子一生学术影响极大,是朱子思想发展的一个重要契机。朱熹撰《行状》云:"闻郡人罗仲素(罗从彦)得河洛之学于龟山杨文靖公(杨时)之门,遂往学焉。……从之累年,受《春秋》、《中庸》、《语》、《孟》之说。从容潜玩,有会于心,尽得其所传之奥。……熹先君子吏部府君亦从罗公问学,与先生为同门友,雅敬重焉。"①李侗师从罗从彦,罗从彦师承杨时,而杨时是程颐的得意弟子。二程高弟中,游酢、谢良佐卒于北宋,所以,南宋初年杨时在南方声望极高。罗从彦仰慕河南二程之学,"遂往学焉"。李侗从罗氏多年受学,于儒家经典有得于心,同时李侗又是朱松同门友,所以,朱熹对于李侗及河洛之学早已心向往之。朱子求学心殷,赴任途中往见延平。

朱熹初见延平李侗,与之谈论学禅心得,但却不为李侗首肯。李方子《紫阳年谱》:"初,先生学历常师,出入于经传,泛滥于释老者,亦既有年。及见延平,洞明要道,顿悟异端之非,尽能掊击其失。由是专精致诚,剖微穷深,昼夜不懈,至忘寝食,而道统之传始有归矣。先生常言:'自见李先生,为学始就平实,乃知向日从事于释氏之说皆非。'又云:'初见延平,说得无限道理,也曾去学禅,李先生曰:"公恁地悬空理会得许多道理,而面前事却理会不下。道亦无他玄妙,只在日用间着实做工夫处,便自见得。"'后来方晓他

---

① 《延平先生李公行状》,《晦庵先生朱文公文集》卷97。

说,故今日不至于无理会耳。'"①对此,朱熹亦曾回忆说:"后赴同安任,时年二十四五矣,始见李先生。与他说,李先生只说不是。某却倒疑李先生理会此未得,再三质问。李先生为人简重,却是不甚会说,只教看圣贤言语。某遂将那禅来权倚阁起。意中道,禅亦自在,且将圣人书来读。读来读去,一日复一日,觉得圣贤言语渐渐有味。却回头看释氏之说,渐渐破绽,罅漏百出。""某少年未有知,亦曾学禅,只李先生极言其不是。后来考究,却是这边味长。才这边长得一寸,那边便缩了一寸,到今销铄无余矣。毕竟佛学无是处。"②此后,朱子多次请教李侗,至绍兴三十年正式受学李侗。以李侗为师后,朱子与延平关系更加密切,或书信往来求学论道,或亲赴拜谒聆听教诲。所论内容涉及儒家经典义理如经书《论语》《孟子》《太极通书》《太极图说》《中庸》《大学》及其仁学、理一分殊、主静存养等。李侗对朱熹不断勉励,对朱子学问长进亦十分满意,曾赞朱熹对于儒家义理"能渐洒然融释"。后来,朱熹有《延平答问》,可见延平李侗对其影响之大。朱子从理会"昭昭灵灵底禅"到认为"佛学无是处"、"罅漏百出",完成了出佛入儒的大转变。在这转变过程中,李侗起了巨大的作用,对于朱子成为理学集大成者功不可没。然而,朱熹早年的释、道思想,对于后来朱子融会佛、道以成理学之集成,打下了坚实而丰厚的基础。

(三) 朱子为官

绍兴二十一年(1151)三月,二十二岁的朱熹铨试中等,被授以左迪功郎、泉州(福建)同安县主簿,绍兴二十三年七月到任,朱子

---

① 束景南:《朱熹年谱长编》,华东师范大学出版社2014年版,第163页。
② 《朱子语类》卷104。

开始了自己的仕宦生涯。其后历同安、南康、浙东、漳州五任,共七年三个月。历高宗、孝宗、光宗、宁宗四朝。其中,绍熙五年甲寅十月初四奏事行宫便殿,除焕章阁待制兼侍讲,至闰十月十九批除宫观,共四十六日。所以,黄榦《朱子行状》云:"五十年间,历事四朝。仕于外者仅九考,立于朝者四十日。"朱子一生政绩,综其大者,有以下数端可陈。

创立社仓,减税赈灾

乾道七年(1171)五月,四十二岁的朱熹在崇安五夫里创立社仓。《崇安县志》卷二《仓》:"县大饥,朱文公请郡粟赈之,……民乐还官,公复请留各里立社仓,夏贷冬成收之,岁以为常,淳熙八年公疏其法,请行于天下。从之,后寝废,今遗址犹存、条约具在。"《晦庵先生朱文公文集》卷十三《辛丑延和奏札四》:"臣所居建宁府崇安县开耀乡有社仓一所……臣等申府措置,每石量收息米二斗,自后逐年依次敛散。或遇小歉,即蠲其息之半;大饥,即尽蠲之。"由此看来,社仓其实是一种乡民自救的方法,凡遇凶年歉收,以仓粟贷出只收半息;凡是大荒之年,则全数免除。朱熹这种立仓赈灾的办法最初在崇安五夫里实行。淳熙八年(1181),朱熹除提举两浙东路常平茶盐公事,十一月延和奏事后,在浙东地区普遍实行。社仓的创立,使得在凶年饥荒之时,人不阙食,不但使得乡民百姓避免了流离失所、饿殍遍野的惨境,而且对于社会的稳定起到了极大的作用。

朱熹为宦,在意民生疾苦。主张"薄赋"(省赋),反对重敛。朱子曾言:"罢去冗废,而悉除无名之赋,方能救百姓于汤火中。若不认百姓是自家百姓,便不恤。"①南宋王朝赋税繁重,巧立名目,横征暴敛,弊病甚多。"福建赋税犹易辨,浙中全是白撰,横敛无数,

---

① 《朱子语类》卷111。

民甚不聊生,丁钱至有三千五百者。"①"此外有名目科敛不一,官艰于催科,民苦于重敛,更无措手足处。"②繁重的赋税使得民不聊生,直接影响了社会的稳定。为此,朱熹提出"恤民"、"省赋"的主张。"臣尝谓天下国家之大务莫大于恤民,而恤民之实在省赋。"③在南康郡任职期间,他曾上书朝廷要求蠲减税钱,他说:"(南康郡)赋税偏重,比之他处或相倍蓰。民间虽复尽力耕种,所收之利或不足以了纳税赋,须至别作营求,乃可陪贴输官。是以人无固志,生无定业,不肯尽力农桑,……故臣自到任之初,即尝具奏,乞且将星子一县税钱特赐蠲减。又尝具申提点坑冶司,乞为敷奏,将夏税所折木炭价钱量减分数。"④南宋王朝苛税杂赋,名目繁多。一户农民,除了正常的夏秋赋税外,还有许多杂赋苛税:经总制钱、月桩钱、版帐钱、耗米、折帛钱、和买、和籴、科配等,名目繁多,以致"一方憔悴困苦之民,自此庶几复有更生之望矣"⑤。朱熹上书主张除夏秋两季正税之外,其他一切名目的苛税杂赋都应取消,"须一切从民正税,凡所增名色,一齐除尽,民方始得脱净"⑥。这正是百姓的呼声,也是王朝统治稳定的基础。食盐由国家经营,而且盐税是国家主要的财政来源之一。在买卖过程中,官吏乘盐税之机,增加征收名目,如此,不但使盐商负担加重,而且致使盐价增高。朱熹曾为常平茶盐公事,对此深有感触:"官科盐于民,岁岁增添。此外名目科敛不一,官艰于催科,民苦于重敛,更无措手足处。"⑦朱熹主张改革盐税与食盐卖法,以使民可以得盐,而国家也有较好的财政收入。

朱子为官,十分注重赈济灾民,减轻百姓差役。南宋时水灾旱灾,时有发生,朱熹几次被朝廷派遣地方救灾。在朱熹看来,赈灾

---

①②⑥⑦ 《朱子语类》卷111。
③④⑤ 《庚子应召封事》,《晦庵先生朱文公文集》卷11。

救荒,乃是国家头等大事。灾害之时,民不聊生,生存维艰,政府要及时赈济救灾,否则有可能发生暴乱,影响国家安定。"今赈济之事,利七而害三,则当冒三分之害,而全七分之利。不然,必欲求全,恐并与所谓利者失之矣。"①即使赈济之后也不能收回赈济钱粮,要使得百姓有力量发展生产。为政浙东时,所在诸州县,水旱频仍。凶年饥荒,百姓卖田拆屋,鬻妻子,货耕牛,无所不至。于是,朱熹紧急以所储仓米三十万石投绍兴府,以三万石投衢州。又以朝廷所赐钱及其政府所筹钱财投放会稽、山阴、婺州、衢州、处州、台州等地。朱熹救荒赈灾,不辞辛劳,"到任以来,朝夕忧惧,精神耗竭,四肢缓弱,时复麻痹"②。他如,减轻百姓差役、兴水利、捕蝗虫、巡历各州等,朱子皆十分尽力。朱熹为地方官吏虽然时间不长,但也做到了任职为民,造福一方。叶公回《朱子年谱》称"至今台州小民,言及先生,无不以手加额",并非虚美之言。

整顿学校,醇厚民风

作为一名地方官员,朱熹十分注重教化。每到一处,即整顿县学、州学。朱子认为,兴学校、倡教育,其首要目的即在于整顿伦理道德。"福州之学在东南为最盛,弟子员常数百人。比年以来,教养无法,师生相视,漠然如路人。以故风俗日衰,士气不作,长老忧之,而不能有以救也。"③在朱熹看来,社会之所以风俗日敝,就是因为教养无法。而学校是进行教化的主要场所,所以朱子为官一方,十分重视教化。他整顿学校,延请聘任优秀人才赴学任教,待之如宾;选拔乡里子弟入学受训,并亲自督导。其出任同安县主簿兼主县学时,曾敦请本县徐应中、王宾两进士任教县学,又请进士

---

① 《朱子语类》卷111。
② 《乞借拨官会给降度牒及推赏献助人状》,《晦庵先生朱文公文集》卷16。
③ 《福州州学经史阁记》,《晦庵先生朱文公文集》卷80。

柯翰为直学，以勉励众生员。屡出告示晓谕诸生于科举之外，读书亦为义理养心。县学原有四斋，朱子复其旧，更名为"志道"、"据德"、"依仁"、"游艺"。绍兴二十五年（1155），奉檄至福州帅府，见安抚使方滋，为县学请得官书九百八十五卷。又搜集县学故柜藏书二百二十七卷。建经史阁以藏之，极大地方便了诸生读书。朱子于教育，可谓尽心尽力。故黄榦《朱熹行状》云："莅职勤敏，纤悉必亲。郡县长吏事倚以决，苟利于民，虽劳无惮。职兼学事，选邑之秀民充弟子员，访求名士以为表率，日与讲说圣贤修己治人之道。年方逾冠，闻其风者，已知学之有师而尊慕之。"

朱熹任职地方，十分注重整顿礼制，端正民风。在同安做主簿时，曾经考定释奠仪。洪嘉植《朱熹年谱》云："初，县学释奠旧例，止以人吏行事。先生至，求《政和五礼新仪》印本于县，无之。乃取《周礼》、《仪礼》、《唐开元礼》、《绍兴祀令》更相参考，画成礼仪、器用、衣服等图，训释辨明，纤悉毕备，俾执事学生朝夕观览，临事无舛。"①针对同安地区没有婚姻之礼，"引伴为妻"的风俗习惯，朱熹申请知州禁止，以严婚礼，行婚仪。朱熹《申严婚礼状》："访闻本县自旧相承，无婚姻之礼，里巷之民贫不能聘，或至奔诱，则谓之引伴为妻，习以成风。其流及于士子富室，亦或为之，无复忌惮。其弊非特乖违礼典，渎乱国章而已。至于妬媢相形，稔成祸衅，则或以此杀身而不悔。习俗昏愚，深可悲悯。欲乞检坐见行条法，晓谕禁止，仍乞备申使州，检会《政和五礼》士庶婚娶仪式行下，以凭遵守，约束施行。"②在朱熹看来，能否实行婚娶仪式，关系到"别男女，经夫妇，正风俗而防祸乱之原也"③。所以，朱子认为同安地区"引伴

---

① 束景南《朱熹年谱长编》"二十六岁"引。
② 《晦庵先生朱文公文集》卷20。
③ 《申严婚礼状》，《晦庵先生朱文公文集》卷20。

为妻",是有违礼典、渎乱国章的行为,应该禁止。

巡历各州,弹劾劣吏

淳熙八年(1181),朱熹以宰相王淮荐,除提举两浙东路常平茶盐公事。是时,浙东诸州,水旱频发,州民大饥。朱子即单车就道,救荒赈济,十二月奏劾绍兴府督监贾祐之救灾怠慢,不抄札饥民。《晦庵先生朱文公文集》卷十六有《奏绍兴府督监贾祐之不抄札饥民状》,奏劾贾祐之救荒不力,漏抄灾民。《朱子语类》卷一百六亦提及漏抄灾民一事:"绍兴时去得迟,已无擘画,只依常行,先差一通判抄札城下两县(山阴、会稽)饥民。其人不留意,只抄得四万来人。外县却抄得多,遂欲治之而不曾,却托石天民重抄得八万人。"由于地方官员在救灾中依然草菅人命,漏抄饥民,致使大量灾民得不到救济,哀民遍野,道殣相望。有感于此,朱熹于次年(淳熙九年)正月巡历绍兴府属县及婺州、衢州。黄榦《朱熹行状》:"分画既定,按行所部,穷山长谷,靡所不到,拊问存恤,所活不可胜计。每出,皆乘单车,屏徒众,所历虽广,而人不知。郡县官吏惮其风采,仓皇惊惧,常若使者压其境,至有自引者去,由是所部肃然。而尤以戢盗、捕蝗、兴水利为急。"黄榦所言,也许有溢美之嫌,但所言戢盗、捕蝗、兴水利,及奏劾救灾不力之庸官、劣吏确为实事。绍兴府指使密克勤不顾灾民死活,大量侵吞赈灾粮食,以糠泥拌和混入赈济米中,然后再以小斗斛量给灾民。朱熹巡历一到嵊县,即抽样查出一石米就少九升,一斗米中即可筛出泥土一升二合,糠一升一合。一万三千石的救济粮竟然少了四千一百六十石,触目惊心,令人发指,朱熹即刻奏劾。巡历至金华县,奏劾上户朱熙绩不伏赈粜。依照当时赈灾之法,朱熙绩是上户,应该设米场粜济赈救灾民,但他躲匿不从。即使设场出粜,也只发粜发霉的糙米,还要克减斤两。衢州守李峄好大喜功,不修荒政,掩蔽灾荒实情,谎报"民不阙食,未至流移"。灾民饥饿冻死遍野,李峄却不顾灾民死活差人下县督催财赋,而朱熹拨付衢州的六万石救济米,他却一粒不分拨下县。衢州监酒库张大声、龙游县丞孙孜检放旱伤不实,甚至把开化县受灾八分只作一厘减放,造成"被灾户困于输纳、追呼、监系、决罚之苦,流移四出,而贫下之民无从得食,岁前寒雨,死亡甚重"①的惨境。一月下旬,朱熹巡历至衢州,即奏劾李峄、张大声、孙孜。在以后的巡历中,朱熹先后奏劾衢州江山县知事王执中弛慢不职,台州宁海县知事王辟纲掩蔽灾民流移。六次奏劾台州知州唐仲友在灾荒中依旧刻急催税,贪污淫虐,偷造官钱,植党淫恶等不法行为。朱熹的奏劾触犯了南宋统治阶层的利益,他们姻亲戚友、门生故吏,官官相护,盘根错节,朱熹的弹劾不但没有奏效,而且给自己带来灾祸,其结果只能是辞官奉祠。

经筵侍讲

淳熙五年(1178)七月,光宗赵惇内禅,宁宗赵扩即位。宁宗久闻朱子之名,想借朱子为自己的"更化"新政增势添彩,以显示其注重"圣学"的姿态。是年,经赵汝愚等推荐,任朱熹焕章阁待制兼侍讲,首召入朝奏事。朱子再三辞免,不允。十月初四日,奏事行宫便殿,出五札,言灾异之变、祸乱之由在于人主与大臣能否讲求政理,要赵扩"正心诚意"、"动心忍性"。继言为学之要,莫大于穷理。十月十四日,进讲《大学》,大讲"为君者不知君之道,为臣者不知臣之道,为父者不知父之道,为子者不知子之道,所以天下之治日常少而乱日常多,皆由此学不讲之故也"②,强调治理天下要明"君道"、"臣道"、"父道"、"子道"。朱熹还认为"大学之道不在于书,而在于我",要赵扩对"修身为本"一句"常存于心,不使忘失",要"出

---

① 《奏张大声孙孜检放旱伤不实状》,《晦庵先生朱文公文集》卷17。
② 《经筵讲义》,《晦庵先生朱文公文集》卷15。

入起居、造次食息，无时不反而思之"①。首讲之后，赵扩为了表示对"圣学"的尊重，十七日更化覃恩，授朱熹紫金鱼袋，并且降了一道《案前致词降殿曲谢》，褒奖朱熹这位"帝王师"："久闻高谊，倾伫嘉猷，来侍迩英之游，讲明大学之道，庶几于治，深慰予怀。"②赵扩的褒奖，自然使得朱熹倍感恩宠，因此也对赵扩"更化"新政多了一份幻想。于是，二十三日晚讲筵之后留身面奏四事：一为"罢修葺东宫之役，……而慰斯民饥饿流离之难"；二为"下诏自责，减省舆卫"；三为朝廷纲纪，"近习不得干预朝权，大臣不得专任己私"；四为山陵之卜，务使"寿皇之遗体得安于内"。且斥责韩侂胄窃取权柄，所行不公。这既触犯了权倾朝野的韩侂胄，又引起了宁宗的不满。《宋史》本传载："疏入，不报。"闰十月十九日晚讲后，固执的朱熹又乞赐施行前所奏四事。这次彻底触怒了宁宗，既退，即降御批："朕悯卿耆艾，当此隆冬，恐难立讲，已除卿宫观，可悉知。"③二十一日，韩侂胄遣中使王德谦封内批以授朱熹。至此，朱子四十六天经筵侍讲结束。二十六日，一代"帝王师"被逐出国门。

（四）讲学与交游

朱熹不仅是南宋时期理学思想的集大成者，而且也是一位把自己哲学思想运用于实践的出色的教育家。朱子一生，自同安始，从事教育（讲学）活动约五十余年。其门徒数百人④，其思想影响

---

① 《经筵讲义》，《晦庵先生朱文公文集》卷15。
② 《攻愧集》卷46。
③ 《庆元党禁》，束景南《朱熹年谱长编》"六十五岁"引。
④ 同安而后，至易篑前四日，诲人不倦。戴铣《朱子实纪》318人；宋端仪《考亭渊源录》379人；李退溪《理学通录》411人；朱彝尊《经义考》139人；万斯同《儒林学宗》433人；黄宗羲《宋元学案》224人；王梓材、冯云濠《宋元学案补遗》增298人，共522人；朱玉《朱子文集大全类编》442人；陈荣捷《朱子门人》488人。

深远。朱子门徒,据陈荣捷先生《朱子门人》统计有四百八十八人,这是自汉代以来所从未有过的。明代王阳明号称门徒满布天下,但书牍有记载的不过三百零七人,可见朱子生徒之众。朱门诸生不但人数众多,而且来源甚广。黄榦《朱子行状》云:"抠衣而来,远自川蜀。"可见,朱子门徒来自南宋全国各地。据陈荣捷统计,福建一百六十四人,浙江八十人,江西七十九人。他如湖南、安徽、江苏、四川、湖北、广东、河南、山西等地皆有诸生。①门徒之中,有父子同事朱子者,有兄弟同入朱门者;有从游四五十年者,有师事七八次者;有大富大贵者,亦有乏资不能时见者;有裹粮千里而来者,亦有弃科举或官职而从者。诸生入朱子门下,有纳贽而入者,有以书求见者,有献诗文而见者,有因人介绍而来者。朱子门徒之中,最得朱子欣赏中意者是黄榦与陈淳。

黄榦,福建闽侯人,字直卿,号勉斋先生,谥文肃,有《勉斋集》传世。黄榦家境贫寒,然品德才学卓异,深得朱子赏识,以第三女妻子,亦师徒,亦翁婿。朱子曾致书黄榦云:"此女得归德门,事贤者,固为幸甚。但早年失母,阙于礼教,而贫家资遣不能丰备,深用愧恨。"②朱子晚年居建阳考亭,曾为黄榦筑室于考亭新居之旁,往来起居论学甚是方便。竹林精舍成,朱熹曾致书黄榦云"他时便可请直卿代即讲席"③,可见朱子对黄榦的赏识。庆元六年(1200)三月八日(朱熹三月九日逝世),朱子病革,手书黄榦告诀,以道相托,收拾《礼书》文字。《晦庵先生朱文公文集》卷二十九《与黄直卿书》云:"三月八日,熹启:……吾道之托在此者,吾无憾矣。……异时诸子诸孙,切望直卿一一推诚,力赐教诲,使不大为门户之羞,至祝

---

① 陈荣捷:《朱熹》,三联书店2012年版,第92页。
② 《答黄直卿》,《晦庵先生朱文公续集》卷1。
③ 《黄榦传》,《宋史》卷430,中华书局1985年版,第12777—12778页。

至祝!"朱子不但临终以衣钵传黄榦,而且以家人相托,足见朱熹对此弟子之赏识与信任。后黄榦有一万六千余言《朱子行状》,是了解研究朱子之珍贵文献。

陈淳,字安卿,漳州龙溪人,人称北溪先生。南宋著名理学家,朱熹晚年最得意弟子,也是朱熹理学思想的继承者与发扬者,有《北溪全集》留世。与黄榦相似,陈淳家世甚贫,教乡党小童以养双亲。读《近思录》、《四书集注》,仰慕朱子,欲赴五夫里就学夫子,然为贫所迫,未如愿。绍熙元年(1190),朱子知漳州十一月十八日,陈淳得拜朱子席下,朱子一见恨晚。《语类》中所记训淳诸条,句句亲切。朱子授学,目陈淳而论。诸生揖退,留淳独语。屡屡招淳入卧内。与门人交往,未有如陈淳亲密者。可见朱熹对陈淳的赏识。

朱子晚年,道学被朝廷列为"伪学",朱子亦列为"逆党",众生徒亦表现各异,既有一如既往相从者,亦有畏祸回避,托辞而去者,正如《朱子行状》所云:"从游之士,特立不顾者,屏伏丘壑。依阿巽懦者,更名他师,过门不入。甚至变易衣冠,狎游市肆,以自别其非党。"即使如此,不畏犯上者,纷纷而来,会葬者几千人。朱子门人之威武不屈、以德抗位之精神彰彰可见。

朱子治学、讲学授徒往往与精舍书院相伴。朱熹一生主要建造的精舍有寒泉精舍、武夷精舍、竹林精舍等。寒泉精舍筑于乾道六年(1170),是朱熹葬母祝氏后,在墓侧所筑。是年朱子四十一岁,讲学著述,以待学者,《家礼》可能写成于此。武夷精舍筑于淳熙十年(1183),精舍在武夷山大隐屏峰下两麓相揖之中。此地山水秀丽,风景绝佳,朱子在此十年,除外任年余实居此讲学七年有余。学子、生徒云集,黄榦、蔡元定、游九言、刘爚、詹体仁、李方子、叶味道皆沿武夷河择地筑室,从学朱子,一时成为当时的学术(理学)中心。竹林精舍建于绍兴五年(1194),是朱子经筵侍讲后归建阳考亭后所建。竹林精舍是朱熹晚年讲学论道的主要场所,黄榦

《朱子行状》云:"先生归自讲筵,日与诸生论学于竹林精舍。"竹林精舍也是朱熹人生为学授徒的最好一站,且朱子时常晚讲,诸生或侍坐,或侍食,或问疾。朱熹居建阳较武夷为短,然生徒之众,声誉之隆,或在武夷之上。门徒中如黄榦、陈淳、蔡元定、蔡沈、辅广等,皆从朱子问学于竹林精舍。

精舍之外,朱熹于书院亦有复建重修之功。淳熙六年(1179),朱熹知南康军,即命人访寻白鹿洞书院故址,上状申修。次年,书院落成,朱子首请皇帝颁赐匾额,释菜开讲,自任洞主。朱子于书院建设,在许多方面有首创之功。藏书方面,朱熹自捐《汉书》,为书院向江西提举陆游求藏书,遍干江西、江东两路诸使乞书,复得御赐九经,大大丰富了书院的藏书。在书院规章方面,朱子定学规、设课程。朱熹定《白鹿洞书院学规》而揭之楣间,诸生相与讲明遵守。朱熹以为学之目的在修己治人,故《学规》云:"父子有亲,君臣有义,夫妇有别,长幼有序,朋友有信。右五教之目。尧舜使契为司徒,敬敷五教,即此是也。学者学此而已,而其所以学之之序,亦有五焉,其别如左。博学之,审问之,慎思之,明辨之,笃行之。右为学之序。学、问、思、辨,四者所以穷理也。若夫笃行之事,则自修身以至于处事接物,亦各有要,其别如左:言忠信,行笃敬,惩忿窒欲,迁善改过。右修身之要。正其义不谋其利,明其道不计其功。右处事之要。己所不欲,勿施于人。行有不得,反求诸己。右接物之要。"① 基于此,在课程方面,朱子认为书院的课程应以《论语》、《孟子》为重点,同时遍及儒家经典。讲学方面,除了朱子亲自主讲外,有学者来访,朱熹即邀请为书院诸生讲说,哪怕学术观点不同者。淳熙八年(1181),陆象山来访,朱子即邀其讲说。陆氏讲《论语》"君子喻于义,小人喻于利"章,听者泪下。朱子刻讲义于

---

① 《白鹿洞书院学规》,《晦庵先生朱文公文集》卷74。

石,足见朱子之胸怀。其后黄榦讲"乾"、"坤"二卦,吸引南北之士,亦为学术史上之佳话。宋代另一个著名书院岳麓书院,朱子亦有修复之功。绍熙五年(1194),朱熹知潭州(长沙),修复岳麓书院,亲往讲学。

朱子一生仕宦仅七年余,大部分时间是在为学授徒中度过,因此朱子交游亦多为文士学人。张栻、吕祖谦、陆象山、陈亮等,他们都是南宋著名的思想家。与朱子或致书遗笺,谈学论道;或往来会晤①,互相发越,质疑辩难。这些交游、会晤,无论对朱子本人,还是对整个宋代理学思想的发展都影响很大。

张栻,字敬夫,后改钦夫,号南轩,后人称南轩先生。张栻出身显赫,其父张浚是南宋"中兴"名相,历仕钦宗、高宗、孝宗三朝,是抗金重臣,官至宰相。张栻与朱熹可谓莫逆之交,张栻属于湖湘学派,与朱子齐名。两人自隆兴元年(1163)相识后,书简来往不断,关系甚密。张栻一生,与朱熹来往的书信有七十多封,所论之问题主要是理学方面的,如儒家义理、祭祀礼仪等,当然也涉及时局形势乃至如何待人接物。他与朱熹曾多次辩论"中和"、"未发"、"已发"等问题,对朱子思想发展影响颇大。学术思想之外,张栻对朱子之禀气、辞受、待人、社仓、刊书、酒气等,均有规谏,可谓朱子的知己益友。南轩卒,讣告至,朱子罢宴而哭,为南轩作祭文两篇。其一叹曰:"呜呼! 敬夫遽弃予而死也?"其一有曰:"兄之明……我之愚。……兄乔木……我衡茅。……兄高明……我狷狭。……我尝谓兄……兄亦谓我……"②情真意切,情义绸缪,口吻、辞气如在目前。曾为之撰像赞曰:"扩仁义之端,至于可以弥六合。谨善利

---

① 如寒泉之会、鹅湖之会、三衢之会等。
② 《祭张敬夫殿撰两文》,《晦庵先生朱文公文集》卷87,。

之判,至于可以析秋毫。"①又为之撰神道碑曰:"盖公为人坦荡明白,表里洞然。诣理既精,信道又笃。"②朋友之中,朱熹同时为之两撰祭文,撰赞为碑铭者,仅南轩一人而已,足见南轩与朱子之关系。

吕祖谦,字伯恭,婺州金华人,后人称"东莱先生",南宋金华学派的代表人物。朱子、张栻、东莱三人过往甚密,皆有盛名,世人称之为"东南三贤"。朱子与东莱自绍兴二十六年(1156)会面,其后书札往来不断,《晦庵先生朱文公文集》存答吕伯恭书一百零四通,为数最多。《东莱吕氏太史文集》存与朱子书札六十七通,超过了其与别人书札往来总数之半,可见二人关系之密切。两人书简往来,讨论最多的当然是学术,但两家之私事如请祠、出处、刊书、家属受学等,亦有不少。淳熙二年(1175),吕祖谦与朱子共叙于寒泉精舍,共同编辑《近思录》。朱熹长子塾,受学于金华吕东莱;朱塾之婚事,屡屡致函东莱商议。淳熙三年(1176)朱熹令人刘氏卒,朱熹致东莱曰"悲悼不可为怀"③。对于吕祖谦丧偶,朱子亦屡次问病,及其既逝,惊愕之余,劝伯恭"约情就礼"④、"深宜节折"⑤;朱子闻东莱讣后数日有诗曰"念我素心人,妙焉天一方"⑥。彼此亲密交往,确为诚心之友。学术方面,二家存在不小的差异与分歧。东莱吕氏之学以"博杂"见称,不偏一说而兼取诸家。"鹅湖之会",吕氏竭力调和朱、陆道学与心学的矛盾,就是最好的证明。吕氏之学,由于受永嘉学派的影响,亦有明显经世致用的思想倾向,此与

---

① 《张敬夫画像赞》,《晦庵先生朱文公文集》卷85。
② 《右文殿修撰张公神道碑》,《晦庵先生朱文公文集》卷89。
③ 《答吕伯恭(书五十二)》,《晦庵先生朱文公文集》卷34。
④ 《答吕伯恭(书九)》,《晦庵先生朱文公文集》卷33。
⑤ 《答吕伯恭(书七十六)》,《晦庵先生朱文公文集》卷34。
⑥ 《读子厚步月诗时方闻吕伯恭讣后数日赋此》,《晦庵先生朱文公文集》卷8。

朱子之学亦有出入。他如，朱子以《尚书》难读，吕氏则以为无有不可解者；朱子说《诗》主张弃黜小序，而东莱则主张存之；东莱论学，爱与学者说《左传》等史书，而朱子则主张"读书"须是以经为本，而后读史。二人虽然学术观点不乏相左之处，但并不妨害二人的合作与相互尊敬。朱子曾论东莱之学曰："兼总众说。巨细不遗。挈领提纲，首尾该贯。既足以息夫同异之争，而其述作之体，虽融会通彻，浑然若出一家之言，而一字之训，一事之义，亦未尝不谨其说之所自。"①东莱卒，朱子设位而祭，悲悼恸哭。其为祭文曰："天降割于斯文，何其酷耶？往岁已夺吾敬夫，今者伯恭胡为又至于不淑耶？道学将谁使之振，君德将谁使之复，后生将谁使之诲，斯民将谁使之福耶？"②朱子对东莱可谓尊之敬之。

陆象山，字九渊，号子静，人称象山先生，江西抚州金溪县人，南宋"心学"的代表人物。当时学界，程朱学派影响巨大，陆九渊与其兄九韶、九龄讲学于江西，形成"江西学派"，与朱子之"闽学"遥相而立。陆氏兄弟与朱子，虽然同属道学，但进学理路与为学方法颇有分歧。淳熙二年（1175）初夏，吕祖谦为了调和朱、陆道学与心学，约陆九渊、陆九龄与朱熹相会于江西信州铅山之鹅湖寺，这就是学术史上著名的鹅湖之会。但事与愿违，鹅湖之会朱、陆分歧甚大，不欢而散。朱、陆鹅湖之辩的焦点在为学的方法与进学之工夫上，陆氏主张"发明本心"，而朱子则坚持"读书穷理"。陆九渊认为人皆有本心，"发明本心"就是"易简工夫"③，而朱熹则坚持"读书穷理"。所以，陆九渊指责朱熹是"支离事业"，而朱熹则批评陆九

---

① 《吕氏家塾读诗记后序》，《晦庵先生朱文公文集》卷76。
② 《祭吕伯恭著作文》，《晦庵先生朱文公文集》卷87。
③ 鹅湖之会，陆九渊即席赋诗："墟墓兴哀宗庙钦，斯人千古不磨心。涓流滴到沧溟水，拳石崇成泰华岑。简易工夫终久大，支离事业竟浮沉。"见《陆九渊集》卷34《语录上》。

渊流为禅学①。此外,朱熹与陆九渊尚有"无极太极"之辩。朱子与陆氏虽然学术主张在在相左,但未尝减轻二人私交与相互尊重。子寿卒,子静请东莱撰墓志铭而请朱子书之;陆氏母死,也曾问礼朱子;朱子南康之政,颇得象山称许,等等。对于朱、陆思想之分歧及其在学术史上之地位,黄宗羲曰:"二先生同植纲常,同扶名教,同宗孔孟。即使意见终于不合,亦不过仁者见仁,智者见智,所谓'学焉而得其性之所近'。"②

陈亮,字同甫(同父),号龙川,婺州永康人,南宋永康学派的代表人物,有《龙川文集》传世。陈亮出身平民,年轻时好兵略,坚决主张抗金。其为学主经世致用,倡导实事实功,不讳言功利。所以,他对当时朱、陆等道学家们空谈"道德性命"的主流学风进行了尖锐的批评:"世之学者,既玩心于无形之表,以为卓然而有见。事物虽众,此得之浅者,不过如枯木死灰而止耳。得之深者,纵横妙用,肆而不约,安知所谓文理密察之道?泛乎中流,无所底止,犹自谓有得,岂不可哀哉!"③此处"得之浅者",指陆九渊一派,自以为"发明本心",结果却使人"如枯木死灰";"得之深者"指朱熹一派,"格物致知",结果是支离破碎,对社会实功毫无用处。陈亮认为,读书人空谈性命之学,皆"风痹不知痛痒之人",不但不能够报"君父之仇",而且"尽废天下之实"。④ 对此,朱熹极为不满,他认为这比陆九渊的"心学"更为有害:"江西之学只是禅,浙学却专是功利。禅学后来学者摸索一上,无可摸索,自会转去。若功利,则学者习

---

① 朱熹三年后亦赋诗:"德义风流夙所钦,别离三载更关心。偶扶藜杖出寒谷,又枉篮舆度远岑。旧学商量加邃密,新知培养转深沉。却愁说到无言处,不信人间有古今。"
② 《象山学案》,《宋元学案》卷58。
③ 《与应仲实》,《龙川文集》卷19。
④ 《送吴允成运干序》,《龙川文集》卷15。

之，便可见效，此意甚可忧。"①为此，朱熹与陈亮在"王霸义利"问题上展开了长期的辩论。朱子与陈亮虽然长期辩论，甚至针锋相对，但二人的私交尚好。同父一生服膺朱子，对朱子之学术、人品称赞有加，尝言朱子为"人中之龙"②、"一世学者宗师"③。

（五）朱子著作

朱子一生七十一年，仕宦仅七年三月。自有志于学至易箦前，朱子大部分时间都在为学、授徒、著述，因此，朱子一生著作颇丰。其著作体式多样，形态各异，有文集、有语录、有注疏、有自著、有门人及后人辑录朱子、有朱子辑录别人等。朱子著述，大致可以归纳为：（一）朱子自著，如《朱文公文集》者；（二）门人或后人编辑的朱子著作，如《朱子语类者》者；（三）朱子对前代典籍的整理与注疏，如《四书章句集注》者；（四）朱子与他人合著，如《近思录》者；（五）朱子编次他人著作，如《二程遗书》者。依时间先后，朱子著述主要有：《上蔡语录》、《论语要义》、《论语训蒙口义》、《延平答问》、《困学恐闻》、《程氏遗书》、《家礼》、《论语精义》、《孟子精义》、《资治通鉴纲目》、《八朝名臣言行录》、《西铭解义》、《太极图说解》、《通书解》、《程氏外书》、《伊洛渊源录》、《古今家祭礼》、《近思录》、《阴符经考异》、《论语集注》、《孟子集注》、《论语或问》、《孟子或问》、《诗集传》、《周易本义》、《易学启蒙》、《孝经刊误》、《小学》、《大学章句》、《中庸章句》、《大学或问》、《中庸或问》、《中庸辑略》、《孟子要略》、《仪礼经传通释》、《韩文考异》、《周易参同契考异》、《书集传》、《楚辞集注》、《朱文公文集》、《朱文公续集》、《朱文公别集》、《朱子语

---

① 《朱子语类》卷123。
② 《与林叔和侍郎》，《龙川文集》卷19。
③ 《与辛幼安殿撰》，《龙川文集》卷21。

类》、《朱子全书》。这些著作中,最能体现朱子思想的当数《四书章句集注》、《朱子语类》、《朱文公文集》等。其影响广而深者,首推《四书章句集注》。

二 《章句集注》之撰述

《四书章句集注》是朱熹理学思想的重要组成部分,是其理学思想成熟化和系统化的一个重要标志。然而,朱熹"四书"学的形成及其《四书章句集注》的最终完成、刊行,却经历了一个漫长的时期。《章句集注》的撰述、修改、刊行的过程,是朱子与张栻、吕祖谦、陆氏兄弟等理学家反复商量、切磋、论辩的过程,也是朱子思想自我反省、不断探索的过程,同时也是南宋理学自身不断发展及其时代精神的反映。朱子"自卯读'四书'"①,至易箦前修改《大学》"诚意"章,一生不离"四书"。大致而言,朱子"四书"学经历了一个由《四书集解》时期到《四书集注》时期的转化过程。

早在绍兴年间,即在同安任上,朱熹已经开始了"四书"相关著作(《四书集解》)的撰述。从目前所见《文集》、《语类》、《行状》、《年谱》看,朱熹在二十七八岁时即开始着手集《论》、《孟》各家之说,绍兴二十九年(三十岁)草成《论语集解》②,翌年(三十一岁)《孟子集解》稿成③。《孟子集解》具稿后,他并没有急于示人,表现了作为一个学者、理学家的严谨态度。他在给程允夫的信中说:"《孟子集解》,先录要切处一二事,如论养气、论性之类。《孟子集解》虽已具

---

① 《朱子语类》卷104。
② 束景南:《朱熹年谱长编》,华东师范大学出版社2014年版,第248页。
③ 《晦庵先生朱文公别集》卷3《答程钦国》:"近见延平先生,……近集诸公《孟子》说为一书,已就稿。"

稿,然尚多所疑,无人商确。此二义尤难明,岂敢轻为之说而妄以示人乎?"①朱熹认为《孟子集解》是集"诸公《孟子》说"而成,又没有与人切磋商量,其中"尚多所疑",尤其是"养气"章与论"性"章义理难明,所以他没有拿出示人。乾道二年(三十七岁),朱熹在给何镐的信中甚至说"近日读之,句句是病,不堪拈出"②。为此,朱熹对《集解》进行了全面修改,他广采众说,商量讨论,自言《集解》是"古今集验方"。③ 乾道五年(四十岁),朱子顿悟中和新说,认为"《孟子集解》此亦见从头看起"④,又一次对《孟子集解》进行了全面修改。这次修改持续到乾道七年完成(四十二岁),参与者有张栻、吕祖谦、蔡元定、杨方等。朱熹在给蔡元定的信中谈及此次修订:"伯谏书中说托料理《孟子集解》,今纳去旧本两册,更《拾遗》、《外书》、《记善录》、龟山上蔡《录》、游氏《妙旨》、《庭闻稿录》、《五臣解》(取范、吕二说),各自抄出,每段空一行,未要写经文,且以细书起止写之,俟毕集,却剪下粘聚也。每章只作一段,章内诸说,只依次序列之,不必重出经文矣。"⑤可见此次修改,朱熹又补充了许多新材料。

朱熹关于《论语》类的撰述最早应该是草成于绍兴二十九(30岁)的《论语集解》。隆兴元年(三十四岁)编就《论语要义》,其《论语要义目录序》曰:"于是遍求古今诸儒之说,合而编之。……尽删余说,独取二(程)先生及其门人朋友数家之说,补辑订正,以为一书,目之曰《论语要义》。"⑥同年又编《论语训蒙口义》,其序云:"予既叙次《论语要义》,以备览观,又以其训诂略而义理详,殆非启蒙

---

① 《答程允夫(书一)》,《晦庵先生朱文公文集》卷41。
② 《答何叔京(书二)》,《晦庵先生朱文公文集》卷40。
③ 这次修改中,诸如张栻、何镐、柯翰、林用中、许升、范念德等参与其中。
④ 《答林择之(书八)》,《晦庵先生朱文公文集》卷43。
⑤ 《答蔡季通(书九十三)》,《晦庵先生朱文公续集》卷2。
⑥ 《晦庵先生朱文公文集》卷75。

之要。因为删录，以成此编。"①遗憾的是今天两书皆不传，我们无法一窥其貌。此后，朱熹与张栻、吕祖谦、蔡元定等人反复讨论，在乾道七年（四十二岁）作了一次全面修订。乾道八年（四十三岁），把修订后的《论》、《孟》合为一书，定名为《论孟精义》，于建阳刻板行世。其《语孟集义序》②云："《论》、《孟》之书，学者所以求道之至要。……宋兴百年，河洛之间，有二程先生出，然后斯道之传有继。其于孔子孟氏之心，盖异世而同符也。……既又取夫学之有同于先生者，若横渠张公（张载）、范氏（范祖禹）、二吕氏（吕希哲、吕大临）、谢氏（谢良佐）、游氏（游酢）、杨氏（杨时）、侯氏（侯仲良）、尹氏（尹焞），凡九家之说，名曰《论语精义》。"③可见，《精义》（《集义》、《集解》）主要是二程及其弟子友人对《论》、《孟》疏释的汇集。

朱熹最早编辑《大学》是在绍兴年间，初以《大学集解》抄本流传。乾道二年（三十七岁），朱熹对此书作了一次全面修订。他在给许升的信中言："《大学》之说，近日多所更定。旧说极陋处不少。"④在给林师鲁书信中亦言及"比复思省，未当理者尚多"⑤。《大学集解》汇集众家之说，多详说而少发明，目的在于求全，竟达两册之厚。⑥乾道五年（四十岁）以后，通过与蔡元定讲学、讨论，顿悟中和新说，确定了生平学问大旨，强调敬知双修。这种对《大学》思想新认识，促使他对《大学集解》进行了重新的思考，并在《集解》的基础上于乾道七年（四十二岁）写就了一部阐发要旨、别出己意的新著作《大学章句》。但此次完成的《大学章句》对《大学》一书

---

① 《论语训蒙口义序》，《晦庵先生朱文公文集》卷75。
② 初名《精义》，后改《集义》。
③ 《晦庵先生朱文公文集》卷75。
④ 《答许顺之（书十三）》，《晦庵先生朱文公文集》卷39。
⑤ 《答林师鲁（书一）》，《晦庵先生朱文公别集》卷5。
⑥ 《答林井伯（书二）》，《晦庵先生朱文公别集》卷4。

(篇)并没有区分经传,也没有补进"格物"一段,体现了他前"四书"学时期的思想。

与《大学集解》的编辑一样,朱熹早在绍兴年间,即师事李侗时期就已开始着手撰述《中庸集说》性质的著作。此书主要蒐集众家之说,但选择未精,未能超越章句训诂之学。乾道元年(1165)以后,朱熹对于《中庸》学的看法发生了改变,由原来的章句训诂转向穷究义理。乾道二年(三十七岁)他在给何镐的信中云:"盖先贤所择,一章之中文句意义自有得失精粗,须一一究之,令各有下落,方慊人意。……然后文义事理,触类可通,莫非此理之所出,不待区区求之于章句训诂之间也。"①但此时朱熹中和新说尚未确立,所以他认为《中庸》一书大旨在于"天性人心、未发已发浑然一致,更为他物"②。乾道五年(四十岁),朱熹反复穷究《中庸》首章,作《已发未发说》,促成了朱子由中和旧说向新说的转变。乾道六年(四十一岁),朱熹同吕祖谦讨论《中庸》首章之旨,作《中庸首章说》,阐述自己中和新说:"比因讲究《中庸》首章之指,乃知所谓'涵养须用敬,进学则在致知'者,两言虽约,其实入德之门无逾于此。"③可见,敬知双修被朱子确定为《中庸》学的主旨。依据这一主旨,朱子对《中庸》集说旧稿进行了全面的修订,修改后定名为《中庸集解》(又名《中庸详说》)。在《中庸集解》中贯穿着"体用一源,显微无间"的根本思想。朱熹认为:"伊川先生云:'大本言其体,达道言其用。'体用自殊,安得不为二乎?学者须是于未发已发之际,识得一一分明,然后可以言体用一源处。"④可见,朱子作《中庸集解》的出发点与《论孟精义》是一致的。乾道八年(1172),石子重在朱熹的

---

① 《答何叔京(书四)》,《晦庵先生朱文公文集》卷40。
② 《答何叔京(书三)》,《晦庵先生朱文公文集》卷40。
③ 《答吕伯恭(书四)》,《晦庵先生朱文公文集》卷33。
④ 《答吕伯恭问龟山中庸》,《晦庵先生朱文公文集》卷35。

帮助下亦编订《中庸集解》，辑录周敦颐、程颐、程颢、张载、吕大临、谢良佐、游酢、杨时、侯仲良、尹焞十家之说。乾道九年，朱熹为之作《中庸集解序》。在这篇序中，朱熹建构了一个孔子——曾子——子思——孟子——周敦颐——二程的《中庸》传授系统，从而也完成了道统的建构，确立了理学（道学）的道统谱系。在编订《中庸集解》的过程中，朱熹对于汉唐以来"惟知章句训诂之为事，而不知复求圣人之意"①的做法十分不满，同时他也反对近代的理学家们"脱略章句，陵籍训诂，坐谈空妙"②释经方法。于是，在他完成由中和旧说到中和新说的转变之后，即着手在《中庸集解》的基础上撰写一部集章句训诂与义理微旨于一体的《中庸》学著作。乾道八年，《中庸章句》草就初稿，他致书林用中曰："近看《中庸》，于章句文义间窥见圣贤述作传授之意，极有条理，如绳贯棋局之不可乱。因出己意，去取诸家，定为一书，与向来《大学章句》相似。"③但此次（乾道七年、乾道八年）草就的《大学章句》、《中庸章句》仍然属于《大学集解》、《中庸集解》的解说体系，较少发明。

　　淳熙元年（四十五岁），朱熹重订《大学》、《中庸》新本，印刻于建阳。此次重订，朱熹在思想上突破了原来的经学思想，开始建构自己《四书集注》的经学思想体系，其中一个最突出的变化即是分《大学》为经传，重建《中庸》章次。朱熹把《大学》定本分为经一章，传十章，他在《记大学后》中云："盖传之一章释'明明德'，二章释'新民'，三章释'止于至善'（以上并从程本，而增《诗》云'瞻彼淇奥'以下），四章释'本末'，五章释'致知'（并今定），六章释'诚意'（从程本），七章释'正心修身'，八章释'修身齐家'，九章释'齐家治国平天下'（并从旧本）……其先贤所正衍文误字，皆存其本文而围

―――――――
①②　《中庸集解序》，《晦庵先生朱文公文集》卷75。
③　《答林择之（书十三）》，《晦庵先生朱文公别集》卷6。

其上；旁注所改，又与今所疑者并见于释音云。"①在这次修订中，朱熹不仅把原来的章次作了移易调整，分全文为经、传，而且补写了"格物致知"一章，增附了"释音"，显然他是把自己的理学思想注入了《大学》文本，使得《大学》成为他理学思想建构的一个重要组成部分。对于《中庸》，朱熹重定全书分为三十三章，其在《书中庸后》中云："《中庸》一篇三十三章。其首章，子思推本先圣所传之意以立言，盖一篇之体要，而其下十章，则引先圣之所尝言者以明之也。至十二章，又子思之言。而其下八章，复以先圣之言明之也。二十一章以下至于卒章，则又皆子思之言反复推说，互相发明，以尽所传之意者也。"②同《大学》一样，朱熹把首章作为"一篇"之体要，具有经的性质，其下皆引申发明之。新本《中庸》与以往相比，另一处显著的不同在于二十章的界分。朱熹把前人分为六章的这部分合并为一章，作为《中庸》的二十章。朱子十分重视此章，他《中庸章句》中注云"所谓诚者，实此篇之枢纽也"③，显然朱熹是把此章作为自己理学思想的注脚。朱熹这次修订《大学章句》与《中庸章句》在解经方式上有了很大的变化，抛弃了原来"推衍文义，自做一片文字，非惟屋下架屋，说得意味淡薄，且是使人看者将注与经作两项功夫做了，下稍看得支离，至于本旨，全不想照"④的说经方法，而倾向于汉儒训诂说经的方法。他在给张栻的信中云："汉儒可谓善说经者，不过只说训诂，使人以此训诂玩索经文，训诂、经文不相离异，只做一道看了，直是意味深长也。《中庸大学章句》缘此略修一过，……《论语》亦如此草定一本，未暇脱稿。《孟子》则方欲为之，而日力未及也。"⑤可见，朱熹此次修订在说经方式上由推

---

① ② 《晦庵先生朱文公文集》卷81。
③ 朱熹：《四书章句集注》，中华书局1983年版，第32页。
④ ⑤ 《答张敬夫（书十八）》，《晦庵先生朱文公文集》卷31。

衍文义转向了汉儒就经训诂的解经方式,由原来的以传说经变为以经说经。这种说经方式的转变,也完成了自己学问著述由博返约的过程。

前《四书集注》时期,朱子学术上尚未形成自己成熟、系统的理学思想,因此,此时其"四书"学侧重于汇集众家之说,故多以"集解"名之。四书之"集解"更多的是以收集各家之说为特点,未能自立新说,它兼收并蓄,求全求详,更多的是因袭旧说较少发明,显示出学术思想的不稳定性与片面性,因此,朱熹对于"四书"之"集解"不断修订。

朱熹自"中和新说"确立,就开始重新思考《中庸》、《大学》之主旨。寒泉之会、鹅湖之会、三衢之会,促使朱熹思想发生急剧变化,完成了由《四书集解》的经学思想时期向《四书集注》的理学思想时期的转变。鹅湖之会,经过与陆氏兄弟的辩论,朱熹意识到自己学问的"支离"。他曾言及自己与陆九渊两家学问的不足:"大抵子思以来,教人之法惟尊德性、道问学两事为用力之要。今子静所说,专是尊德性之事;而熹平日所论,却是问学上多了。"①此时,他已意识到为学要尊德性与道问学统一起来,其实也就是他在中和新说中所强调的敬知双修。三衢之会,又使他的思想有了一次"顿进"的飞跃,使他进一步感到自己在"尊德性"与"道问学"方面都有欠缺。他在给吕祖谦的信中说:"道间与季通讲论,因悟向来涵养功夫全少,而讲说又多强探必取、寻流逐末之弊,推类以求,众病非一,而其源皆在此,恍然自失,似有顿进之功。"②这里朱熹所说的"顿进之功"一方面是指在"尊德性"上认识到自己"涵养功夫全少",另一方面在"道问学"上意识到自己"讲说又多"。至此,朱熹

---

① 《答项平父(书二)》,《晦庵先生朱文公文集》卷54。
② 《答吕伯恭(书四十八)》,《晦庵先生朱文公文集》卷33。

深切感受到在"尊德性"上要"涵养须用敬",在"道问学"上要由博返约,由杂转精,格物致知,穷究义理。于是,在淳熙四年丁酉(四十八岁),他完成了《论语集注或问》、《孟子集注或问》、《大学章句或问》、《中庸章句或问》、《辑略》,并序定之,标志着他生平学问的第一次高峰。

朱熹《四书章句集注》,是对宋代以来,特别是二程以来蓬勃兴起的"四书"学的一个历史总结。在《四书章句集注》中他一反传统的注疏方式,极少引用汉魏隋唐的注家,大量引用二程、二程弟子及其同时代理学家的解说,并且将这些说经成果融会贯通,形成了自己的"四书"学思想,建构了程朱理学的基本体系。对于自己"四书"学的体系建构及其关系,朱熹这样描述:"某要人先读《大学》,以定期规模;次读《论语》,以立其根本;次读《孟子》,以观其发越;次读《中庸》,以求古人之微妙处。《大学》一篇有等级次第,总作一处,易晓,宜先看;《论语》却实,但言语散见,初看亦难;《孟子》有感激兴发人心处;《中庸》亦难读,看三书后,方宜读之。"①朱熹"四书"学体系的建构,不但使自己的理学思想有了得以表达的载体,并以之为根据建构了自己庞大的理学体系,而且也使得"四书"从"五经"中独立出来,成为儒家道统谱系中的重要一环。从此,"四书"与"五经"珠联璧合,成为影响中国古代思想文化发展的重要典籍。

虽然丁酉年序定《四书章句集注》,对自己生平学问著述进行第一次总结,但朱熹从未停止过对《大学章句》、《中庸章句》、《论语集注》、《孟子集注》的修改补订。淳熙八年(五十二岁),朱熹停罢南康军。罢郡而归,朱子对"四书"作了一次大的修订,"偷闲修得《中庸》及《孟子》下册。《孟子》得公度卷子,甚济事也。今且修此

---

① 《朱子语类》卷14。

经书"①。淳熙九年(五十三岁),朱熹在浙东提举任上第一次把《大学章句》、《中庸章句》、《论语集注》与《孟子集注》编在一起合刻刊印,这就是宝婺本(婺州刻本)。从此,思想史上、经学史上便有了《四书》(《四书集注》)之名。淳熙十二年(五十六岁),朱熹又对宝婺本进行了一次大的修订,在给刘清之的信中言及此事说"诸书今岁都修得一过,比旧尽觉简易条畅矣"②。淳熙十三年(五十七岁),朱熹在给潘友恭的信中说:"修得《大学》、《中庸》、《语》、《孟》诸书,颇胜旧本。"③可见,朱熹又一次修订了《四书》。此次修订主要集中于《大学》、《中庸》上,朱熹曾言:"《中庸》、《大学》旧本已领。二书所改尤多,幸于未刻,不敢复以新本拜呈,……《中庸序》中推本尧、舜传授来历,添入一段甚详。《大学》'格物'章中改定用功程度甚明,删去辩论冗说极多,旧本真是见得未真。若《论语》、《孟子》二书,皆蒙明眼似此看破,则鄙拙幸无今日之忧久矣。"④朱熹认为《大学》是学问的大纲,而其中他补写的"格物"章又是纲中之纲。朱子十分看重"格物",因为讲"穷理"不讲"格物",就会"把这道理作一个悬空底物"而流于空谈性理,甚至有误入佛老的危险。所以,朱子强调"即物而穷其理",反对离物而穷理。如果说朱熹补写"格物"章是为了突出"进学则在致知"的学问大旨,那么,此次《中庸章句序》中补写如下一段则是为了强调"涵养须用敬"的理学主旨:"盖尝论之:心之虚灵知觉,一而已矣,而以为有人心、道心之异者,则以其或生于形气之私,或原于性命之正,而所以为知觉者不同,是以或危殆而不安,或微妙而难见耳。然人莫不有是形,故虽上智不能无人心,亦莫不有是性,故虽下愚不能无道心。二者杂

---

① 《刘子澄(书二)》,《晦庵先生朱文公别集》卷3。
② 《与刘子澄(书十二)》,《晦庵先生朱文公文集》卷35。
③ 《答潘恭叔(书四)》,《晦庵先生朱文公文集》卷50。
④ 《答詹帅(书三)》,《晦庵先生朱文公文集》卷27。

于方寸之间,而不知所以治之,则危者愈危,微者愈微,而天理之公卒无以胜夫人欲之私矣。精则察夫二者之间而不杂也,一则守其本心之正而不离也。从事于斯,无少间断,必使道心常为一身之主,而人心每听命焉,则危者安、微者著,而动静云为自无过不及之差矣。"这是朱熹对程朱理学十六字心传的集中解释,体现了他主张通过主敬守心,而达到存天理灭私欲,以复归人之善性的人本主义思想。这两次修改后的定本,在淳熙十三年分别由詹仪之印刻于广西静江,赵汝愚印刻于四川成都。

作为一个理学思想的集大成者,朱熹不断自我反省、自我否定,以使自己的思想不断发展,以使自己的理学体系日趋成熟完整。淳熙十五年(五十九岁),朱熹又一次大规模地修订《四书章句集注》。此次修订,弟子蔡元定、黄榦、程端蒙、滕璘兄弟、董铢等都参与其中。淳熙十六年己酉(六十岁)二月,朱子正式序定《大学章句》,三月序定《中庸章句》;同年,修改完成《大学章句序》与《中庸章句序》。此次修订,朱熹又一次总结了自丁酉年以来自己日益成熟的理学思想。淳熙十六年序定《四书章句集注》,也标志着他学问思想的又一个高峰。

淳熙十六年序定的《四书章句集注》并未在当年印刻刊行,绍熙元年(六十一岁)朱熹刊《四子》(《四书》)于临漳郡,绍熙三年(六十三岁)朱熹再次修订《四书集注》并由曾集刻板于南康,是为南康本。南康本基本上是淳熙十六的序定本,它是朱门弟子传习中最主要的版本,最为流行,也是庆元反道学时朝廷严令禁止的本子。晚年,朱熹又对南康本反复修订,于庆元五年(七十岁)印刻于建阳,是为朱子最后的晚年定本。朱熹一生对《四书》用力最多,反复修订,直至临终易箦前三日仍在修改《大学》"诚意"章。因此,《四书章句集注》亦是他最为满意的著作,他曾向弟子言及《四书章句集注》:"添一字不得,减一字不得。""不多一个字,不少一个字。"

"如秤上秤来无异。不高些,不低些。"①

朱熹致力于《四书集注》的撰述、修订凡四十余年,建构了一个完整的"四书"学体系。而《四书章句集注》所蕴涵的思想也是朱熹理学思想中最精华的部分,是有宋一代程朱理学庞大思想体系中的中坚思想,对中国古代思想文化影响至深至远。

三 《章句集注》之思想

朱子作为宋代理学的集大成者,在汲取先达时贤如周敦颐、邵雍、张载、程颢、程颐思想学说的基础上,创造性地完成了儒学的一次重大转变。朱子以其渊博的知识、深厚的学养、深刻的思想、缜密的思考以及对现实社会伦理道德的关注和人类精神文化的终极关怀,"致广大,尽精微,综罗百代"②,建立了一个完整、严密、系统的理学思想体系,使儒家思想迈进了一个新的发展阶段,使传统学术达到了一个新的高峰。

在朱子博大精深的理学思想体系中,《四书章句集注》占有非常重要的地位。《集注》是朱子用力最勤的一部著作,他撰述、修订凡四十余年,可谓倾其一生;直至易篑前仍在修改《大学》"诚意"章,又可谓死而后已。《章句集注》也是朱子著作中影响最大的一部,自元代延祐列科举之目后,为学子进身上层社会必读之书,其于中国文人、中国文化之影响罕有能匹者。

有宋一代,受时代精神文化状况的影响,儒学进入了一个新的发展时期。周敦颐、邵雍、张载、程颢、程颐等学者,对传统儒家思想和儒学经典进行重新思考、重新阐释。而二程及其弟子程颐、吕

---

① 《朱子语类》卷19。
② 《晦翁学案上》,《宋元学案》卷48,中华书局1986年版,第1495页。

大临、游酢、杨时等,对儒家典籍《大学》、《中庸》、《论语》、《孟子》等尤为用力,有不少著述。在前人注疏阐释的基础上,朱熹通过对传统儒家经典的重新阐释,来完成自己理学思想的建构。朱熹对于《学》、《庸》、《论》、《孟》所蕴含的儒家思想的阐发,既有字义训诂,又有大意解说;既有时贤观点的引证,又有自己对义理的独特阐释。所以,《章句集注》既继承了汉唐经学注重训诂的特点,又体现了宋代儒学对经典重新解释的时代需要。这也是《章句集注》在宋代以后能够取代别的传本,广泛流传的一个原因。

本书作者认为,《章句集注》所蕴涵朱子之理学思想主要表现在以下几个方面:

(一) 理气说

朱熹以理气说重新阐释《大学》、《中庸》,为传统儒家经典注入新的义理,使儒家经典焕发新的生机。适应时代学术思想发展的需要,宋儒建构了一个以"理"为核心的思想体系。在朱子的理学思想体系中,"理"是一个核心范畴,也是朱子整个思想体系的逻辑起点和终极依据。

朱子理学思想体系的构建,一方面,是他个人对宇宙人生、社会伦理、万事万物的不懈追问与艰难探求的结果;另一方面,也是对前人时贤学说思想的汲取集成。有宋以来,儒家学者开始了对宇宙本原及其生成由来的追问与思考:周敦颐、邵雍提出了"无极"、"太极"的核心范畴。张载则主张气本论,"太虚无形,气之本体,其聚其散,变化之客形尔"[1],认为宇宙是由一种处于混沌状态的气构成的。二程则主张理本论,"凡物皆有理"[2],"天下只有一

---

[1] 张载:《正蒙·太和篇》,《张载集》,中华书局1978年版,第7页。
[2] 《二程集》,中华书局1981年版,第107页。

个理"①,他们把理作为世界万事的内在本质与宇宙本体。朱熹通过对这些思想学说的吸收借鉴,创造性地完成了理学思想体系的集大成。为此,他创立了自己学说的逻辑结构:理(天理、道、太极、性)——气(阴阳)——物(五行、万物)——理(道、太极、天理、性)。从这一逻辑结构模式中,我们看到:

首先,"理"为本原,主宰万物。"理"是朱熹思想学说体系逻辑结构中的本体范畴,它既是宇宙本体、天地万物的本原和依据,又是人类社会最高的道德伦理准则与行为规范。在朱子看来,理是世界的主宰,对万物具有主宰意义,最为尊贵。他曾言:"天下莫尊于理,故以帝名之。"②"心固是主宰底意,然所谓主宰者,即是理也。"③朱熹常常称理为"天理",就是为了强调理对于自然社会的主宰及其至高无上、不容置疑之地位。理不但主宰万物,而且亦是世界万物的本原。他指出:"天地之间,有理有气。理也者,形而上之道,生物之本也;气也者,形而下之器也,生物之具也。是以人物之生,必禀此理然后有性,必禀此气然后有形。"④"熹窃谓天地生物,本乎一源,人与禽兽草木之生,莫不具此理。"⑤理不仅为形上之道,主宰天地人伦,而且也是天地万物化生的根据,是"生物之本"。他在《大学或问》中指出:"至于天下之物,则必各有所以然之故,与其所当然之则,所谓理也。"⑥天地万物之所以如此,人间道德所应当依据的准则,皆是由理所致。日月星辰运转,春秋冬夏代序,草木荣枯,山屹川流,鸡鸣犬吠,釜炊杯饮,车之两轮,椅之四

---

① 《二程集》,中华书局1981年版,第196页。
② 《朱子语类》卷4。
③ 《朱子语类》卷1。
④ 《答黄道夫》,《晦庵先生朱文公文集》卷58。
⑤ 朱熹:《延平答问》,《朱子全书》第13册。
⑥ 朱熹:《大学或问上》,《朱子全书》第6册,第512页。

脚,都有其内在的原因、内在的根据,即所谓的"所以然之故",而此"故"追究下来即是"理"。人伦社会亦是如此,朱熹指出:"夫天下之事,莫不有理。为君臣者有君臣之理,为父子者有父子之理,为夫妇、为兄弟、为朋友,以至于出入起居、应事接物之际,亦莫不各有理焉。"①"君臣、父子、夫妇、长幼、朋友之常,是皆必有当然之则,而自不容已,所谓理也。"②就人类社会而言,君臣、父子、夫妇、长幼、朋友是人与人之间最基本的关系,"五伦"也是人类社会最基本的道德伦理要求,是人们必须遵守的,是当然之则。"五伦"得以信守与奉行,人与人之间就可以维持正常的伦常关系,社会也就稳定和谐。然而,人与之间为什么是"父子亲"、"君臣义"?这种伦理准则的内在依据是什么?作为"所以然之故"的理,就是对这一内在原因的追问与回答。朱熹指出,"事亲如何却须要孝,从兄如何却须要弟,此即所以然之故"③。为什么事亲要孝、从兄要弟,在朱熹看来其内在的依据就在于理。由此言之,君之所以仁之故、臣之所以敬之故、父之所以慈之故、子之所以孝之故,其终极之据,皆在于理。

理(天理)不但主宰宇宙万物,而且可以气化流行,发育万物。这既是对张载气本论思想的吸收,也是对气化学说的发展。他指出:"天道流行,发育万物。其所以为造化者,阴阳五行而已。而所谓阴阳五行者,又必有理而后有是气。及其生物,则又必因是气之聚而后有形。故人物之生必得是理,然后有以为健顺仁义礼智之性;必得是气,然后有以为魂魄五脏百骸之身。"④气化的过程就是万物化生的过程,他说:"气化流行未尝间断,故日夜之间,凡物

---

① 《甲寅行宫便殿奏札》,《晦庵先生朱文公文集》卷14。
② 《大学或问》卷2。
③ 《朱子语类》卷18。
④ 《大学或问上》,《朱子全书》第6册,第505页。

皆有所生长也。"①阴阳五行，气化生生，气聚成形，而这一切起决定作用的还是理，有理才能有气（阴阳），也才能有形，有万物之生，有人类社会。宇宙化生是一个天道流行、气聚生物的过程，但处于本原地位、起决定作用的依然是天道（理）。

其次，理先气后，理气相依。对于理、气关系，朱熹在不同的时期、不同的语境下，有过不同的论述：一是理先气后。从宇宙万物的本原处、根源上说，是理先气后，有理才能有气。他反复指出："若论本原，即有理然后有气，故理不可以偏全论。"②"有是理，后生是气。"③"毕竟先有此理，而后有此气。"④朱熹认为，气是理的化生者，有理以后才能有气，理在气先，理是天地万物的根源。二是气先理后。从天地万物的禀受来说，天地万物直接由气而来，由气聚而构成其形质。朱子尝言："若论禀赋，则有是气而后理随以具，故有是气则有是理，无是气则无是理。"⑤气聚而物成形，然后理才能具于物，无物则无从体认理的存在。从本原处说，理先于气；从物上、从形质看，先有物（气化而成）才能追察理。三是不分先后，有则具有。朱熹曾云："既有理，便有气；既有气，则理又在乎气之中。"⑥此处朱子从理寓于气论，认为理气不分先后，有则具有，因为"无是气，则是理亦无挂搭处"⑦。所以，当有人问："太极动而生阳，静而生阴，见得理先而气后？"朱子回答说："虽是如此，然亦不须如此理会，二者有则皆有。"⑧

理虽为天地万物之本原，但理需要一个安顿处、一个挂搭处，这就是气（物）。所以，理与气相互依存，不可分离。朱子反复指

---

① 《孟子集注》卷11，《朱子全书》第6册，第401—402页。
②⑤ 《答赵致道》，《晦庵先生朱文公文集》卷59。
③⑦ 《朱子语类》卷1。
④ 《朱子语类》卷95。
⑥⑧ 《朱子语类》卷94。

出:"天下未有无理之气,亦未有无气之理。"①"有是理,必有是气,不可分说。都是理,都是气。那个不是理,那个不是气?"④有理即有气,有气即有理,二者不可分说。朱熹又言:"气与理本相依。""气行则理亦行,二者常相依而未尝相离也。"⑤理不离气独存,气不离理自行,理气不离不分。理与气的融突和合,便可化生新的事物。"人之所以生,理与气合而已。天理固浩浩不穷,然非是气,则虽有是理而无所凑泊。故必二气交感,凝结生聚,然后是理有所附著。"⑥阴阳二气交感而生物,而理便在事物之中。

理气虽然相依不离,但从根本处说,理与气二者相分不杂。朱熹曾言:"所谓理与气,此决是二物。但在物上看,则二物浑沦,不可分开各在一处,然不害二物之各为一物也。若在理上看,则虽未有物而已有物之理,然亦但有其理而已,未尝实有是物也。大凡看此等处须认得分明,又兼始终,方是不错。"⑦以理而言,"理自理,气自气",理气各自为理气,二者为二物,不可浑杂;以物而言,则理与气浑沦,不可分开。从目前材料看,朱熹对于理气关系的认识是经历了一个不断变化的过程。早年朱熹论理气关系,主要着意于形上与形下、体与用的关系,他曾说:"有是理即有是物,无先后次序之可言。"⑧在朱熹六十岁时,其理气论有发展变化,他提出了"理先气后"、"理能生气"的观点。晚年的朱熹又修订了自己的学说,他反复言及:"或问:必有是理,然后有是气,如何? 曰:此本无先后之可言,然必欲推其所从来,则须说先有是理。"⑨"或问:理在

---

① ⑨ 《朱子语类》卷1。
④ 《朱子语类》卷3。
⑤ 《朱子语类》卷94。
⑥ 《朱子语类》卷4。
⑦ 《答刘叔文》,《晦庵先生朱文公文集》卷46。
⑧ 《答程可久》,《晦庵先生朱文公文集》卷37。

先,气在后。曰:理与气本无先后之可言,但推上去时,却如理在先,气在后相似。"①这里朱熹一方面认为理与气本无先后之可言,但另一方面又提出了"推其所以来"、"推上去"的说法,即从逻辑关系上论则理在气先。朱子理气学说的发展变化,一方面是其在与其他理学家的论辩中不断汲取新思想的结果,另一方面也是朱子自己思想逐渐成熟,学说体系日渐完整严密的结果。

再者,理一分殊,流行贯通。"理一分殊"的思想并非朱子首出,其渊源可以追溯到北宋的周敦颐、张载、二程。周敦颐提出:"二气五行,化生万物,五殊二实,二本则一。是万为一,一实万分。万分各正,大小有定。"②天下万物各有不同,故称为"万";而万物皆是由太极化生而来,万物统一于太极,故称为"一"。此处,"是万为一,一实万分"其实就已蕴涵了"理一分殊"的思想。所以,朱熹对此解曰:"二气五行,天之所以赋受万物而生之者也。自其末以缘本,则五行之异,本二气之实,二气之实,又本一理之极。是合万物而言之,为一太极而已也。自其本而之末,则一理之实,而万物分以为体。故万物之中,各有一太极。"③足见,朱熹"理一分殊"思想导源于周敦颐。另一个对朱氏影响较大的人是程颐。张载在《西铭》中提出"乾父坤母"、"大君宗子"普遍之爱的伦理观,杨时认为这与墨家的"兼爱"无别,因此求教于程颐,程颐说:"《西铭》明理一而分殊,墨氏则二本而无分。"④从目前材料来看,这是"理一分殊"这一命题第一次正式提出,但程颐所论主要是关于人伦道德问

---

① 《朱子语类》卷1。
② 周敦颐:《通书·理性命第二十二》,周敦颐:《周敦颐集》,中华书局1990年版,第31页。
③ 朱熹:《通书注》,周敦颐:《周敦颐集》,中华书局1990年版,第31页。
④ 程颐:《答杨时论西铭书》,程颢、程颐:《二程集》,中华书局1981年版,第609页。

题，还没有涉及宇宙万物的本原本体。朱熹接着程颐讲，不仅继承了程颐"理一分殊"伦理学的意义，而且将其引入自己整个理学思想体系的建构中，即以之作为哲学本体论进行阐发。他在《西铭解》中说："天地之间，理一而已。然乾道成男，坤道成女，二气交感，化生万物，则其大小之分，亲疏之等，至于十百千万而不能齐也。……《西铭》之作，意盖如此，程子以为'明理一而分殊'，可谓一言以蔽之矣。"①无论张载《西铭》本旨是否如此，但朱子通过对《西铭》的阐释引发，使得这一命题成为其理学思想体系的核心范畴之一。

何谓"理一分殊"？对此，朱熹屡屡提及：

"理一分殊"，合天地万物而言，只是一个理；及在人，则又各自有一个理。②

万物各具一理，而万理同出一原。③

万物皆有此理，理皆同出一原。但所居之位不同，则其理之用不一。……物物各具此理，而物物各异其用，然莫非一理之流行也。④

是合万物而言之，为一太极而已也。自其本而之末，则一理之实，而万物分以为体。故万物之中，各有一太极。⑤

在朱熹著作中，从不同的角度看，"理一分殊"也有不同的含义，但就朱熹整个理学体系来说，"理一分殊"主要是要解决宇宙本体的"理一"与万有各异的"分殊"之间的关系问题，也就是本体的"一"，与万物"多"的问题。朱子认为，宇宙本原的"一"（理、天理、

---

① 朱熹：《西铭解》，《朱子全书》第13册。
② 《朱子语类》卷1。
③④ 《朱子语类》卷18。
⑤ 朱熹：《通书注》，周敦颐：《周敦颐集》，中华书局1990年版，第32页。

太极、道)经过气化可以生出"多"("万"),与此同时"万"也具有了"一"的本性,这就是"理一"与"分殊"的关系。正如他在《通书注》中所说:"是合万物而言之,为一太极而已也。自其本而之末,则一理之实,而万物分以为体。故万物之中,各有一太极。"一则,太极是宇宙万物的本原,天下万物本于太极(理一);一则,天下万物又各有一太极(分殊)。所以,这个"理一"是体,"分殊"也同样是体,是"一体"与"万体"的关系。如此,朱熹就对宇宙本体与万物本性之间的关系给出了自己的答案。为了使"理一分殊"的道理便于人们理解,朱熹用了不少譬喻来说明:

> 如一粒粟生为苗,苗便生花,花便结实,又成粟,还原本形。一穗有百粒,每粒个个完全;又将这百粒去种,又各成百粒。生生只管不已,初间只是这一粒分去。物物各有理,总只是一个理。①

> 本只是一太极,而万物各有禀受,又自各全具一太极尔。如月在天,只一而已,及散在江湖,则随处可见,不可谓月已分也。②

朱熹认为作为宇宙万物本原的太极(理一)与化生万物之后的太极(分殊),就如同一粒种子结出许多种子,虽然它们是产生与被产生的关系,但它们内容同一,同是种子。朱氏还借用佛教"月映万川"的比喻来说明"理一"与"分殊"的关系。天上只有一个月亮,但江河湖海中各映一个月亮。水中之月并非天上之月的各部分,而是一个完整的月亮。所以,万物中的太极并没有切分本原的太极,它们都是完整的太极。这也就是朱熹所说的"万个是一个,一个是万个"③的道理。

朱熹"理一分殊"思想的提出,绝不仅仅在于其理学思想体系

---

①②③ 《朱子语类》卷94。

的完整性、严密性,更重要的在于人伦道德规范构建。因此,朱熹将"理一分殊"这一思想引入人伦道德规范之中,从而为人伦道德规范的建构找到了终极的依据。朱熹在《西铭解》中说:"盖以乾为父,以坤为母,有生之类,无物不然,所谓理一也。而人物之生,血脉之属,各亲其亲,各子其子,则其分亦安得而不殊哉。一统而万殊,则虽天下一家,中国一人,而不流于兼爱之弊;万殊而一贯,则虽亲疏异情、贵贱异等,而不梏于我之私。此《西铭》之大指也。"因为理一,天下万物皆以乾为父以坤为母,故而有对天地万物的普遍之爱(仁爱);因为"分殊",所以这种仁爱又存在亲疏之别。他说:"天地之间,人物之众,其理本一,而分未尝不殊也。以其理一,故推己可以及人;以其分殊,故立爱必自亲始。"①因为理一,所以可以为仁,推己而及人;因为分殊,所以为义,故立爱必自亲始。同样因为分殊,所以"理只是这一个",但"君臣有君臣之理,父子有父子之理"②。

(二) 心性论

如果说理气说是关于"天理"的学说,关注与解答的是宇宙万物本原的问题,那么心性论则是关于"人道"的理论,关照与探索的主要是人心、人性、思维与情感的问题。早在先秦时期,儒家学者已经开始关注人心与人性的问题了,无论是孟子的性善说,还是荀子的性恶说,抑或告子的性无善无不善说,都是对人性问题的探讨。当然,对此问题探求最为用力、论述最为深入的应属思孟学派。他们关于人心、人性的探索与论述,构成了宋代理学家心性论的思想基础和理论前提。宋儒正是在这些阐述的基础上,吸收借

---

① 《孟子或问》卷1,《四书或问》。
② 《朱子语类》卷6。

鉴释、道关于"心性"的思想来展开自己对心性问题的探索与追问，并最终建立了理学的心性论思想体系。

首先，性即天理（天道）。关于人性，宋儒以前有过许多论述。①《中庸》提出了"天命之谓性"、"唯天下至诚，为能尽其性；能尽其性，则能尽人之性；能尽人之性，则能尽物之性；能尽物之性，则可以赞天地之化育"的论断，战国楚简儒家文献则有"性自命出，命自天降"的说法，《孟子》较完整地提出了"尽心—知性—知天"的思想。这些论述，在一定程度上将人性与天道联系起来，但知性何以可以知天？人性与天道之间怎样联系起来，文献则缺少系统的论述与阐释。对此，宋代儒者进行了深入的思考，给出了他们的答案。二程以理（天理）作为宇宙万物的本原，同时又把理（天理）与人性联系起来。程颐说："性即理也，所谓理，性是也。"②"理也，性也，命也，三者未尝有异。穷理则尽性，尽性则知天命。天命犹天道也，以其用而言之则谓之命，命者造化之谓也。"③理既是命，又是人性，天命犹天道，从而通过理将人性与天道连结起来，为人性找到了一个终极依据。程颐这一说法，对朱子颇有启发。在此基础上，朱熹明确提出"性即理也"④、"性者，人生之所禀天理也"⑤的说法。在《中庸》第一章的注释中朱熹通过理化万物的演化过

---

① 《孟子·告子上》："告子言'生之谓性'。"《论语·公冶长》"夫子之言性与天道"，皇疏云："性，生也。"郑玄《礼记·乐记》注曰："性之言生也。"《白虎通·情性》曰："性者，生也。"韩愈《原性》："性也者，与生俱生也。"这些文献都强调人生而有性，人性具于生之初。但对人性与天道的关系多未涉及。

② 程颐：《遗书》卷28，程颢、程颐：《二程集》，中华书局1981年版，第292页。

③ 程颐：《遗书》卷21，程颢、程颐：《二程集》，中华书局1981年版，第274页。

④ 朱熹《四书章句集注》，中华书局1983年版，第17页。

⑤ 朱熹《四书章句集注》，中华书局1983年版，第325页。

程,进一步论述了"性即理"的根据。他说:

> 性即理也。天以阴阳五行化生万物,气以成形,而理亦赋焉,犹命令也。于是人物之生,因各得其所赋之理,以为健顺五常之德,所谓性也。①

朱熹认为,理化气生,气以成形,人物化生。在这一过程中,气构成了人的形体,而理则赋予了人的性体,这样理就是人性的形上依据,所以,性即理也。既然人、物皆由理、气构成,那么人性与物性又有什么区别呢?朱熹以得理(性)气的全偏来解释,他说:"人物之生,同得天地之理以为性,同得天地之气以为形;其不同者,独人于其间得形气之正,而能有以全其性,为少异耳。"④人得形气之正,故可全其性;而物得形气之偏,故不得其全性,这就是人与物之区别。这样,朱熹就较完整而系统地论述了人性来自天理的命题。

"性即理"思想的提出,把人性与天道(理)联系起来,但在日常生活中人们不但发现人性与物性的不同,而且发现人性本身也存在很大的差别。对于前者朱熹用"得理气偏全"来解释,但同样是人,由理气化生而成,为什么会有善恶贤愚的差异呢?

朱熹之前的张载提出了"天地之性"与"气质之性"的概念,他说:"形而后有气质之性,善反之则天地之性存焉。故气质之性,君子有弗性者焉。"⑤张载主张气本论,他所说的"天地之性"即是太虚之气的本性,"气质之性"则是指气聚成形之后具体的人性。张氏虽然注意到了"天地之性"与"气质之性"的差异,但对这两个人性概念尚未作系统阐发和论证。朱子在张载学说的基础上,作了进一步的阐发和改造,使之成为自己理学思想的重要组成部分。

---

① 朱熹《四书章句集注》,中华书局1983年版,第17页。
④ 朱熹《四书章句集注》,中华书局1983年版,第293页。
⑤ 张载:《正蒙·诚明篇》,张载:《张载集》,中华书局1978年版,第23页。

他认为"天地之性"即是天理赋予人之性,是纯粹至善的。但理必须有一个安顿处,这个搭挂处就是气质,而气质具有清浊厚薄之不同,所以人性表现出来也就有了差异,这种体现在气质之中的人性就是"气质之性"。对此,朱熹说:"性只是理,然无那天气地质,则理没安顿处。但得气之清明则不蔽锢,此理顺发出来。蔽锢少者,发出来天理胜;蔽锢多者,则私欲胜。"①由此可见,朱熹所说的"天地之性"是指没有受到气质影响、污染、蔽锢而得以顺发出来的本然之性(理);而"气质之性"则是指安顿于气质之中,并受到气质清浊厚薄影响而表现出来的现实人性。所以,朱熹说:"论天地之性,则是专指理言;论气质之性,则以理与气杂而言之。"②朱子设譬说:"人物性本同,只气禀异。如水无有不清,倾放白碗中是一般色,及放黑碗中又是一般色,放青碗中又是一般色。"③"性如水,流于清渠则清,流入污渠则浊。"④水清,是性之本然,是天地之性;而在黑碗、青碗中所反映的颜色不同,正是"气质之性"所表现出来的善恶差异。朱熹关于"天地之性"与"气质之性"的阐发与论述,不但解释了人性之善恶贤愚的差异,而且为自己理学体系的修养论、工夫论提供了理论(逻辑)前提。

其次,心统性情。"心"是中国哲学的一个重要范畴,心与身的关系、心与性的关系、心与情的关系、心之善恶等,一直是中国古典哲学中的重要问题,关于心性的论述也构成了中国传统思想的主要内容之一。既然人的生命源自天,则心亦为天授予人之一物。"天生百物,人为贵"(《语丛一》),人之所以为贵或异于他物的一个重要因素就在于人有"心"。所以,早在战国时期的思孟学派就开始了对心、性、情关系的探讨。《大学》有"正心"的要求,孟子提出

---

①③④ 《朱子语类》卷4。
② 《答郑子上》,《晦庵先生朱文公集》卷56。

了"尽心"、"知性"、"知天"的说法,战国楚简则有"心取性出"①的论断。北宋时期,张载提出了"心统性情"的思想,把人性与人的意识活动(心)联系起来。他说:"心统性情者也。有形则有体,有性则有情。发于性则见于情,发于情则见于色,以类而应也。"②张载对于这一论断并没有详加论述,其中心与性情的关系也没有得到阐发。朱熹对张载的这一论断十分重视,他曾言:"伊川'性即理也',横渠'心统性情'二句,颠扑不破。"③正是在张载、二程等先贤论述的基础上,朱熹经过自己对心、性、情的深刻而缜密的思考,对"性统性情"进行了全面而系统的论述,从而建立自己的心性论思想。

朱熹"心统性情"思想的最后确立并系统阐发,是通过对《中庸》"未发"、"已发"的不断思考与体悟而实现的。北宋二程非常重视《中庸》,《中庸》有"喜怒哀乐未发谓之中,发而皆中节谓之和"。这引出了儒学史上"已发"、"未发"及"中"、"和"的问题,对此程颐多有论述。前文言及,朱熹曾师从李侗,而李侗受学罗从彦,罗从彦受学杨时,杨时受学程颐,所以从师承来看,朱熹理学思想与程颐一脉相承。朱熹曾说:"李(侗)先生教人,大抵令于静中体认大本未发时气象分明,即处事应物,自然中节。此乃龟山(杨时)门下相传指诀。"④朱熹对于《中庸》"未发"、"已发"之思考用力颇多,特别是自三十五岁至四十岁这段时间。他曾经认真地研究了二程以来儒家学者对此问题的讨论,通过与胡宏(早期对朱熹影响颇大)、张栻、何镐、蔡元定等学者的书信交流、讲学辩论,最终在四十岁时

---

① 楚简《性自命出》。
② 张载:《拾遗·性理拾遗》,张载:《张载集》,中华书局1978年版,第374页。
③ 《朱子语类》卷5。
④ 《答何叔京(书二)》,《晦庵先生朱文公文集》卷40。

经历"己丑之悟"形成"中和新说",确立生平学问大旨。在《已发未发说》中,他提出了著名的"未发"为"性","已发"为"情"的观点。随后,朱熹又将此文修改为《与湖南诸公论中和(书一)》,寄给张栻及湖湘学者。书中他将自己体悟的"中和新说"概括如下:

> 按《文集》、《遗书》诸说,似皆以思虑未萌、事物未至之时,为喜怒哀乐之未发。当此之时,即是此心寂然不动之体,而天命之性,当体具焉。以其无过不及,不偏不倚,故谓之中。及其感而遂通天下之故,则喜怒哀乐之性发焉,而心之用可见。以其无不中节,无所乖戾,故谓之和。此则人心之正,而情性之德然也。①

朱熹认为,"已发"、"未发"是指心理活动的不同阶段。"未发"是指心体寂然不动,出于思虑未萌的状态;"已发"则指"心"感而遂通,处于思虑已萌的状态。"未发"之时,天命之性具焉;"已发"之时,喜怒哀乐则表现出来。这里已发、未发皆指"心"的活动,这与中和旧说所认为的"未发只可言性,已发乃可言心"有根本不同。在此基础上,朱熹进一步论证了"未发"为性,"已发"为情的观点:

> 喜、怒、哀、乐,情也。其未发,则性也,无所偏倚,故谓之中。发皆中节,情之正也,无所乖戾,故谓之和。②

> 情之未发者,性也,是乃所谓中也,天下之大本也;性之已发者,情也,其皆中节,则所谓和也,天下之达道也。③

在朱子看来,无论是"未发"的性,还是"已发"的情,都与"心"有关。在心、性、情的关系上,朱熹提出了"心统性情"的重要论断:

> 然方其静时,事物未至,思虑未萌,而一性浑然,道义全

---

① 《与湖南诸公论中和(书一)》,《晦庵先生朱文公文集》卷64。
② 朱熹:《四书章句集注》,中华书局1983年版,第18页。
③ 《太极说》,《晦庵先生朱文公文集》卷67。

具,其所谓中,是乃心之所以为体,而寂然不动者也。及其动也,事物交至,思虑萌焉,则七情迭用,各有攸主,其所谓和,是乃心之所以为用,感而遂通者也。然性之静也而不能不动,情之动也而必有节焉,是则心之所以寂然感通周流贯彻,而体用未始相离者也。①

朱熹认为,性是体,情是用;性的状态是静,情的状态是动,而心则贯通作用于体用、动静之中,所以,心统性情。所谓"心统性情",是指心贯通于已发、未发,兼备性与情,所以,朱子又有"心者,兼性情而言"②的说法。"心"不但贯通已发、未发两种状态,而且在此状态中居于主宰地位。他说:

性,本体也;其用,情也;心,则统性情、该动静而为之主宰也。③

仁义礼智,性也;恻隐、羞恶、辞让、是非,情也;以仁爱,以义恶,以礼让,以智知者,心也。性者,心之理也;情者,心之用也;心者,性情之主也。④

性是体,情是用,性情皆出于心,故心能统之。统,如统兵之统,言有以主之也。⑤

在朱子看来,心、性、情是三个不同的概念,不能混谈。性是本体,是理(天理)赋予个体(人、心)的终极的依据,即理之在心,便为性;情是性的发用,是性的外在表现。而性的存在状态及其情的表现发用,则必须通过心的存在及其活动才能得以存在或体现,所以,心具有主宰的作用。然而朱熹毕竟是理本论者,心主性情并不意味着心主宰理(天理)。对此,朱熹曾言:"心固是主宰底意,然所

---

① 《答张钦夫(书十八)》,《晦庵先生朱文公文集》卷32。
② 《朱子语类》卷20。
③⑤ 《朱子语类》卷98。
④ 《元亨利贞说》,《晦庵先生朱文公文集》卷67。

谓主宰者，即是理也。不是心外别有个理，理外别有个心。"①以意识、思维活动的状态及其形式看，心是根本，也是主宰；从性的存在、情的发用来看，心统性情。但从根源上看，"所以主宰者是理"，理才是宇宙万物之本原。故而，心之活动也必然是理的赋予与体现，必须依照理的要求、表现理的必然性。

再者，道心与人心。心统性情，未发之性与已发之情皆存在于心。人只有一个心，并无二心，但为何同出于一心的人的知觉活动，却有善恶贤愚之不同呢？对此，朱熹提出了"道心"、"人心"的概念。"道心"、"人心"两个概念出自《尚书》，朱熹借助对《尚书》的解释来建构自己心性论学说。《尚书·大禹谟》："人心惟危，道心惟微，惟精惟一，允执厥中。"朱熹认为，这十六字为尧、舜、禹相递之密旨与真传，故而，他对此十分重视。他曾反复言及："'人心惟危，道心惟微，惟精惟一，允执厥中'者，尧舜禹相传之密旨也。"②"如《书》云：'人心惟危，道心惟微，惟精惟一，允执厥中。'此便是尧舜相传之道。"③人心、道心，并非二个心，心只有一个，也就是人的知觉活动。但因为心的存在状态不同、引起知觉的原因不同、知觉的内容不同，故而心又有道心与人心之别。朱熹说："只是这一个心，知觉从耳目之欲上去，便是人心；知觉从义理上去便是道心。"④可见，以天理或义理为知觉内容的便是道心，以耳目之欲为知觉内容的便是人心。

朱熹所谓的道心，其实就是出于天理或性命之正的心。朱子曾言：

　　道心者，天理也，微者精微。⑤

---

① 《朱子语类》卷1。
② 《答陈同甫》，《晦庵先生朱文公文集》卷36。
③ 《朱子语类》卷58。
④⑤ 《朱子语类》卷78。

>道心者,兼得理在里面,惟精而无杂,惟一是始终不变,乃能允执厥中。①

从朱熹的这些论述中,我们可以看出,道心生于天理,"源于性命之正"②;道心微妙而难见,道心精而无杂;道心全是天理,道心纯粹至善。

道心又是义理之心、善心,是一种从义理上生出来的知觉意识(见识)。朱熹说:

>义理上起底见识,便是道心。③
>
>道心是本来禀受得仁义礼智之心。④
>
>恻隐、羞恶、是非、辞逊,此道心也。⑤
>
>知觉从君臣父子处,便是道心。⑥

道心是仁义礼智之心,其出于义理,得天地之正,发义理之公,因而,它与天地之性一样,是纯粹至善的。所以,朱熹说"圣人全是道心主宰"⑦,圣人是道心主宰,但并非说圣人没有人心。

同道心一样,人心也是一种知觉活动,但它不是以天理或性命之正为知觉内容,而是以"耳目之欲"、"饥食渴饮"等生理需求为内容。因而,朱熹认为它处于形气之私。他说:"心者,人之知觉主于身而应事物者也。指其生于形气之私者而言,则谓之人心。"⑥朱子认为,人心产生于形气之私。那么,什么是形气之私呢?在《朱子语类》卷六十二中说:"如饥饱寒暖之类,皆生于吾身血气形体,而他人无与,所谓私也。"可见,人心生于血气形体,以个人的生理需求为知觉内容。所以,他反复提及:"知觉从饥食渴饮,便是人

---

① ③ ④ ⑦ 《朱子语类》卷 78。
② 《中庸章句序》。
⑤ 《朱子语类》卷 62。
⑥ 《大禹谟》,《晦庵先生朱文公文集》卷 65。

心。"①"人心便是饥而思食,寒而思衣底心。"②"人心者,气质之心也。可为善,可为不善。"③人心产生于人的生理需求,有善有恶,故而"危殆而不安"。在朱熹的理学思想体系中,性有"天命之性"与"气质之性",天命之性是纯粹至善的,气质之性则有善有恶。同样,心亦有"道心"与"人心",道心是善的,而人心则是有善有恶。《朱子语类》卷五:"问:'心之为物,众理具足。所发之善,固出于心。至所发不善,皆气禀物欲之私,亦出于心否?'曰:'固非心之本体,然亦是出于心也。'又问:'此所谓人心否?'曰:'是'子升又问:'人心亦兼善恶否?'曰:'亦兼说。'"④足见,朱子认为人心是兼善恶的。

在朱熹的心性论学说体系中,一方面道心、人心,只是一心,并无二心;另一方面,道心与人心又密切联系,不可分离。一个人不可能只有"道心"而无"人心",也不可能只有"人心"而无"道心"。朱熹在《中庸章句序》中说:

> 心之虚灵知觉,一而已矣,而以为有人心、道心之异者,则以其或生于形气之私,或原于性命之正,而所以为知觉者不同,是以或危殆而不安,或微妙而难见耳。然人莫不有是形,故虽上智不能无人心,亦莫不有是性,故虽下愚不能无道心。

由于人人皆有"形气之私",所以,即使上智之人、圣人不能没有人心;同样,由于人人皆有"性命之正",所以,即使是下愚之人、小人不能没有道心。他说:"虽圣人不能无人心,如饥食渴饮之类;虽小人不能无道心,如恻隐之心是。"⑤所以,圣人与凡人(或者小人)的区别在于"圣人不以人心为主,而以道心为主"⑥。可见,道心胜了人心,则成为具有理想道德人格的"圣人";如果人心胜了道心,则

---

① ② ③ ⑤ ⑥ 《朱子语类》卷78。
④ 《朱子语类》卷5。

成为违背道德的"小人"。

朱熹道心、人心思想的提出,不仅在于使其心性论学说更加严谨系统,更在于实际的人伦社会生活。使得每一个个体能够以"道心"为主宰,以"道心"统辖"人心",控制"人心",从而使人们具有良好的道德人格。他说:"必使道心常为一身之主,而人心每听命焉,则危者安、微者著,而动静云为自无过不及之差矣。"③以道心为主宰,使人心听命于道心,这样人就能够使得自己的意识与行为符合道德准则之要求。他曾形象地说:"人心如卒徒,道心如将。"④"人心如船,道心如舵。"⑤人心与道心之关系,犹如士卒与将帅、船只与船舵之关系。朱熹虽然强调个人要以自己的道德理性(道心)去主宰、制约自己的生理本性(人心),强调社会伦理对人的约束,但朱熹并不绝对否定人心,他也认为"虽圣人不能无人心,如饥食渴饮之类"。这是朱子对道德与情欲关系的基本看法。

(三) 工夫论

在朱子的学说体系中,天理论重在强调宇宙的本原、回答世界万物的终极追问;心性论是关于人心、人性的学说,回答人心、人性从何而来的问题。当理通过气的作用化生万物、当天理转化为人性以后,人(人心)又是如何来体认形而上的本体的理呢?为此,朱熹提出了"格物致知"(即物穷理)和"主(居、持)敬思诚"的工夫论。他曾说:"学者工夫,唯在居敬、穷理二事。此二事互相发。能穷理,则居敬工夫日益进;能居敬,则穷理工夫日益密。"⑥可见,在朱熹看来"主敬涵养"与"格物穷理"二者是相互促进,相辅相成的。

---

③ 《中庸章句序》。
⑤ 《朱子语类》卷62。
⑥ 《朱子语类》卷9。

首先,即物穷理(格物致知)。"格物致知"首见于《大学》。《大学》原为《礼记》的一篇,宋代学者出于建构自己理学思想体系的需要,对《大学》格外关注。《大学》之作者,历来仁智纷异。或以为"孔氏之遗书",或以为曾子所作,或以为《子思子》之一篇,或以为"七十子后学"所为,或以为出自孟子门人,或以为渊自荀子后学,甚或以为是秦汉间之著作,不一而足,纷纭众说。朱熹则于《大学章句序》曰:

> 及周之衰,圣贤之君不作,学校之政不修,教化陵夷,风俗颓败,时则有若孔子之圣,而不得君师之位而行其政教,于是独取先王之法,诵而传之以诏后世。若《曲礼》、《少仪》、《内则》、《弟子职》诸篇,固小学之支流余裔。而此篇者,则因小学之成功,以著大学之明法,外有以极其规模之大,而内有以尽其节目之详者也。三千之徒,盖莫不闻其说,而曾氏之传独得其宗,于是作为传义,以发其意。①

朱子以《大学》的署名权应该归于曾子,他认为《大学》乃三代"大学之明法",由孔子"诵而传之以诏后世",而曾子"独得其宗","作为传义"。进而,朱氏把《大学》分为经、传两部分:"经一章(《大学》第一章),盖孔子之言,而曾子述之。其传十章,则曾子之意而门人记之也。"②

朱子之前,二程兄弟对《大学》用力颇多,对朱子影响亦大。程颢曾作《大学改正》,与原来郑玄、孔颖达的注疏不同。而程颐亦作《改正大学》,又与程颢不同。在二程《改正大学》的基础上,朱熹又有所补正。他认为《大学》首章"三纲领""八条目"是此篇的"经",为孔子之言,为曾子所记。其后十章是"传",是对"经"的具体解

---

① 朱熹:《四书章句集注》,中华书局1983年版,第1—2页。
② 朱熹:《四书章句集注》,中华书局1983年版,第4页。

释。对于《小戴礼记》中《大学》的传文,朱子作了一些修改。他说:"旧本颇有错简,今因程子所定,而更考经文,别为序次如左。"①"右《大学》一篇,经二百有五字,传十章,今见于戴氏《礼》书。而简编散脱,传文颇失其次,子程子盖尝正之。熹不自揆,窃因其说,复定此本。"②在《大学》原文中,"八条目"之"格物"、"致知"无传,朱熹认为书有阙文。他说:"右传之五章,盖释格物、致知之义,而今亡矣。间尝窃取程子之意以补之。"于是,他为"格物""致知"作《补传》。在《补传》中,朱子系统地阐述了他的"格物致知"思想:

> 所谓致知在格物者,言欲致吾之知,在即物而穷其理也。盖人心之灵莫不有知,而天下之物莫不有理,惟于理有未穷,故其知有不尽也。是以《大学》始教,必使学者即凡天下之物,莫不因其已知之理而益穷之,以求至乎其极。至于用力之久,而一旦豁然贯通焉,则众物之表里精粗无不到,而吾心之全体大用无不明矣。此谓物格,此谓知之至也。③

上述朱熹所补的这段传文,他在《大学章句》中声称是"间尝窃取程子之意以补之"。从目前文献看,朱熹即物穷理的理学思想的确是对二程格物致知学说的发展与完善。二程论格物之说有:"格,至也,穷理而至于物,则物理尽。"④"格,至也,如'祖考来格'之格。凡一物上有一理,须是穷致其理。"⑤可见,二程,尤其是程颐也是以穷至事物之理来解释"格物"的。

对于《大学》之"格物",朱熹注云:"格,至也。物,犹事也。穷

---

① 《四书章句集注》,第4页。
② 《记大学后》,《晦庵先生朱文公文集》卷81。
③ 《四书章句集注》,第6—7页。
④ 《遗书》卷2《二先生语二上》,《二程集》,中华书局2004年版,第21页。
⑤ 《遗书》卷2《伊川先生语四》,《二程集》,中华书局2004年版,第188页。

至事物之理，欲其极处无不到也。"又注曰："物格者，物理之极处无不到也。"①由此看来，朱熹以为"格"有即、至、极至、穷尽的意思，"物"指事与物。那么，"格物"即是"即物穷理"，穷尽事物之理。天下万物各有其理，所谓格物就是体认万物之理的过程。他说："上而无极、太极，下而至于一草、一木、一昆虫之微，亦各有理。一书不读，则阙了一书道理；一事不穷，则阙了一事道理；一物不格，则阙了一物道理。须著逐一件与他理会过。"②理（天理）存在于万事万物之中，人只有通过"格物"，通过与万物的接触，才能体认"理"。

对于《大学》之"致知"，朱熹注曰："致，推极也。知，犹识也。推极吾之知识，欲其所知无不尽也。"又注曰："知至者，吾心之所知无不尽也。知既尽，则意可得而实矣，意既实，则心可得而正矣。"③由此看来，"致"是推而致之之意，"推极"则有极至、穷尽的意思。"知"为识，既可指"能知、能识"，又是指"所知、所识"。那么，"致知"就是推衍、推极、扩充人的认知能力与已具有的知识，即朱熹补传所说的"因其已知之理而益穷之，以求致乎其极"。朱熹所言"推极吾之知识，欲其所知无不尽也"，所强调的并非穷尽天下之物，而是以"所知"、"能知"来推极事物之理，来体认理。他说："格物非欲尽穷天下之物，但于一事上穷尽，其他可以类推。"④为何可以"类推"以穷理，他认为，一方面"万物各具一理。而万理同出一原，此所以可推而无不通也"⑤；另一方面，"以其理之同，故以一人之心，而于天下万物之理，无不能知"⑥。朱熹肯定万物各具一理，万理同出一源，而人有一心，故而能知；而致知就是要推极人的能知，以穷天下万物之理。前文言及，在心和理的关系上朱熹认

---

① ③　朱熹：《四书章句集注》，第 4 页。
②　《朱子语类》卷 15，第 295 页。
④ ⑤　《大学或问》卷 2。
⑥　《大学或问下》，《朱子全书》第 6 册，第 527 页。

为理是第一位的,所以在"格物"与"致知"("致吾之知")的关系上,首先强调"即物穷理"的重要性与决定性。他说:"推极我所知,须要就那事物上理会。致知,是自我而言;格物,是就物而言。若不格物,何缘得知?"①尽管"致知"是"推极我所知",但是"所知"来源于格物,所以,人首先须要格物,也就是"即物而穷其理"。

朱熹格物致知、即物穷理,探究万事万物之理的思想,在某种意义上蕴涵了近代科学的求知、求真精神。但是朱子"即物穷理"说并没有发展出近代意义的科学精神,二者有着本质的不同。理学的即物穷理探究的是先验的道德伦理价值,而科学则是探究经验之中的物理事实;理学所关注的重点在人间之善,而科学所关注的对象为世界之真。所以,在朱熹的思想体系中,天下万事万物之中,只有"穷天理,明人伦,讲圣言,通世故"②,才是格物之本旨。所以,我们说宋儒所关心的问题依然是社会的治乱、人伦道德的构建。

其次,持敬思诚。在格物致知、体认万物之理的过程中,认知主体的修养也是十分重要的。为此,他提出了居敬涵养的思想。朱熹曾言:"盖为学之道,莫先于穷理;穷理之要,必在于读书;读书之法,莫贵于循序而致精;而致精之本,则又在居敬而持志,此不易之理也。"③足见"居敬"对于穷理的重要性。朱熹"居敬"心性涵养学说,也是对程颐"主敬思想"的阐释与发展。朱熹特别推崇程颐"涵养须是用敬,进学则在致知"说法,他说"此语最妙",认为这两句话是"夫子(程颐)所以教人造道入德之大端,而不可以偏废焉者也"④。他还说:"伊川又言:'涵养须是用敬,进学则在致知。'又

---

① 《朱子语类》卷 15。
② 《答陈齐仲》,《晦庵先生朱文公文集》卷 39。
③ 《甲寅行宫便殿奏札二》,《晦庵先生朱文公文集》卷 14。
④ 《尹和静言行录序》,《晦庵先生朱文公文集》卷 75。

言:'人道莫如敬,未有致知而不在敬者。'考之圣贤之言,如此类者亦众,是知圣门之学别无要妙,彻头彻尾只是个敬字而已。"①朱子在程颐"主敬"说的基础上,提出了自己"持敬思诚"的心性涵养学说。其论"居敬"之说曰:"庄整齐肃,则心便一。一则自无非僻之干,存之久而天理明矣。至其门人谢良佐之言,则曰'敬是常惺惺法',尹焞之言则曰'人能收敛其心,不容一物,则可以谓之敬矣'。此皆切至之言,深得圣经之旨。"②程颐曾言"所谓敬者,主一之谓敬",朱子引程门弟子之语旨在说明,"主一之敬"就是要常怀戒慎之心(惺惺)、"收敛其心,不容一物"。所以,持敬也就是要"收拾自家精神,专一在此"③。

"持敬"不仅要内心主一,不容一物,而且要"动容貌,整思虑"。朱熹曾言:"持敬之说,不必多言,但熟味'整齐严肃'、'严威俨恪'、'动容貌,整思虑'、'正衣冠,尊瞻视'此等数语,而实加工焉,则所谓直内,所谓主一,自然不费安排,而身心肃然,表里如一矣。"④虽然"持敬"强调内心,但人的外貌必受内心支配,而外貌亦会影响人之内心。从外貌到内心都要整齐严恪,身心肃然。唯如此,"然后心得所存,而不流于邪僻"⑤,不被外界物欲所诱。

"持敬"之外,"思诚"是更为高深的修养功夫。朱子《中庸章句》曰:"诚者,真实无妄之谓,天理之本然也。诚之者,未能真实无妄,而欲其真实无妄之谓,人事之当然也。圣人之德,浑然天理,真实无妄,不待思勉而从容中道,则亦天之道也。未至于圣,则不能无人欲之私,而其为德不能皆实。"⑥相比于"持敬"之人道修养功

---

① 《答程允夫(书六)》,《晦庵先生朱文公文集》卷41。
② 《经筵讲义》,《晦庵先生朱文公文集》卷15。
③④ 《朱子语类》卷12。
⑤ 《答吕伯恭(书五)》,《晦庵先生朱文公文集》卷33。
⑥ 朱熹:《四书章句集注》,第31页。

夫,"思诚"则是要达到一种本体的自觉,所以《中庸》说"诚者,天之道也"。如果说"敬"要求的是内心戒惧、敬畏,尚有人为的成分,那么"诚"则是"真实无妄",是天理之本然。由此看来,朱子理学强调"持敬思诚"修养功夫,目的是个人的身心修养而达到一种"天理流行"的理想的道德境界。所以,朱子言"天人本是一理"、"天即人,人即天。人之始生,得于天也;既生此人,则天又在人矣"①。人得天理而生,有"理"而有"命"有"形",而天理只有通过人才能展现其活泼气象与生机,故而天人合一,天理流行。

第三,知先行重。朱子之前,论知行关系明确而详细者莫过于程颐。在程颐看来,"知"是"行"的前提,须先有"知",然后才可以依照"知"去"行"。因此,程颐特别重视"知",提出"知先行后"的学说。他曾说:"须以知为本,知之深,则行之必至,无有知之而不能行者。知而不能行,只是知得浅。饥而不食乌喙,人不蹈水火,只是知。人为不善,只为不知。"②人虽然饥饿,但不食有毒的乌喙;人们不会赴水蹈火,就是因为人们清楚地知道水火的危害,足以使人丧命。相反,人们之所以有不善的行为,就是没有深刻认识到善恶的分别。所以,程颐认为"知之不能行,只是未真知"。

知行关系,在朱子学说中居于十分重要的地位。朱子论"大学之道"以"格物"、"致知"为起点,以"明明德"、"止于至善"为终极理想,要达到这一目的,"自天子以至于庶人,壹是皆以修身为本"。而"知"与"行"的关系,就是修身(道德修养工夫)实践的基本问题。对于知行之关系,朱熹接续程颐"知先行后"讲,他说:"问致知、涵养先后。曰:'须先致知,而后涵养。'"③朱熹认为,做学问(道德修

---

① 《朱子语类》卷17。
② 《二程遗书》卷15。
③ 《朱子语类》卷9。

养、做人)应当先格物致知,明白了义理之后再力行,所以朱子对于学问之进路不仅强调"尊德性",亦十分重视"道问学"。从根本上说,知先行后的修行进路(实践顺序)是理先气后说在修养工夫论上的体现。"知得方行得","既知则自然行得"①,穷理是力行的前提条件,力行是穷理的必然结果。穷理愈深,知道愈明,践行也就愈笃。

朱子论知行关系,一方面强调知在行前,知先行后;另一方面,以重要性而论,则是行重于知。朱熹注《中庸》"博学之,审问之,慎思之,明辨之,笃行之"曰:"学、问、思、辨,所以择善而为知,学而知也。笃行,所以固执而为仁,利而行也。"②在朱子看来,学、问、思、辨、行五者,行排在最后,说明"行"是为学(道德修养)过程的完成,是致知为学的目的与归宿。他说:"夫学问岂以他求,不过欲明此理而力行之耳。"③为此,他反复强调在知行关系中"行"的特殊性与重要性,"学之之博,未若知之之要;知之之要,未若行之之实"④。

在朱子看来,"知"、"行"的问题终究要落实到道德实践的问题上,因此他提出了"知行常相须"的知行并进说:

> 知、行常相须,如目无足不行,足无目不见。论先后,知为先;论轻重,行为重。(《朱子语类》卷九)

> 致知、力行,用功不可偏。偏过一边,则一边受病。如程子云:"涵养须用敬,进学则在致知。"分明自作两脚说,但只要分先后轻重。论先后,当以致知为先;论轻重,当以力行为重。(《朱子语类》卷九)

---

① 《朱子语类》卷18。
② 《四书章句集注》,第31页。
③ 《答郭希吕(书三)》,《晦庵先生朱文公文集》卷54。
④ 《朱子语类》卷13。

在朱子看来,"知"与"行"如人之目与足,要想达到目的地,既不能没有目,也不能没有足。论先后、轻重,只是从不同角度来看,其实为学修行,用功不可偏过,偏过则必然受病而难成。"知"与"行","如车之两轮,如鸟之两翼"①,二者不可废一,不可分离,"知之愈明,则行之愈笃;行之愈笃,则知之益明"②。唯如此,才是为学(道德修养)的正确路径,才可以成就至善之美德。

(四) 伦理观

朱子之学从根本处讲,不是一种知识体系,而是一种道德伦理学说。朱子学说虽然强调"理"是宇宙万物的本原,以"理"作为其思想学说体系的逻辑起点,但其学说思想的最终目的依然是人的道德修养、社会的伦理纲常、天下的治平与兴衰。所以,朱子学说十分重视人的道德心性修养功夫与社会伦理纲常的建构。

朱熹认为,个人在进善成德的为学进程中,除了要加强"主敬涵养"、"格物穷理"、"知行并进"等修养功夫外,还会遇到来自自身与外界的诱惑。如何面对这种诱惑,或者说如何排除这些诱惑对个人的干扰与影响,直接关系到个人为学的进程与道德心性修养。对此,朱熹在其理学思想体系中提出了义利之辨、公私之辨、理欲之辨三个命题,而其本质乃是天理与人欲之辨。

义利之辨。朱子承续二程关于义利的论述,认为"义利之说,乃儒者第一义"③。在白鹿洞书院《学规》中明确提出:"正其义不谋其利,明其道不计其功。"朱子注《论语·里仁》曰:"义者,天理之所宜。利者,人情之所欲。"④在朱熹看来,"义"就是合乎天理的要

---

① 《朱子语类》卷9。
② 《朱子语类》卷14。
③ 《与延平李先生书》,《晦庵先生朱文公文集》卷24。
④ 《论语·里仁》注,见《四书章句集注》。

求,他说:"义者,宜也。君子见得这事合当如此,却那事合当如彼,但裁处其宜而为之,则何不利之有。君子只理会义,下一截利处更不理会。"①"小人则只计较利害,如此则利,如此则害。"②"君子之心,虚明洞彻,见得义分明。小人只管计较利,虽丝毫底利也自理会得。"③"君子则更不顾利害,只看天理当如何。"④"义"是"天理之所宜",是天理之显现与结果。"利"是"人情之所欲",是指耳目口鼻四肢之欲,即生理肉体情欲之满足。君子见义,小人见利。小人只是计较对自己有利或不利,而不顾义理。君子则依天理、义理行事,而不顾对自己有无利害。

朱子认为,利是人欲之私。所以,义利之辨究其实质乃是公与私的分别,当然也是善与恶的选择。《语类》载:"或问:'义利之别?'曰:'只是为己、为人之分。'"⑤为己即是人欲之私,为人即是天理之公。他说:"将天下正大底道理去处置事,便公;以自家私意去处之,便私。"⑥当人只为自己着想,专任"巧智之私"时,这就是私,也是邪恶的开始。当人遍为众人(他人)着想,处事"唯理是从"时,这就是公,也是善良的端绪。因此,朱子言"人只有一个公私,天下只有一个邪正"⑦。

人之私欲,导源于人生而具有的气禀(气禀中有恶浊的一面),因此,人们应当用道德本心去约束、克制"人情之所欲"。"义者,心之制","自天子以至于庶人,人人得其本心以制万事"⑧,以本心(道德之心)与天理去载制人欲之私。《语类》载:"或问:'克己之私有三:气禀、耳目鼻口之欲,及人我是也。不知那个是夫子所指

---

① ② ③ ④ 《朱子语类》卷27。
⑤ ⑥ 《朱子语类》卷13。
⑦ 《朱子语类》卷3。
⑧ 《送张仲隆序》,《晦庵先生朱文公文集》卷75。

者?'曰:'三者皆在里。然非礼勿视听言动,则耳目口鼻之欲较多。'"①唯有以道德之心与天理去克制气禀的偏蔽、感官之欲及人我计较等私欲,才可以从根本处祛除邪恶之念,使人复归于至善之境。故而,"理欲之辨",即天理与人欲之辨,是朱子学术思想的核心内容。他说:

> 孔子所谓"克己复礼",《中庸》所谓"致中和"、"尊德性"、"道问学",《大学》所谓"明明德",《书》曰"人心惟危,道心惟微。惟精惟一,允执厥中":圣贤千万万言,只是教人明天理,灭人欲。天理明,自不消讲学。人性本明,如宝珠沉溷水中,明不可见。去了溷水,则宝珠依旧自明。自家若得知是人欲蔽了,便是明处。只是这上便紧紧着力主定,一面格物。今日格一物,明日格一物,正如游兵攻围拔守,人欲自消铄去。……把个"敬"字抵敌,常常存个敬在这里,则人欲自然来不得。夫子曰:"为仁由己,而由人乎哉!"紧要处正在这里。②

圣贤教人,其主旨即是明天理,灭人欲。何谓天理? 在现实社会,即是伦理纲常。朱子言:"所谓天理,复是何物? 仁义礼智,岂不是天理? 君臣、父子、兄弟、夫妇、朋友,岂不是天理?"③人欲者,专指过分的欲望。他说:"人欲者,此心之疾疢,循之则其心私而且邪。"④朱子认为,人的欲望本身也有公私邪正之分别,对于人基本的生理需求,他并不反对,他说:"饮食者,天理也;要求美味,人欲也。"⑤可见,他所反对者是过分的物质欲望与感官享受。

既然纲常伦理(人伦)亦是天理,那么,在朱子的思想体系中,

---

① 《朱子语类》卷41。
② 《朱子语类》卷12,第207页。
③ 《答吴斗南(书三)》,《晦庵先生朱文公文集》卷59。
④ 《辛丑延和奏札二》,《晦庵先生朱文公文集》卷13。
⑤ 《朱子语类》卷13。

三纲五常、忠孝节义等伦理道德规范必然居于十分重要的地位。其在《论语·为政》注中说:"三纲,谓:君为臣纲,父为子纲,夫为妻纲。五常,谓:仁、义、礼、智、信。……三纲五常,礼之大体,三代相继,皆因之而不能变。"①与"三纲"相应的,则是忠、孝、节等道德伦理规范。

三纲之中,父为子纲是一切伦理规范赖以存在的基础。在宗法社会中,对于一个家庭来说,父亲无疑是一家之长,具有最高的权利。而古代社会,家庭又是构成国家的基本单位,齐家是治国平天下的前提条件。因此,父亲的意志就是家庭成员(子女)行事的原则与规范,子对父要服从、尊重,不可触犯,更不能违背父之意愿。朱子《论语·里仁》注曰:"所谓'父母有过,下气怡色,柔声以谏'也。见志不从,又敬不违,所谓'谏若不入,起敬起孝,悦则复谏'也。劳而不怨,所谓'与其得罪于乡、党、州、间,宁熟谏。父母怒不悦,而挞之流血,不敢疾怨,起敬起孝'也。"②这段注释之语,集中地体现了朱子"父为子纲"的伦理思想。父母有了过错,做子女的只能低声下气、和颜悦色地劝说,不能触犯父母。如果父母不听劝谏,便应起敬起孝,使父母高兴然后再谏,不能有丝毫怨言。如此这样,父母仍不从谏,甚至怒而挞至流血,亦不敢有怨。对于家庭内部而言,不能以社会的是非曲直来衡量,"父子相隐,天理人情之至也,故不求为直,而直在其中"③。

父为子纲,必然要求以孝作为社会基本的伦理规范。《语类》载朱熹答人问"孝弟(悌)为仁之本"(《论语·学而》)曰:

或问"孝弟为仁之本"。曰:"这个仁,是爱底意思,行爱自

---

① 《四书章句集注》,第59页。
② 《论语·里仁》注,《四书章句集注》,第73页。
③ 《论语·子路》注,《四书章句集注》,第146页。

孝弟始。"又曰:"亲亲、仁民、爱物,三者是为仁之事。亲亲是第一件事,故'孝弟也者,其为仁之本与'。"又曰:"知得事亲不可不孝,事长不可不弟,是为义之本;知事亲事长之节文,为礼之本;知事亲事长,为智之本。"①

陈敬之说"孝弟为仁之本"一章,三四日不分明。先生只令子细看,全未与说。数日后,方作一图示之:中写"仁"字,外一重写"孝弟"字,又外一重写写"仁民爱物"字。谓行此仁道,先自孝弟始,亲亲长长,而后次第推去,非若兼爱之无分别也。②

如水之流,必过第一池,然后过第二池,第三池。未有不先过第一池,而能及第二第三者。仁便是水之原,而孝弟便是第一池。不惟仁如此,而为义礼智亦必以此为本也。③

朱熹把孝弟作为行仁之根本、维系父子纲常的核心、人伦关系的基础。由孝弟(亲亲),然后才可以"仁民"、"爱物",才可以有义、礼、智等伦理规范。朱子认为,如果以仁为水之原,那么"孝弟是水流底第一坎,仁民是第二坎,爱物则第三坎也"④。可见,孝弟是行仁的基础,是仁民、爱物的前提,是不可缺少的一环。

如何才算是孝弟呢?对此朱熹有自己的答案。朱熹注《论语·学而》曰:"善事父母为孝,善事兄长为弟。"如何才算善事父母?朱子以为:首先,"谨身节用,以养父母,此庶人之孝也"⑤。其次,要有恭敬之心,对父母要和颜悦色。朱子注《论语·为政》曰:

---

① 《朱子语类》卷20,第461页。
② 《朱子语类》卷20,第462页。
③ 《朱子语类》卷20,第463页。
④ 《朱子语类》卷20,第463页。
⑤ 《示俗》,《晦庵先生朱文公文集》卷99。

"若能养其亲而敬不至,则与养犬马者何异。"①如果养而不敬,仅仅是让父母吃饱穿暖,这不能算是孝,必须以恭敬之心对待父母。因此,朱熹说:"盖孝子之有深爱者,必有和气;有和气者,必有愉色;有愉色者,必有婉容;故事亲之际,惟色为难耳,服劳奉养未足为孝也。"②对于父母,不但要有恭敬之心,而且要有和愉之色。其三,"子承父志"。"父在,子不得自专","三年无改于父之道,乃见其孝,不然,则所行虽善,亦不得为孝矣"③。

在帝国时代,国君无疑拥有至高的权力与威严,朕即国家。所以,君为臣纲,是三纲之首。为此,朱熹撰写了《君臣服议》《民臣礼议》,从衣冠、仪礼制度等方面确保皇帝的权威与尊严。与君为臣纲相应,忠便成为臣民所必须信守的道德规范。何谓忠?朱熹曰"尽己之谓忠"④,即"尽己之心而无隐,所谓忠也"⑤。朱子又言:"尽己只是尽自家之心,不要有一毫不尽。"⑥尽忠就是竭尽己之心,没有一丝一毫不尽。结合朱子注《论语·学而》篇"事君能致其身"句曰"委致其身,谓不有其身也",我们可以知道,所谓对君之忠就是竭尽自家之心,克去一切私心、私欲,而完全忠于君主。在朱子看来,对君之忠与对父之孝是一脉相承的,"故以孝事君则忠,以敬事长则顺"⑦,"于亲孝,故忠可移于君;事兄弟,故顺可移于长"⑧。所以,朱熹说:"人能孝弟,则其心和顺,少好犯上,必不好作乱也。"⑨又言:"其为人孝弟,则必须柔恭,柔恭则必无犯上作乱之事。"能够对父兄孝弟,扩而广之则可以对君长忠顺。"夫为妻

---

① ② 《论语·为政》注,《四书章句集注》,第56页。
③ 《论语·学而》注,《四书章句集注》,第51页。
④ ⑨ 《论语·学而》注,《四书章句集注》,第48页。
⑤ 《论语或问》卷1,《朱子全书》第6册,第618页。
⑥ ⑧ 《朱子语类》卷20。
⑦ 《孝经刊语》,《晦庵先生朱文公文集》卷66。

纲",也是朱子所肯定的。他说:"人之大伦,夫妇居一,三纲之首,理不可废。"①

三纲之外,朱熹还大力倡导仁、义、礼、智、信五常之德。五常之中,朱子首重仁。何谓仁?朱子以理学思想释之曰"爱之理,心之德"②。在朱熹看来,仁与爱之关系,即为体用关系:"仁是爱之理,爱是仁之用。未发时只唤作仁,仁却无形影;既发后方唤作爱,爱却有形影。"③"仁之为性,爱之理也。其见于用,则事亲从兄、仁民爱物,皆其为之之事也。"④仁爱是个源头,孝、弟、忠、信,皆由此而出。朱子又言:"仁,则私欲尽去而心德之全也。功夫至此而无终食之违,则存养之熟,无适而非天理之流行矣。"⑤有了仁之心德,即可尽去私欲,恢复天理。仁,又是"天地生物之心"⑥。有了此心,天地间万物便生生不息。仁是根源,所以,仁可以该义、礼、智三者:"专言仁,则包三者(义礼智)。"⑦"不言智、礼、义者,仁该全体,能为仁,则三者在其中矣。"⑧"盖仁也者,五常之首也,而包四者,恻隐之体也,而贯四端。"⑨仁为天地生物之心,所以统摄义、礼、智、信四者,贯通恻隐、羞恶、是非、辞让四心。

朱子对义、礼、智、信等德目也作了规定。他说:"义者,事之宜

---

① 《劝女道还俗榜》,《晦庵先生朱文公文集》卷100。
② 《论语·学而》注,《四书章句集注》,第48页。
③ 《朱子语类》卷20。
④ 《论语或问说一》,《晦庵先生朱文公文集》卷67。
⑤ 《论语·述而》注,《四书章句集注》,第94页。
⑥ 《中庸章句》20章注。
⑦ 《朱子语类》卷56。
⑧ 《孟子·公孙丑上》注,《四书章句集注》,第239页。
⑨ 《论语或问》卷1,《朱子全书》第6册,第616页。

也。"①"礼者,天理之节文,人事之仪则也。"②"知犹识也。"③"以实之谓信。"④朱子认为,"仁则为慈爱之类,义则为刚断之类,礼则为谦逊,智则为明辨,信便是真个有仁义礼智,不是假谓之信"⑤。同时,朱熹还把五常与五行联系起来:"盖木神曰仁,则爱之理也,而其发为恻隐;火神曰礼,则敬之理也,而其发为恭敬;金神曰义,则宜之理也,而其发为羞恶;水神曰智,则别之理也,而其发为是非;土神曰信,则实有之理也,而其发为忠信。"⑥他把五常、五行、天理、人伦德目比附而联系起来,这样既为五常找到了形而上的依据,又与现实社会的恻隐、羞恶、恭敬、是非、诚信等具体道德规范联系起来。使得五常既是一种永恒的、普遍的存在,又是现实的、日常的行为规范。

如果说三纲强调的是臣、子对君、父的绝对服从,是单方面的要求与约束,那么五伦则是强调双方之相互关系,是对双方的道德要求(约束、规范)。五伦之说最早见于《孟子》,即"父子有亲,君臣有义,夫妇有别,长幼有序,朋友有信"⑦。五伦是中国古代社会最基本的人际关系的概括,集中体现了中国古代宗法制社会的核心社会关系。对此,朱熹十分重视并加以提倡,他说:"父子有亲,君臣有义,夫妇有别,长幼有序,朋友有信,此人之大伦。"⑧五伦是最基本的社会人际关系,而这种人伦关系则是来源于天命,他说:"自天之生此民,……叙之以君臣、父子、兄弟、夫妇、朋友之伦,则天下

---

① 《论语·学而》注,《四书章句集注》,第 52 页。
② 《论语·学而》注,《四书章句集注》,第 51 页。
③ 《大学章句》注,《四书章句集注》,第 4 页。
④ 《论语·学而》注,《四书章句集注》,第 48 页。
⑤ 《朱子语类》卷 20。
⑥ 《论语或问》卷 1,《朱子全书》第 6 册,第 612 页。
⑦ 《孟子·滕文公上》。
⑧ 《仪礼经传通释》卷 9。

之理，固已无不具于一人之身矣。"①在朱熹看来，君臣、父子、兄弟、夫妇、朋友之伦为天所命，而人伦之间所要求的孝、慈、忠、义、仁、敬、序、别、信等道德规范（准则）则是天理的体现，是出于人之本心，本来就有的。

五伦之中，朱子最为看重君臣、父子两伦。他说："君臣父子之大伦，天之经，地之义，而所谓民彝也。"②与此相应的是仁、义两理，"仁莫大于父子，义莫大于君臣，是谓三纲之要、五常之本、人伦天理之至，无所逃于天地之间。"③如果悖逆人伦，"将使三纲沦，九法斁，子焉而不知有父，臣焉而不知有君，人心僻违而天地闭塞，夷狄愈盛而禽兽愈繁"④。人伦丧失，不知君父，仁义闭塞，人心乖违，将是率兽食人，世界尽头。五伦虽然禀受天命，出于本心，但由于气禀有偏，物欲所诱，这种出于天理之伦理道德常会被蒙蔽而不能自己显现。因此，常常需要通过教育来获得，他说："古先圣王为是之故，立学校以教其民，而其为教，必始于洒扫、应对、进退之间，……必使天下之人皆有以不失其性，不乱其伦而后已焉。"⑤他在《大学章句序》中反复论述圣人立校设教的原因及其重要作用：

> 盖自天降生民，则既莫不与之以仁义礼智之性矣。然其气质之禀或不能齐，是以不能皆有以知其性之所有而全之也。一有聪明睿智能尽其性者出于其间，则天必命之以为亿兆之君师，使之治而教之，以复其性。……人生八岁，则自王公以下，至于庶人之子弟，皆入小学，而教之以洒扫、应对、进退之节，礼、乐、射、御、书、数之文。及其十有五年，……皆入大学，而教之以穷理、正心、修己、治人之道。……而其所以为教，则

---

① 《经筵讲义》，《晦庵先生朱文公文集》卷15。
② 《戊午谠议序》，《晦庵先生朱文公文集》卷75。
③④ 《癸未垂拱奏札一》，《晦庵先生朱文公文集》卷13。
⑤ 《南剑州尤溪县学记》，《晦庵先生朱文公文集》卷77。

> 又皆本之人君躬行心得之余，不待求之民生日用彝伦之外，是以当世之人无不学。其学焉者，无不有以知其性分之所固有，职分之所当为，而各俛焉以尽其力。

圣人设官，教化民众，也就是启发人们固有的道德之心，复归人们的仁义礼智之性，使得人伦天理得以显现，以此维护社会的正常秩序。

四 《章句集注》之影响

朱子"四书学"在其理学思想体系中占据重要地位，作为朱子理学思想集中体现的《四书章句集注》是朱熹众多著作中极其重要的一部，在儒家学术思想史上，乃至中国古代思想史上具有十分重要的地位与价值。自元代延祐以降，《章句集注》悬为功令，位列科举之目，愈为统治阶层与历代学人所重视，其对中国历史文化之影响，尤其是对古代社会官僚士大夫和知识分子之影响，七百年来鲜有能出其右者。随着理学思想的向外传播，《章句》之影响遍及朝鲜、日本、越南等东亚、南亚，乃至世界范围。

（一）列入伪籍而遭禁

《章句集注》早在刊刻之前，随着朱子与时人论学辩难及其精舍问道讲学，而影响学界日深。以目前文献看，朱子四十三岁（1172）草成《大学章句》、《中庸》章句。四十五岁（1174）编订《大学》、《中庸》新本，分经、传，重定章次，印刻于建阳。四十八岁（丁酉年、1177年）生平第一次学术总结，序定《论语集注或问》、《孟子集注或问》、《大学章句或问》、《中庸章句或问》。五十三岁（1182）将《大学章句》、《中庸章句》、《论语集注》、《孟子集注》集为一编，刊刻于婺州，是为《四书集注》，"四书"之名始于此。五十七岁（1186）

修订《四书集注》，由四川制置使赵汝愚印刻于成都、广西安抚使詹仪之刊刻于桂林。六十岁（1189）生平学问第二次总结，又一次序定《大学章句》、《中庸章句》。次年，刊《四子》（《四书》）于临漳，刊刻《大学章句》于临漳学宫。六十三岁（1192）修订《四书集注》，由曾集刊刻于南康，是为南康本。由此可知，朱子对于《四书章句集注》曾反复修订刊刻，足见其对《章句集注》之重视与用心。其间，曾与张栻、吕祖谦、蔡元定、陆象山、陈亮等，或当面、或书信往来讨论辩难为学路径、修养工夫，及其理学基本问题，诸如中和之说、已发未发、主敬涵养、格物致知、尊德性、道问学、义利之辨等。这些讨论辩难，一方面深化了朱子对"四书"思想的理解，另一方面也扩大朱子理学思想之影响。

光宗绍熙五年（1194）闰十月，宁宗以"事事欲与闻"为由免去了朱熹经筵侍讲之职，于是朱子被罢出朝。宁宗庆元元年（1195），右相赵汝愚被罢出朝，朱熹愤而为《封事》，极陈奸邪门人蔽主之祸，为赵辩护。门人（蔡元定）以蓍草卜之，"遁"之"家人"，是"危之道也"，于是朱熹焚了奏稿，更号"遁翁"，并上书自劾。庆元二年（1196）正月，赵汝愚病逝于流放途中。三月知贡举叶翥等上疏："盖其空疏不学之陋，杂以禅语，遂可欺人。"①奏朱熹道学为"伪学"。刘德秀说朱熹"伪学之魁，以匹夫窃人主之柄，鼓动天下"，并奏请"将语录之类尽行除毁"②。于是，"科举取士稍涉经训者，悉见排黜；文章议论根于理义者，并行除毁。"六经"、《语》、《孟》，悉为世之大禁"③。监察御史沈继祖劾朱熹曰："剽张载、程颐之余论，寓以吃菜事魔之妖术，以簧鼓后进，张浮驾诞，私立品题，收召

---

① 《选举五》，《宋会要辑稿》第109册。
② 《续资治通鉴》卷154，中华书局1964年版，第4137页。
③ 黄榦《朱子行状》，《朱子全书》第27册，第558页。

四方五行义之徒以益其党伍,相与餐粗食淡,衣褒带博。……潜行匿迹,如鬼如魅。士大夫沽名嗜利,觊其为助者,又从而誉之荐之。"①进而,在这封《劾朱熹疏》中诬构朱熹不孝、不敬、不忠、玩侮朝廷、私结党徒等十罪,并上疏朝廷:"熹为大奸大憝,请加少正卯之诛,以为欺君罔世、污行盗名之戒。其徒蔡元定,佐熹为妖,亦请编管别州。"②是年(1196)十二月,朱熹落职罢祠。庆元三年(1197),朝廷又立"伪学逆党籍",计有宰执四人,待制以上十三人,余官三十一人,武臣三人,士人八人,凡五十九人。③一时风雨如晦,"方是时,士之绳趋尺步,稍以儒名之者,无所容其身。从游之士,特立不顾者,屏伏丘壑;依阿巽懦者,更名他师,过门不入,甚至变易衣冠,狎游市肆,以自别其非党,而熹日与诸生讲学不休,或劝以谢遣生徒者,笑而不答"④。此时,《章句集注》列于大禁,为朝廷尽行除毁。

（二）得入孔庙,为后世师

历史新的一页,往往是由时间翻开的。朱熹死后不久,随着韩侂胄集团的失势,党禁解弛,当权者逐渐发现朱熹著作与思想中有许多对他们统治有利的东西,有些学说甚至具有"历万世而无弊"(超越历史与时代)的特殊价值与作用。随着历史的发展与时代之变迁,朱子思想学说的价值愈来愈被人们所了解和认同,其思想学说愈为统治者所推(尊)崇,其地位亦日益显著,以至得入孔庙,歆享祭祀,位于孔、孟之列。

---

① 李心传:《道命录》卷7,王云五主编《丛书集成初编》,商务印书馆,据知不足斋丛书排印。
② 《续资治通鉴》卷154,中华书局1964年版,第4145页。
③ 《续资治通鉴》卷154,中华书局1964年版,第4153—4154页。
④ 《宋史·道学传·朱熹传》卷429,中华书局,第12768页。

朱子尝言"非徒有望于今日，而又将有望于后来也"①，对于其死后地位的变化，恐怕是当时人们没有想到的。宁宗嘉泰初，学禁稍弛。嘉定二年(1209)，朱熹获赐谥号曰"文"，自此被尊称为"朱文公"，此时距朱子离世不足十年。嘉定五年(1212)，朱熹《四书集注》被列为官学。理宗宝庆三年(1227)，朱子获赠太师，追封信国公，绍定三年(1230)改封徽国公。淳祐元年(1241)，"上视学，手诏以周、张、二程及熹从祀孔子庙"，朱子得以与周张二程并列于道统圣人之地位。度宗咸淳五年(1269)，诏以朱熹祖籍故里为厥里，"赐文公厥里于婺源"②，同孔子厥里并列为二，足显朱子之地位。

元朝统一南北之后，统治者采取了"治天下用儒术"的建议，藉孔孟之道以加强意识形态的控制。元仁宗延祐年间(1314—1320)，恢复科举取士，诏定以朱熹《四书集注》试士子。从此《四书集注》悬为功令，几七百年。惠宗至元元年(1335)，下诏兴建朱熹祠庙，"诏立徽国文公之庙"③。自此，朱熹与孔子一样受到历代统治者的顶礼朝拜。元顺帝至正二十二年(1362)，改封朱熹"齐国公"。子贵父荣，于是朱熹之父朱松被封为"献靖公"，又改封"粤国公"。

有明代元，太祖洪武推崇朱学。太祖皇帝即位第二年(1369)，即诏令礼部传谕，立石于学。刊定十二条款，首款即为："一、国家明经取士，说经者以宋儒传注为宗，行文者以典实纯正为主。今后务须颁降"四书"、"五经"、《性理》、《通鉴纲目》、《大学衍义》、《历代名臣奏议》、《文章正宗》及历代诰律典制等书，课令生徒讲解，其有剽窃异端邪说，炫奇立异者，文虽工，弗录。"④科举取士以朱熹等

---

① 《戊申封事》，《晦庵先生朱文公文集》卷11。
②③ 《朱子世家》，《婺源县志》卷18。
④ 《松下杂抄》卷下，涵芬楼秘笈本。

人的传注为宗,以朱熹等人的著作为考试的范围与试题的标准答案。朱子学说已经成为统治者的意识形态,牢牢地控制着官学的正统地位。明代宗景泰六年(1455),诏建安朱熹后裔世袭翰林院五经博士;明世宗嘉靖二年(1523),又诏婺源朱熹后裔世袭翰林院五经博士。两地世袭一直延续至清末。同时,比照祭祀孔子,在婺源与建安两地祭祀朱子,每年春秋祭祀两次。明崇祯十五年(1642),思宗朱由检诏令:"先儒朱子称先贤,位汉唐诸儒上。"①所以,在《婺源县志》中,以朱熹入《世家》,位同孔子。

清代,圣祖康熙极重朱学,并命大学士李光地等编辑《朱子全书》,颁行天下。康熙五十一年(1712),把朱熹的牌位从孔庙东庑先贤之列,移入了大成殿"十哲之次",配享先圣。同时,朱熹文庙每年春秋举行两次祭祀,对朱子的尊崇到了无以复加的地步。

晚清及近代,主国事者如曾国藩、李鸿章等皆推崇朱子。曾国藩把朱熹的《四书集注》和《近思录》奉为"二师",以朱子之书为日课,可见对朱子之尊奉。李鸿章于光绪八年(1882),为《婺源县志》作序,称朱熹"道德文章,照耀千古"②。

(三) 列科举之目,居官学之尊

科举取士作为人才选拔的重要途径,需要一种统一的学说理论作考试的依据。只有如此,才可以使选拔出来的广大士子符合统治者要求,才可以使士人的思想与统治者保持一致。北宋神宗熙宁年间,王安石就曾感慨:"今人材乏少,且其学术不一,异论纷然,不能一道德故也。一道德则修学校,欲修学校,则贡举法不可

---

① 《朱子世家》,《婺源县志》卷 18。
② 《光绪壬午县志序》,《婺源县志》卷 1。

不变。"①于是,王安石主张科举考试要有统一的指导思想和内容范围。究竟如何统一学术思想,以什么作为科举考试的指导思想和评卷标准,当时朝廷最终选择了王安石的《三经新义》。《宋史》卷一五七《选举三》:"帝(神宗)尝谓王安石曰:'今谈经者人人殊,何以一道德,卿所著经,其以颁行,使学者归一。'(熙宁)八年,颁王安石《书》、《诗》、《周礼义》于学官,是名《三经新义》。"于是,《三经新义》成了这一时期科举考试的指导思想和评卷标准,当然也是王安石变法的理论基础。朱熹所处的南宋时代,同样面临着"一道德"、"统学术"的时代课题,对此朱子深有感触。他说:"今人为经义者,全不顾经文,务自立说,心粗胆大,敢为新奇诡异之论。方试官命此题,已欲其立奇说矣。又,出题目定不肯依经文成片段,都是断章牵合,是甚么义理!……遂使后生辈违背经旨,争为新奇,迎合主司之意,长浮竞薄,终将若何! 可悲! 可虑! 王介甫《三经义》固非圣人意,然犹使学者知所统一。"②只是王安石《三经新义》由于自身的局限,未被统治者和天下学人所认同。随着变法的失败,《三经新义》自然也就失去了其作用,为大家所舍弃。所以,朱子之时,"道术不一"依然是学界突出问题。

宋末至元,朱熹学说思想的理论价值逐渐被人们所发现和重视,认为有补于治道,有益于理国安民。蒙元代宋,以夷而居夏,统治者假孔孟之道以加强思想控制。元仁宗延祐年间(1314—1320),恢复科举取士,广揽天下士子。诏定以朱熹《四书集注》试士子,即以《四书集注》为科举考试的指导思想、内容范围、评价标准。从此《四书集注》悬为功令,为天下士子所研读、揣摩、推崇,几七百年。

----

① 《选举一》,《宋史》卷 155。
② 《朱子语类》卷 109。

明初，朱元璋与朱棣都倡导程朱之学。朱元璋诏天下立学，命题取士以朱熹《四书集注》和"五经"为范围与标准。《明史》卷七十《选举二》："后颁科举定式，初场试"四书"义三道，经义四道。"四书"主朱子《集注》，《易》主程《传》、朱子《本义》，《书》主蔡氏《传》及古注疏，《诗》主朱子《集传》，《春秋》主《左氏》、《公羊》、《谷梁》三传及胡安国、张洽《传》，《礼记》主古注疏。"可见，以程朱为代表的理学（道学）已经成为科举取士的标准。明永乐十三年（1415），《四书五经大全》颁行天下，此书由明成祖朱棣制为"御序"，遂成为有明两百年来取士之制。《明史》卷二八二《儒林传》曰："明初，诸儒皆朱子门人之支流余裔……守儒先之正传，无敢改错。"薛瑄亦言："《四书集注》、《章句》、《或问》，皆朱子萃先圣贤之心，殆无余蕴，学者但当依朱子精思熟读，循序渐进。"可见，朱熹学说已经完全占据了主流意识形态的地位，可谓官学独尊。尽管明中叶王氏（阳明）心学渐大，影响渐广，但终明一代并没有动摇朱子学说的官学正统地位。

清人入关，为了安抚中原文士及加强对汉人的思想控制，一方面继续实行以《四书集注》试士子的科举考试制度；另一方面，极力宣扬孔孟之道和程朱理学。圣祖玄烨许孔子以"万世师表"，命李光地等编辑《朱子全书》。康熙自为《序》曰：

至于朱夫子集大成而绪千百年绝传之学，开愚蒙而立亿万世一定之规，穷理以致其知，反躬以践其实，释《大学》则有次第，由致知而平天下，自明德而止于至善，无不开发后人，而教来者也。五章补之于断简残篇之中，而一旦豁然贯通之为止，虽圣人复起，必不能逾此。问《中庸》名篇之义，则不偏不倚，无过不及之名。未发已发之中，本之于时中之中，皆先贤所不能及也。论《语》、《孟》则逐篇讨论，皆内圣外王之心传，于此道人心之所关匪细。以五经则因经取义，理正言顺，和平宽弘，非后世借此而轻议者同日而语也。至于忠君爱国之诚、动静语默之敬、文章言谈之中，全是天地正气、宇宙大道。朕读其书，察其理，非此不能知天人相与之奥，非此不能治万邦于衽席，非此不能仁心仁政施于天下，非此不能外内为一家。①

康熙认为，虽圣人复起，亦不能超越朱熹。朱子上接孔孟，"绪千百年绝传之学"而集其大成，而且"立亿万世一定之规"，有益于斯文，可谓居功甚伟。所以，康熙说"读书五十载，只认得朱子一生所作何事"，"朱子之道，五百年未有辩论是非，凡有血气，莫不遵崇"②。上之所好，下之所趋，受其影响，一时崇朱、誉朱之声遍及朝野上下：

> 盖自朱子之生迄今五百余年，而其道始大著，……而能具体孔子者，断推公一人。盖公之反躬实践，孔子之下学也；公一生孳孳汲汲所注释考订编次之书，不下数万卷，而未尝自为一书，孔子之述而不作也。嘻嘻盛矣。③

> 百世之下，使百世以上之大道昭如日月，沛若江河，微朱子，孰与归！故曰：朱子者，孔孟后一人也。朱子之道，既上接孔孟，下轶周程，则朱子者，天下之朱子也，万世之朱子也。④

在最高统治者的极力推崇之下，朱熹逐渐被圣人化、神人化，其《四书集注》也被推崇备至，无以复加，影响所及一直到晚晴、近代。

---

① 《御制朱子全书序》，《朱子全书》第 27 册，上海古籍出版社、安徽教育出版社，第 845—846 页。
② 《御制朱子全书序》。
③ 赵宏恩：《重修文公祠记》，《婺源县志》卷 66。
④ 朱廷梅：《重修文公庙暨建韦斋祠记》，《婺源县志》卷 66。

(四) 近及朝日,远涉欧美

元代以降,朱子思想不仅成为官方主流意识形态,为天下士子所尊崇,而且朱子的理学思想也远播海外。作为朱熹主要理学思想体现的《四书章句集注》和其他著作一起,在朝鲜、日本、越南、新加坡等东亚南亚地区得到了广泛的传播,深刻地影响了当地的思想文化发展,并在一定历史时期成为当地的主流意识形态(官方哲学)。

朱熹思想与著作最初传至朝鲜是在高丽末。安晌(1243—1306)为当时儒学大家,曾随忠烈王出使元大都,携回程朱理学著作多种,并在国子监讲授程朱之学。晚年曾悬朱子像而拜,自号晦轩,足见对朱熹之崇敬。其后白颐正亦留学大都,带回大量理学著作,传授门徒。当时的高丽,佛教盛行,理学成为批判佛家思想的有力武器,并为建立和巩固朝鲜李朝作出了重要贡献。及至李朝建立(1392),改国号朝鲜,斥佛奖儒,朱子之学大兴。期间,经过权溥、禹倬、李穑、郑梦周等人不遗余力地宣扬与推行,朱子理学在朝鲜已渐行渐大。延至郑道传(李朝开国功臣),他倡导孔孟、程朱之学,斥异端,息邪学,明天理,正人心。其门人权近继续探讨和发展朱熹之学,与郑氏号称李朝初期朝鲜朱子学的双璧。期间,《朱子四书集注本》成为当时科举考试的教本,朱子学说亦成为改革旧制、建立新制的理论依据。15世纪初至16世纪中叶,是朝鲜李朝时代的鼎盛时期。在统治者的倡导下,朱子学在朝鲜取得了长足的发展,各种独立的朱子学派相继出现。至李退溪,集朝鲜朱子学之大成(退溪学)。稍后李栗谷论难退溪之学,共同推进了朝鲜朱子学的进一步发展。此时朱子学在哲学思维、政治文化、教育制度,以及日常道德伦理方面,都深刻地影响了朝鲜人民的生活,已融入朝鲜传统文化之中,成为朝鲜民族文化的重要部分,在社会意识形态中占据正统地位,成为官方意识形态。至今,朝鲜人民仍尊朱子家礼,崇尚朱熹的伦理道德思想及人生价值观。

朱子学还通过退溪学对日本思想界产生了极大影响。早在镰仓时期,朱子之学就已经传入日本。1211年日本僧侣俊芿由宋归日,带回大量佛典与汉籍,其中就有朱熹《四书集注》初刊本。稍后(1241)禅僧圆尔辨圆归日,携回经籍数千卷,其中有朱熹《大学或问》、《中庸或问》、《论语精义》、《孟子精义》等著作。此后,中日文化交流不断,僧侣来往频繁。宋朝僧侣与儒者赴日传授禅学与程朱理学,亦受镰仓时代幕府欢迎,多聘为顾问。而后的吉野时期(1336—1392)与室町时期(1392—1573)的禅僧多倡扬朱子之学,于是禅儒合流,朱子学因之而兴,蔚然成风。影响所及,天皇公卿亦重朱子之学。14世纪至16世纪,日本朱子学逐渐摆脱了禅学的束缚,并与日本原有的神道相结合,走上了独立发展的道路,出现了专门研究朱子学的儒家学派。降至江户时代(1603—1867),朱子之学达到了隆盛时期,成为官方意识形态。朱子学与政治相结合,成为修身齐家、治国平天下的理论依据,备受统治者青睐和广大国民的喜爱。藤原惺窝、林罗山、室鸠巢、山崎暗香、佐藤直方、浅见䌹斋、三宅尚斋等都是著名的朱子学家。明治维新后,为解决资本主义带来的各种社会问题,许多思想家潜心研究朱子学,以寻找实现"道德之教"的良药。《教育敕语》(1890)的颁布,确立了以儒家道德思想为主要内容的国民道德教育方针,表明朱子之学已逐渐融入资本主义意识形态,也标志着朱子之学在日本进入一个新的发展阶段。

朱子之学在越南深受官方重视。陈朝(1225—1400)时期,朱子之学传入越南,立即受到统治者的重视,当时的陈朝直接效仿中国以朱子《四书集注》取士的科举制度。其后,黎朝、阮朝两个历史时期,统治者对朱子之学更是大力褒扬。他们把朱子学立为官方哲学，作为其国家制度建设和文化建设的指导思想。因此，朱子之学对越南社会产生非常深刻的影响，现今保存的越南国史——《大越史记全书》，就明显地受到朱熹《资治通鉴纲目》史学思想的影响。朱熹的伦理道德思想更是渗透到越南人的思想中，成为他们行为的指南和道德修养的标准。儒学（主要指朱子学）之"五伦"，即家庭伦理关系在越南社会中被扩展到最大限度。

近代以降，随着华人的不断外移，朱子学开始传播到东南亚的新加坡、泰国及马来西亚等地。"四书"、"五经"列入当地华文学校的主要课程，而朱子《四书集注》是主要读本。东南亚的华人还把朱熹《大学》"八条目"，即"格物、致知、诚意、正心、修身、齐家、论国、平天下"作为个人立身处世的基本准则，作为"安身立命、自强不息"的精神力量。新加坡政府甚至把"忠孝仁爱礼义廉耻"八德具体化，赋予现代化和新加坡化的内容，把其当作一以贯之的治国之纲。20世纪中叶以后，随着现代化的发展，各种社会问题纷纷而出。人们认为朱子学是治心之学，可以解决西方物质文明给社会带来的种种弊病，于是，儒学、朱子学研究热潮在东南亚地区悄然兴起。

与影响东亚、南亚地区社会政治生活、意识形态及思想文化发展不同，朱子之学在欧美的影响主要在学术领域。17—18世纪，朱子之学在法国引起了强烈的反响，当时的孟德斯鸠、伏尔泰等许多启蒙思想家都曾研究过朱子学，并从中汲取营养。而朱子学对18世纪德国哲学家的影响则更为突出，德国著名的哲学家、自然科学家莱布尼茨深研中国思想，其在朱子学的基础上，提出了著名的"唯理论"学说。康德、叔本华也同样深受朱熹思想的熏陶，尤其是康德，他在《宇宙发展概论》中提出的天体起源假说，与朱熹的宇宙哲学中的"阴阳二气的宇宙演化论"的观点十分相似。20世纪以来，美国对朱子学的研究也出现了热潮。1982年，在夏威夷召开了国际朱熹会议,包括著名哲学家冯友兰(时八十七岁高龄)在内的各国学者八十余人出席。会议为期十天,与会学者围绕理、太极、天、性、仁、格致、修养等朱子学的有关问题进行了深入的探讨,影响颇大。近年来,美国学者对朱子之研究继续努力,或开课讲授,或撰述发表论文、论著,或组织研讨会,对朱子之研究在不断深入。朱子之学在美国学术界及其社会层面的影响亦越来越大。近年来,随着后工业时期种种社会问题的出现,许多西方学者开始把目光投向东方文化,去关注中国的儒学及新儒学(朱子学)。目前,以朱熹为代表的新儒学已发展成为世界性的学说,许多国家的学者通过对朱子学的研究,从中找出东方文化中适合西方社会的部分,从而为人类文明的进步作努力。

五 《章句集注》之阅读

《四书章句集注》是朱熹理学思想的重要体现,其在中国古代思想史上、经学史上具有十分重要的地位。作为古代士人必须反复揣摩思绎研读的一部著作,其对中国古代思想文化之影响,七百年来,鲜有能匹者。迄至今日,它仍然是研究"四书"的主要参考著作,依然是研究朱熹思想、宋代理学思想的重要文本。对于爱好文、史的读者朋友,对于有兴趣了解中国传统文化的读者朋友,我们应该如何阅读《四书章句集注》?应该从中汲取什么精神营养?对于今天人文精神缺失(匮乏)的时代来讲,《章句》中又有哪些资源可以为我们所用,可以用来重构我们的精神家园?或者说,今天我们应该从《章句》中读出点什么?

(一)批判继承地读

对于传统文化、古代典籍,我们应该以批判继承的态度对待。

没有批判，我们就不能清楚地认识传统文化、古代典籍的不足与缺点，就不能察识其局限及其消极因素。而任何学说理论、思想观念、历史典籍，都是在一定的历史条件下形成与出现的，即使是最伟大的思想家、最经典的著作也不能完全超越历史。随着历史的发展、时代的变迁，必然会出现与历史发展不适应的消极因素，有些原本不足或缺陷性文化因子也会因为时间而呈现在人们面前。故而，对于传统思想、历史典籍，我们必须要分析批判。其实，以学术思想的发展角度来说，没有任何一种学说理论是绝对真理，是亘古（历古今而）不变的。正是由于人们的质疑、批判，继而不断思索，才使得一种思想学说得以不断完善与发展。没有省思、质疑与批判，就没有完善、发展与进步。一个学说如此，一个社会也是如此。同样，没有继承，人类社会也不可能有发展。任何一种思想、学说都是在前人的基础上建立发展起来的。没有继承，就是无源之水、无本之木。无源之水，不可能悠久流长；无本之木，不可能枝叶茂盛。所以，继承前人优秀思想文化成果，汲取古代典籍中适合今天的思想资源，是我们得以发展的基础与保障。古代典籍中蕴涵者丰富的思想资源，可以为我们今天所借鉴，是我们历史发展、文明进步的活水源头。朱熹《四书章句集注》就是这样一部历史文化典籍。

朱熹《四书章句集注》虽然产生于八百年前的南宋，但由于作者所关注与探讨的是人与人类社会所面临的根本问题，因而《章句集注》中蕴涵了许多超越时代的思想资源。面对外来文明佛教思辨哲学及其形而上理论的挑战。朱熹成功地发展了儒家学说，建构了自己的理学体系，有效回应了外来文化的挑战。《续资治通鉴》卷一五五曰："其为学大抵穷理以致其知，反躬以践其实，而以居敬为主。"朱子之学其学术目的就是格物穷理，并在理性原则指导下从事德行实践。朱子之理是对宇宙万事万物"所以然"、"所当然"的根本思考与追问,因此具有超越时代的特点。格物穷理所表现出的理性精神,在某种意义上具有了现代科学追根究底的求真精神和人文科学的求理精神。

在人与天、人与自然关系方面,朱子的思考也可以为我们提供借鉴。朱熹说:"天即人,人即天。人之始生,得之于天;既生此人,则天又在人矣。"①在此,朱熹提出了天人合一、人与自然、人与万物和谐统一的关系准则。这既与西方宗教强调"畏天"不同,又与西方科学主义单纯强调"知天"、"用天"不同。"畏天"而不"知天",就会把天看作外在于人的神秘力量,而人则不能体现天的活泼泼的气象,不能受到天的恩惠;相反,"知天"而不"畏天",就会把天看作外在于人的死物,从而否定天与人的关系,否定天的神圣性。否定天与人的关系,必然会造成对环境资源的过度使用;而否定天的神圣性,则会造成人们在精神信仰上失去依托。而朱子说"天即人,人即天",强调天人合一。人离开天,则无法生活;天离不开人,离开了人,则天无法彰显其气象。这种学说观念,对我们今天正确处理人与自然的关系提供了思想资源。

在人与人的关系方面,朱子提出了"三纲"、"五伦"道德伦理规范,以此来调整规范社会秩序。其在《论语·为政》注中说:"三纲,谓:君为臣纲,父为子纲,夫为妻纲。……三纲五常,礼之大体,三代相继,皆因之而不能变。"②除了"三纲"之外,朱子还非常重视"五伦",他说:"父子有亲,君臣有义,夫妇有别,长幼有序,朋友有信,此人之大伦。"③如果说三纲强调的是臣、子、妇对君、父、夫的绝对服从,是单方面的要求与约束,那么五伦则是强调双方之相互

---

① 《朱子语类》卷 17。
② 《四书章句集注》,第 59 页。
③ 《仪礼经传通释》卷 9。

关系,是对双方的道德要求(约束、规范)。以今天的社会发展来开,"三纲"有着非常明显的局限性,是我们应该批判的,而"五伦"所提倡的社会伦理关系,则依然有其存在的价值与作用。对于构建人与人、人与社会的和谐关系仍然有积极的作用。

由于时代的局限,《四书集注》及其朱子理学思想中也必然存在不能适应今天社会发展的消极因素,表现出一定的历史局限性。比如过分强调人伦关系、社会关系而忽视个体、个性的发展,过分强调道德伦理对社会的调节作用而忽视法规制度的作用,过分强调道义(义)的价值与作用而忽视经济事功(利)对社会发展进步的作用于意义等。总之,对像朱子理学思想这样的传统文化我们既不可以直接照搬,拿来解决今天的社会问题,也不可以认为历史遗物,直接把它放进博物馆。我们应该以批判继承的态度,古为今用,汲取其中有价值的思想资源,为当今的社会发展和文化建设服务。

(二)为人生而读

中国学问最大的特点是为人生的学问。以哲学而论,中国哲学是人生哲学,是人生论,而非知识论。为人生的学术关注的是如何做人,如何处世;为知识的学术关注的知识本身的真实性、系统性与完整性。孔子说:"古之学者为己,今之学者为人。"①何谓为己?何谓为人?"为人者,凭誉以显扬;为己者,因心以会道"②,"君子之学也,以美其身;小人之学也,以为禽犊"③。为己之学,是为自己而学,是为了提高自己的道德修养;为人之学,是学而让别

---

① 《论语·宪问》。
② 《汉书·桓荣传》。
③ 《荀子·劝学》。

人看,为了显扬自己,是以学问当做小禽小犊来讨好别人,以获取好处。所以,朱子《论语·学而》注曰:"此为书之首篇,故所记多务本之意,乃入道之门、积德之基、学者之先务也。"在朱熹看来,学问应以入道、积德为根本,是学者首先要做到的。正因为如此,朱子在注《论语·学而》"子夏曰:'贤贤易色,事父母能竭其力,事君能致其身,与朋友交言而有信。虽曰未学,吾必谓之学矣'"时曰:"四者皆人伦之大者,而行之必尽其诚,学求如是而已。故子夏言有能如是之人,苟非生质之美,必其务学之至。虽或以为未尝为学,我必谓之已学也。"可见,朱子(当然也是孔子)所谓之"学"为何。首先是人伦之道,是人道德行为。故而,孔子曰"弟子入则孝,出则弟,谨而信,泛爱众,而亲仁。行有余力,则以学文"①,可见学文是排在孝悌忠信仁爱等道德伦理之后的。

同样因为如此,《大学》开篇论其旨曰:"大学之道,在明明德,在新民,在止于至善。"大学的目的不是为建构一个完整的知识体系,而是为了明明德、新民(依朱子),为了达到一种至善之境。修明自己的德行,使之彰明、光大,然后扩大到全社会皆德行修明,如此就可以天下大治,于是也就臻于"止于至善"的境地了。由此看来,大学之道首重修身,即强调修明自己的德行。朱熹注曰:"明德者,人之所得乎天,而虚灵不昧,以具众理而应万事者也。但为气禀所拘,人欲所蔽,则有时而昏;然其本体之明,则有未尝息者。故学者当因其所发而遂明之,以复其初也。新者,革其旧之谓也,言既自明其明德,又当推以及人,使之亦有以去其旧染之污也。止者,必至于是而不迁之意。至善,则事理当然之极也。言明明德、新民,皆当止于至善之地而不迁。盖必其有以尽夫天理之极,而无一毫人欲之私也。此三者,大学之纲领也。"此处,朱子以自己的理

---

① 《论语·学而》。

学思想注释《大学》，虽然与《大学》原意颇有出入，但其强调的依然是人的德行修养，进德成善，复归人之本性（天理）。从根本处说，这仍然是为己之学，讲如何做人，是人生论而非知识论。所以，我们今天读朱子《四书章句集注》，固然要了解朱熹及其宋代的理学思想，更重要的是为人生而读，要和自己的日常生活、人生目的、人生信仰结合起来读。用朱子《章句》中所讲的伦理道德来反思自己的道德行为，以朱子《章句》所讲之修养路径来加强自己的道德修养。所谓"格物致知"、"正心诚意"、"修齐治平"，由知识学习到德行修养，进而到为社会为国家尽一己之力。

（三）注意朱注与经文原义之不同

朱子《四书章句集注》自元代列科举之目，家诵户习，已逾七百载。但朱子以理学思想注释《大学》、《中庸》、《论语》、《孟子》，虽然极力去接近原著，但终究不脱宋儒痕迹，而罅隙终不能弥合无间。故而，今天读《四书章句集注》者不可不知。

朱子论"性"与先秦儒家颇有出入。《论语·阳货》篇"子曰：'性相近也，习相远也。'"朱熹注曰："此所谓性，兼气质而言者也。气质之性，固有美恶之不同矣。然以其初而言，则皆不甚相远也。但习于善则善，习于恶则恶，于是始相远耳。程子曰：'此言气质之性。非言性之本也。若言其本，则性即是理，理无不善，孟子之言性善是也。何相近之有哉？'"这里朱熹以"气质之性"来解释《论语》之"性"，明显与《论语》原义不合。我们知道，《论语》言性仅及"性相近"，无涉善与恶。至孟子始言"性善"，宋儒顺着孟子一脉尊奉"性善"之说，以"理"释"性"，理无不善，性当然为善。但朱子深知孔子所言"性"非专指"性善"，故托出"气质之性"以释，企图以此弥合与《论语》原义之罅隙。

《中庸》"天命之谓性"，朱熹《章句》注曰："人、物之生，因各得所赋之理,以为健顺五常之德,所谓性也。"①朱熹此解,明显带有有理学家的色彩。朱子把"人、物之生,因各得所赋之理"称之为"性",显然他是把"性"作为万物之性。但从《中庸》的论述看,此处之"性"并非涵盖万物,而是专指人之"性"。我们以为先秦儒家所关注、所思考的对象主要是社会的治乱,由此而探索、追问的是关于人之"性",就当时的学术思想言,儒家还没有思考探究万物之性。

再如朱子论仁,理学色彩也十分浓厚。《论语·学而》篇:"孝弟也者,其为仁之本与。"朱熹注曰:"仁者,爱之理,心之德也。为仁,犹曰行仁。……言君子凡事专用力于根本,根本既立,则其道自生。若上文所谓孝弟,乃是为仁之本,学者务此,则仁道自此而生也。……或问:'孝弟为仁之本,此是由孝弟可以至仁否?'曰:'非也。谓行仁自孝弟始,孝弟是仁之一事。谓之行仁之本则可,谓是仁之本则不可。盖仁是性也,孝弟是用也,性中只有个仁、义、礼、智四者而已,曷尝有孝弟来。然仁主于爱,爱莫大于爱亲,故曰孝弟也者,其为仁之本与!'"又朱熹注《中庸》"修道以仁"之"仁"曰:"仁者,天地生物之心,而人得以生者。"②朱子以"爱之理"、"天地生物之心"释"仁",显然是宋儒的观念,与《论语》原义颇有差距。《论语》以孝弟为"仁之本",宋儒以孝弟为"行仁之本",仔细体味,其中差距甚大。孔子所言"仁"是由孝弟之情、亲亲之爱发展而成。即至孟子,依然认为孝弟是人的良知良能,扩而充之,才有仁义,所以,孟子仍然认为孝弟是仁义之本。③ 孟子言性,是就人心而扩充之。心有善端,才有性善。先有恻隐之心、羞恶之心、辞让之心、是

---

① 《中庸章句》注,《四书章句集注》,第17页。
② 《中庸章句》注,《四书章句集注》,第28页。
③ 《孟子·尽心上》:"人之所不虑而知者,其良知也。所不学而能者,其良能也。孩提之童,无不知爱其亲;及其长也,无不知敬其兄。亲亲,仁也;敬长,义也。"

非之心,由此"四端",然后才有仁、义、礼、智。而宋儒认为,性中先具仁、义、礼、智,然后才有仁爱、孝弟,这与先秦儒学所论正好相反。他如,朱子论明明德、论亲民(新民)与《大学》原义皆有不合,今天我们阅读《四书章句集注》,要注意区分朱子之义与"四书"经文原义。

(四)具体阅读方法

对于古代典籍的学习,我们主张义理、考据、辞章相结合的阅读方法。朱子《四书章句集注》是朱子理学思想的重要体现,所以旨在义理。今天,我们阅读《章句集注》就是从中汲取适应时代的思想资源。以此提高我们的道德修养,以此为今天的文化建设和社会发展提供借鉴,使我们优秀传统文化在中华民族的伟大复兴中发挥积极的作用。但要想深刻理解朱子学说及其"四书"经文所蕴含的丰富思想,我们就要对《章句集注》及其"四书"经文中的典章制度、名物、诂训、辞章等有准确的理解。所以,清代学者说训诂明才能义理明,考据明才能义理明。

要想搞清楚典章制度、名物训诂,对于我们今天的读者来说,就不得不借助前人的注本。《章句集注》目前尚未见到注释本,这正是我们注说这本著作的一个出发点。当然读者可以根据撰者的注释与解说,去理解《四书章句集注》思想内涵,并以此为基础更好地认识和了解朱熹及其理学思想。除此之外,我们还应该参看其他一些关于《大学》、《中庸》、《论语》、《孟子》的注本,比如何晏《论语集解》、刘宝楠《论语正义》、赵岐《孟子章句》、焦循《孟子正义》、郑玄《礼记注》、孙希旦《礼记集解》等。这些注本一方面可以帮助我们理解"四书"经文原义及经文中涉及的典章制度名物等;另一方面,我们可以和朱熹的注释比对着阅读,以此可以更好地了解朱熹注本的优点,当然也可以了解朱熹注本的不足。

对于爱好传统文化的读者来说，阅读《章句集注》，我们可以一篇一篇地读，一章一章地读，甚至一句一句地读。这是由"四书"的性质所决定的。《大学》、《中庸》、《论语》从根本处说都是关于人的学问，是人生之学，是修身成德进善之学。所以，我们读一篇就有一篇的收获，读一章就有一章的收获，读一句就有一句的收获；我们还可以跳着读，先选择自己感兴趣、自己读得懂的篇章来读；还要反复地读，随着读者人生经历的不同，每读一遍，都会有新的感触与收获。每读之后，都可以用来省思自己的行为，指导自己的修为，察识自己与圣人、先贤的差距。正如孔子所云"学而时习之，不亦说乎"！

六　校注说明

（一）本书以中华书局《新编诸子集成》之《四书章句集注》（2012年版）为底本。

（二）集成本与他本有异之处，一般依集成本，在注中说明。

（三）异体字径改，不出注。个别未简化古字、俗字而义同简体字者，径用简体字代替，不出注。

（四）依据本书体例，本注本只注释朱熹注文，不注释原经文。读者阅读时，可参考经文注释的其他版本。

（五）注释力求简洁明了，以疏通文字为主，必要时通释全句。典章制度、文化常识、历史人物等，亦只简单介绍，不作详细论述。朱注中虽然采用反切注音的方法，但考虑到古今语音的演变及读者的文化水平，所以，生僻字加注汉语注音。

（六）朱注中所引典籍，不再注释，但朱氏所引与现代传本文字不同者，在注中加以说明。注释中，遇有异说者，以"一说"注明，并以"按"字表明作者观点。

《论语集注》简注

论 语 序 说

《史记·世家》曰:"孔子名丘,字仲尼。其先宋人。父叔梁纥,母颜氏。以鲁襄公二十二年,庚戌之岁,十一月庚子,生孔子于鲁昌平乡陬邑。为儿嬉戏,常陈俎豆①,设礼容。及长,为委吏,料量平;

委吏,本作季氏史。《索隐》云:"一本作委吏,与《孟子》合②。"今从之。

为司职吏,畜蕃息。

职,见《周礼·牛人》,读为樴,义与杙同,盖系养牺牲之所。此官即《孟子》所谓乘田。

适③周,问礼于老子。既反,而弟子益进。昭公二十五年甲申,孔子年三十五,而昭公奔齐,鲁乱。于是适齐,为高昭子家臣,以通④乎景公。

有闻《韶》、问政二事。

公欲封以尼溪之田,晏婴不可,公惑之。

有季孟、吾老之语。

孔子遂行,反乎鲁。定公元年壬辰,孔子年四十三,而季氏强僭⑤,其臣阳虎作乱专政。故孔子不仕,而退修《诗》、《书》、《礼》、《乐》,弟子弥众。九年庚子,孔子年五十一。公山不狃以费畔季氏,召孔子,欲往,而卒不行。

有答子路东周语。

定公以孔子为中都宰,一年,四方则之,遂为司空,又为大司寇。十年辛丑,相定公会齐侯于夹谷,齐人归鲁侵地。十二年癸卯,使仲由为季氏宰,堕三都,收其甲兵。孟氏不肯堕成,围之不克。十四年乙巳,孔子年五十六,摄行⑥相事,诛少正卯,与闻国政。三月,鲁国大治。齐人归⑦女乐⑧以沮之,季桓子受之。郊又不致膰俎⑨于大夫,孔子行。

《鲁世家》以此以上皆为十二年事。

适卫,主于子路妻兄颜浊邹家。

《孟子》作颜雠由。

适陈,过匡,匡人以为阳虎而拘之。

有颜渊后及文王既没之语。

既解,还卫,主蘧伯玉家,见南子。

有矢子路及未见好德之语。

去,适宋,司马桓魋欲杀之。

有天生德语及微服过宋事。

又去,适陈,主司城贞子家。居三岁而反于卫,灵公不能用。

有三年有成之语。

晋赵氏家臣佛肸以中牟畔,召孔子,孔子欲往,亦不果。

有答子路坚白语及荷蒉过门事。

将西见赵简子,至河而反,又主蘧伯玉家。灵公问陈,不对而行,复如陈。

据《论语》则绝粮当在此时。

季桓子卒,遗言谓康子必召孔子,其臣止之,康子乃召冉求。

《史记》以《论语》归与之叹为在此时,又以《孟子》所记叹辞为主司城贞子时语,疑不然。盖《语》、《孟》所记,本皆此一时语,而所记有异同耳。

孔子如蔡及叶。

有叶公问答子路不对、沮溺耦耕、荷蓧丈人等事。《史记》云:"于是楚昭王使人聘孔子,孔子将往拜礼,而陈、蔡大夫发徒围之,故孔子绝粮于陈、蔡之间。"有愠见及告子贡一贯之语。按是时陈、蔡臣服于楚,若楚王来聘孔子,陈、蔡大夫安敢围之。且据《论语》,绝粮当在去卫如陈之时。

楚昭王将以书社地封孔子，令尹子西不可，乃止。

《史记》云"书社地七百里"，恐无此理，时则有接舆之歌。

又反乎卫，时灵公已卒，卫君辄欲得孔子为政。

有鲁、卫兄弟及答子贡夷齐、子路正名之语。

而冉求为季氏将，与齐战有功，康子乃召孔子，而孔子归鲁，实哀公之十一年丁巳，而孔子年六十八矣。

有对哀公及康子语。

然鲁终不能用孔子，孔子亦不求仕，乃叙《书传》、《礼记》。

有杞宋、损益、从周等语。

删《诗》正《乐》，

有语大师及乐正之语。

序《易象》、《系》、《象》、《说卦》、《文言》。

有假⑩我数年之语。

弟子盖三千焉，身通六艺者七十二人。

弟子颜回最贤，早死，后惟曾参得传孔子之道。

十四年庚申，鲁西狩获麟，

有莫我知之叹。

孔子作《春秋》。

有知我罪我等语,《论语》请讨陈恒事,亦在是年。

明年辛酉,子路死于卫。十六年壬戌四月己丑,孔子卒,年七十三,葬鲁城北泗上。弟子皆服心丧三年而去,惟子贡庐于冢上,凡六年。孔子生鲤,字伯鱼,先卒。伯鱼生伋,字子思,作《中庸》。

子思学于曾子,而孟子受业子思之门人。

何氏曰:"《鲁论语》二十篇。《齐论语》别有《问王》、《知道》,凡二十二篇,其二十篇中章句,颇多于《鲁论》。《古论》出孔氏壁中,分《尧曰》下章子张问以为一篇,有两《子张》,凡二十一篇,篇次不与《齐、鲁论》同。"

程子曰:"《论语》之书,成于有子、曾子之门人,故其书独二子以子称。"

程子曰:"读《论语》,有读了全然无事者,有读了后其中得一两句喜者,有读了后知好之者,有读了后直有不知手之舞之足之蹈之者。"

程子曰:"今人不会读书。如读《论语》,未读时是此等人,读了后又只是此等人,便是不曾读。"

程子曰:"颐自十七八读《论语》,当时已晓文义。读之愈久,但觉意味深长。"

[**注释**]①俎豆:古代祭祀、宴飨时盛食物用的两种礼器,亦泛指各种礼器,亦泛指各种礼器。 ②称孔子做过委吏、乘田,出自《孟子·万章下》。 ③适:到……去,往。 ④通:交往,往来。 ⑤强僭:依仗势力做超越本分的事。 ⑥摄行:代理行使职权。 ⑦归:通"馈",赠送。 ⑧女乐:歌舞伎,歌舞艺人。 ⑨膰俎:盛膰肉的祭器,亦借指祭肉。 ⑩假:借。

读论语孟子法

据清仿宋大字本补。

程子曰:"学者当以《论语》、《孟子》为本。《论语》、《孟子》既治,则《六经》可不治而明矣。读书者当观圣人所以作经之意,与圣人所以用心,圣人之所以至于圣人,而吾之所以未至者,所以未得者。句句而求之,昼诵而味之,中夜而思之,平其心,易其气,阙其疑,则圣人之意可见矣。"

程子曰:"凡看文字,须先晓其文义,然后可以求其意。未有不晓文义而见意者也。"

程子曰:"学者须将《论语》中诸弟子问处便作自己问,圣人答处便作今日耳闻,自然有得。虽孔孟复生,不过以此教人。若能于《语》、《孟》中深求玩味①,将来涵养成甚生②气质!"

程子曰:"凡看《语》、《孟》,且须熟读玩味。须将圣人言语切己,不可只作一场话说。人只看得二书切己,终身尽多也。"

程子曰:"《论》、《孟》只剩读着便自意足。学者须是玩味。若以语言解着,意便不足。"

或问:"且将《论》、《孟》紧要处看,如何?"程子曰:"固是好,但终是不浃洽③耳。"

程子曰:"孔子言语句句是自然,孟子言语句句是事实。"

程子曰:"学者先读《论语》、《孟子》,如尺度权衡④相似,以此去量度事物,自然见得长短轻重。"

程子曰:"读《论语》、《孟子》而不知道,所谓'虽多,亦奚以为'。"

[注释]①玩味:细心体会其中意味。 ②甚生:非常。 ③浃洽:普遍沾润。 ④权衡:称量物体轻重的器具。权,秤锤;衡,秤杆。

卷 一

学 而 第 一

此为书之首篇,故所记多务本①之意,乃入道之门、积德之基、学者之先务也。凡十六章。

[注释]①务本:致力于根本。

子曰:"学而时习之,不亦说乎?

说、悦同①。〇学之为言②效也。人性皆善,而觉有先后,后觉者必效先觉之所为,乃可以明善而复其初也。习,鸟数飞也。学之不已,如鸟数飞也。说,喜意也。既学而又时时习之,则所学者熟,而中心喜说,其进自不能已矣。程子③曰:"习,重习也。时复思绎④,浃洽于中,则说也。"又曰:"学者,将以行之也。时习之,则所学者在我,故说。"谢氏⑤曰:"时习者,无时而不习。坐如尸⑥,坐时习也;立⑦如齐⑧,立时习也。"

[注释]①"同",训诂学常用术语,甲、乙同,即甲的读音、意义与乙相同。

"说",此处读音与意义与"悦"相同。　②之为言:训诂学术语,即用一个音义相通的词来解释被解释的词,有时只释义,与音无关。此处,"学"的意义与"效"相通。　③程子:北宋著名理学家程颢、程颐。朱熹思想更多受程颐之影响,此处当指程颐,即伊川先生。　④思绎:思索寻求。　⑤谢氏:谢良佐,字显道,二程弟子,著有《论语解》。　⑥尸:古代祭祀时代表死者受祭的人。⑦"立",原作"一",据清仿宋大字本改。　⑧齐:通"斋",斋戒。

有朋自远方来,不亦乐乎?

乐,音洛①。○朋,同类也。自远方来,则近者可知。程子曰:"以善及人,而信从者众,故可乐。"又曰:"说在心,乐主发散在外。"

[注释]①古代注音的方法,"乐"此处读"洛"的音。

人不知而不愠,不亦君子乎?"

愠,纡问反①。○愠,含怒意。君子,成德之名。尹氏②曰:"学在己,知不知在人,何愠之有?"程子曰:"虽乐于及人,不见是而无闷,乃所谓君子。"愚③谓及人而乐者顺而易,不知而不愠者逆而难,故惟成德者能之。然德之所以成,亦曰学之正、习之熟、说之深而不已焉耳。○程子曰:"乐由说而后得,非乐不足以语君子。"

[注释]①反:古代汉字注音的一种方法,即反切,方法是上字取声,下字取韵,常写作"某某反"或"某某切"。但由于古今语音的变化,反切出来的读音和今天的读音不一致。　②尹氏:尹焞,字彦明,程颐弟子,著有《论语解》、《孟子解》。　③愚:朱熹自谦之辞。

有子曰："其为人也孝弟，而好犯上者，鲜矣；不好犯上，而好作乱者，未之有也。

弟、好，皆去声①。鲜，上声，下同。○有子，孔子弟子，名若。善事父母为孝，善事兄长为弟。犯上，谓干犯在上之人。鲜，少也。作乱，则为悖逆②争斗之事矣。此言人能孝弟，则其心和顺，少好犯上，必不好作乱也。

[注释]①去声：古代的注音方法。中古汉语（字）有平声、上声、去声、入声，其中平声又分阴平与阳平，相当于现代汉语（字）的第一、第二声，上声相当于第三声，去声相当于第四声，但要注意古今语音有变化。 ②悖逆：违背正道。

君子务本，本立而道生。孝弟也者，其为仁之本与！"

与，平声。○务，专力也。本，犹根也。仁者，爱之理，心之德也。为仁，犹曰行仁。与者，疑辞①，谦退不敢质言也。言君子凡事专用力于根本，根本既立，则其道自生。若上文所谓孝弟，乃是为仁之本，学者务此，则仁道自此而生也。○程子曰："孝弟，顺德也，故不好犯上，岂复有逆理乱常之事。德有本，本立则其道充大。孝弟行于家，而后仁爱及于物，所谓亲亲而仁民也。故为仁以孝弟为本。论性，则以仁为孝弟之本。"或问："孝弟为仁之本，此是由孝弟可以至仁否？"曰："非也。谓行仁自孝弟始，孝弟是仁之一事。谓之行仁之本则可，谓是仁之本则不可。盖仁是性也，孝弟是用也，性中只有个仁、义、礼、智四者而已，曷尝有孝弟来。然仁主于爱，爱莫大于爱亲，故曰孝弟也者，其为仁之本与！"

[注释]①疑辞:表示疑问、不确定语气的词。

子曰:"巧言令色,鲜矣仁!"

巧,好。令,善也。好其言,善其色,致饰于外,务以悦人,则人欲肆而本心之德亡矣。圣人辞不迫切,专言鲜,则绝无可知,学者所当深戒也。○程子曰:"知巧言令色之非仁,则知仁矣。"

曾子曰:"吾日三省吾身:为人谋而不忠乎?与朋友交而不信乎?传不习乎?"

省,悉井反。为,去声。传,平声。○曾子,孔子弟子,名参,字子舆。尽己之谓忠。以实之谓信。传,谓受之于师。习,谓熟之于己。曾子以此三者日省其身,有则改之,无则加勉,其自治诚切如此,可谓得为学之本矣。而三者之序,则又以忠信为传习之本也。○尹氏曰:"曾子守约,故动必求诸①身。"谢氏曰:"诸子之学,皆出于圣人,其后愈远而愈失其真。独曾子之学,专用心于内,故传之无弊,观于子思、孟子可见矣。惜乎!其嘉言善行,不尽传于世也。其幸存而未泯②者,学者其可不尽心乎!"

[注释]①诸:之于。 ②泯:灭,尽。

子曰:"道千乘之国,敬事而信,节用而爱人,使民以时。"

道、乘,皆去声。○道,治也。马氏①云:"八百家出车一乘。"②千乘，诸侯之国，其地可出兵车千乘者也。敬者，主一无适③之谓。敬事而信者，敬其事而信于民也。时，谓农隙之时。言治国之要，在此五者，亦务本之意也。〇程子曰："此言至浅，然当时诸侯果能此，亦足以治其国矣。圣人言虽至近，上下皆通。此三言者，若推其极，尧舜之治亦不过此。若常人之言近，则浅近而已矣。"杨氏④曰："上不敬则下慢⑤，不信则下疑，下慢而疑，事不立矣。敬事而信，以身先之也。《易》曰：'节以制度，不伤财，不害民。'⑥盖侈用则伤财，伤财必至于害民，故爱民必先于节用。然使之不以其时，则力本者不获自尽，虽有爱人之心，而人不被其泽矣。然此特论其所存而已，未及为政也。苟无是心，则虽有政，不行焉。"胡氏⑦曰："凡此数者，又皆以敬为主。"愚谓五者反复相因，各有次第，读者宜细推之。

[**注释**]①马氏：马融，字季长，东汉著名经学家。 ②"马氏云八百家出车一乘"十字，据清仿宋大字本补。 ③主一无适：专一，无杂念。 ④杨氏：杨时，字中立，程门著名弟子，宋代理学家。有程门立雪之事。 ⑤慢：傲慢，不敬。 ⑥见于《周易·节卦》。 ⑦胡氏：胡寅，字明仲，宋代经学家，胡安国侄，有《论语详说》。一说指胡安国。

子曰："弟子入则孝，出则弟，谨而信，泛爱众，而亲仁。行有余力，则以学文。"

弟子之弟，上声。则弟之弟，去声。〇谨者，行之有常也。信者，言之有实也。泛，广也。众，谓众人。亲，近也。仁，谓仁者。余力，犹言暇日。以，用也。文，谓

《诗》、《书》六艺之文。○程子曰:"为弟子之职,力有余则学文,不修其职而先文,非为己之学也。"尹氏曰:"德行,本也。文艺,末也。穷其本末,知所先后,可以入德矣。"洪氏①曰:"未有余力而学文,则文灭其质;有余力而不学文,则质胜而野。"愚谓力行而不学文,则无以考圣贤之成法,识事理之当然,而所行或出于私意,非但失之于野而已。

[注释]①洪氏:洪兴祖,字庆善,南宋著名学者,著有《论语说》。

子夏曰:"贤贤易色,事父母能竭其力,事君能致其身,与朋友交言而有信。虽曰未学,吾必谓之学矣。"

子夏,孔子弟子,姓卜,名商。贤人之贤,而易其好色之心,好善有诚也。致,犹委也。委致其身,谓不有其身也。四者皆人伦之大者,而行之必尽其诚,学求如是而已。故子夏言有能如是之人,苟非生质之美,必其务学之至。虽或以为未尝为学,我必谓之已学也。○游氏①曰:"三代之学,皆所以明人伦也。能是四者,则于人伦厚矣。学之为道,何以加此。子夏以文学名,而其言如此,则古人之所谓学者可知矣。故《学而》一篇,大抵皆在于务本。"吴氏曰:"子夏之言,其意善矣。然辞气之间,抑扬太过,其流之弊,将或至于废学。必若上章夫子之言,然后为无弊也。"

[注释]①游氏:游酢,字定夫,学者称廌山先生。北宋经学家,程门四大弟子之一,有《论语孟子杂解》。

子曰："君子不重则不威,学则不固。

重,厚重。威,威严。固,坚固也。轻乎外者,必不能坚乎内,故不厚重则无威严,而所学亦不坚固也。

主忠信。

人不忠信,则事皆无实,为恶则易,为善则难,故学者必以是为主焉。程子曰："人道惟在忠信,不诚则无物,且出入无时,莫知其乡①者,人心也。若无忠信,岂复有物乎?"

[注释]①乡:通"向"。

无友不如己者。

无、毋通,禁止辞也。友所以辅仁,不如己,则无益而有损。

过则勿惮改。"

勿,亦禁止之辞。惮,畏难也。自治不勇,则恶日长,故有过则当速改,不可畏难而苟安也。程子曰："学问之道无他也,知其不善,则速改以从善而已。"○程子曰："君子自修之道当如是也。"游氏曰："君子之道,以威重为质,而学以成之。学之道,必以忠信为主,而以胜己者辅之。然或吝于改过,则终无以入德,而贤者亦未必乐告以善道,故以过勿惮改终焉。"

曾子曰:"慎终追远,民德归厚矣。"

慎终者,丧尽其礼。追远者,祭尽其诚。民德归厚,谓下民化之,其德亦归于厚。盖终者,人之所易忽也,而能谨之;远者,人之所易忘也,而能追之,厚之道也。故以此自为,则己之德厚,下民化之,则其德亦归于厚也。

子禽问于子贡曰:"夫子至于是邦也,必闻其政,求之与?抑与之与?"

之与之与,平声,下同。○子禽,姓陈,名亢。子贡,姓端木,名赐。皆孔子弟子。或曰:"亢,子贡弟子。"未知孰是。抑,反语辞。

子贡曰:"夫子温、良、恭、俭、让以得之。夫子之求之也,其诸异乎人之求之与?"

温,和厚也。良,易直①也。恭,庄敬也。俭,节制也。让,谦逊也。五者,夫子之盛德光辉接于人者也。其诸,语辞②也。人,他人也。言夫子未尝求之,但其德容如是,故时君敬信③,自以其政就而问之耳,非若他人必求之而后得也。圣人过化存神之妙,未易窥测,然即此而观,则其德盛礼恭而不愿乎外,亦可见矣。学者所当潜心而勉学也。○谢氏曰:"学者观于圣人威仪之间,亦可以进德矣。若子贡亦可谓善观圣人矣,亦可谓善言德行矣。今去圣人千五百年,以此五者想见其形容,尚能使人兴起,而况于亲炙④之者乎?"张敬夫⑤曰:"夫子至是邦必闻其政,而未有能委国而授之以政者。盖见圣人之仪刑而乐告之者,秉彝⑥好德之良心也,而私欲害之,是以终不能用耳。"

[注释]①易直:平易正直。 ②语辞:文言虚字,表示一种语气,相当于现代汉语中的语气词。 ③敬信:慎重而守信。 ④亲炙:亲身受到传授教导。 ⑤张敬夫:张栻,字敬夫,南宋著名学者、理学家、经学家,有《论语解》。与朱熹同时,常有书信来往。 ⑥秉彝:秉持常道。

子曰:"父在,观其志;父没,观其行;三年无改于父之道,可谓孝矣。"

行,去声。○父在,子不得自专,而志则可知。父没,然后其行可见。故观此足以知其人之善恶,然又必能三年无改于父之道,乃见其孝,不然,则所行虽善,亦不得为孝矣。○尹氏曰:"如其道,虽终身无改可也。如其非道,何待三年。然则三年无改者,孝子之心有所不忍故也。"游氏曰:"三年无改,亦谓在所当改而可以未改者耳。"

有子曰:"礼之用,和为贵。先王之道斯为美,小大由之。

礼者,天理之节文①,人事之仪则②也。和者,从容不迫之意。盖礼之为体虽严,而皆出于自然之理,故其为用,必从容而不迫,乃为可贵。先王之道,此其所以为美,而小事大事无不由之也。

[注释]①节文:制定礼仪,使行之有度;礼节,仪式。 ②仪则:法则。

有所不行,知和而和,不以礼节之,亦不可行也。"

承上文而言,如此而复有所不行者,以其徒知和之为贵而一于和,不复以礼节之,则亦非复理之本然矣,所以流荡忘反①,而亦不可行也。○程子曰:"礼胜则离,故礼之用和为贵。先王之道以斯为美,而小大由之。乐胜则流②,故有所不行者,知和而和,不以礼节之,亦不可行。"范氏③曰:"凡礼之体主于敬,而其用则以和为贵。敬者,礼之所以立也;和者,乐之所由生也。若有子可谓达礼乐之本矣。"愚谓严而泰,和而节,此理之自然,礼之全体也。毫厘有差,则失其中正,而各倚于一偏,其不可行均矣。

[注释]①流荡忘反:流动飘荡而不知返回,比喻一味求和而没有礼的节制。　②流:放纵,无节制。　③范氏:范祖禹,字淳夫,北宋末学者,著有《论语说》。

有子曰:"信近于义,言可复也;恭近于礼,远耻辱也;因不失其亲,亦可宗也。"

近、远,皆去声。○信,约信也。义者,事之宜也。复,践言也。恭,致敬也。礼,节文也。因,犹依也。宗,犹主也。言约信而合其宜,则言必可践矣。致恭而中其节,则能远耻辱矣。所依者不失其可亲之人,则亦可以宗而主之矣。此言人之言行交际,皆当谨之于始而虑其所终,不然,则因仍苟且之间,将有不胜其自失之悔者矣。

子曰:"君子食无求饱,居无求安,敏于事而慎于言,就有道而正焉,可谓好学也已。"

好，去声。○不求安饱者，志有在而不暇及也。敏于事者，勉其所不足。慎于言者，不敢尽其所有余也。然犹不敢自是，而必就有道之人，以正其是非，则可谓好学矣。凡言道者，皆谓事物当然之理，人之所共由者也。○尹氏曰："君子之学，能是四者，可谓笃志力行①者矣。然不取正于有道，未免有差，如杨、墨②学仁义而差者也，其流至于无父无君，谓之好学可乎？"

[注释]①笃志力行：专心致志，竭力而行。　②杨：指杨朱之学；墨：指墨家学说。

子贡曰："贫而无谄，富而无骄，何如？"子曰："可也。未若贫而乐，富而好礼者也。"

乐，音洛。好，去声。○谄，卑屈也。骄，矜肆①也。常人溺于贫富之中，而不知所以自守，故必有二者之病。无谄无骄，则知自守矣，而未能超乎贫富之外也。凡曰可者，仅可而有所未尽之辞也。乐则心广体胖②而忘其贫，好礼则安处善，乐循理，亦不自知其富矣。子贡货殖③，盖先贫后富，而尝用力于自守者，故以此为问。而夫子答之如此，盖许其所已能，而勉其所未至也。

[注释]①矜肆：骄矜放纵。　②心广体胖：原指人心胸开阔，外貌就安详。后用来指心情愉快，无所牵挂。　③货殖：经商营利。

子贡曰："《诗》云：'如切如磋，如琢如磨。'其斯之谓与？"

磋,七多反。与,平声。○《诗·卫风·淇澳》之篇,言治骨角者,既切之而复磋之;治玉石者,既琢之而复磨之;治之已精,而益求其精也。子贡自以无谄无骄为至矣,闻夫子之言,又知义理之无穷,虽有得焉,而未可遽①自足也,故引是诗以明之。

[注释]①遽:迅速,就,竟。

子曰:"赐也,始可与言《诗》已矣!告诸往而知来者。"

往者,其所已言者。来者,其所未言者。○愚按:此章问答,其浅深高下,固不待辨说而明矣。然不切则磋无所施,不琢则磨无所措。故学者虽不可安于小成,而不求造道①之极致;亦不可骛②于虚远,而不察切己之实病也。

[注释]①造道:提高品德修养。 ②骛:追求。

子曰:"不患人之不己知,患不知人也。"

尹氏曰:"君子求在我者,故不患人之不己知。不知人,则是非邪正或不能辨,故以为患也。"

为政第二

凡二十四章。

子曰:"为政以德,譬如北辰,居其所而众星共之。"

共,音拱,亦作拱。○政之为言正也,所以正人之不正也。德之为言得也,得于心而不失也。北辰,北极,天之枢也。居其所,不动也。共,向也,言众星四面旋绕而归向之也。为政以德,则无为而天下归之,其象如此。○程子曰:"为政以德,然后无为。"范氏曰:"为政以德,则不动而化、不言而信、无为而成。所守者至简而能御①烦,所处者至静而能制动,所务者至寡而能服众。"

[注释]御:驾驭,统治。

子曰:"《诗》三百,一言以蔽之,曰'思无邪'。"

《诗》三百十一篇,言三百者,举大数也。蔽,犹盖也。"思无邪",《鲁颂·駉》篇之辞。凡《诗》之言,善者可以感发人之善心,恶者可以惩创人之逸志①,其用归于使人得其情性之正而已。然其言微婉②,且或各因一事而发,求其直指全体,则未有若此之明且尽者。故夫子言《诗》三百篇,而惟此一言足以尽盖其义,其示人之意亦深切矣。○程子曰:"'思无邪'者,诚也。"范氏曰:"学者必务知要,知要则能守约,守约则足以尽博矣。经礼三百③,曲礼三千④,亦可以一言以蔽之,曰'毋不敬'。"

[注释]①逸志:纵欲放荡之志。 ②微婉:精微婉转。 ③经礼:郑玄曰"经礼即《周礼》",孔颖达疏曰"礼仪三百即《周礼》"。经礼指重大之礼。 ④曲礼:郑玄曰"曲礼即《仪礼》",孔颖达疏曰"威仪三千即《仪礼》"。曲礼指细小的礼仪规范。

子曰:"道之以政,齐之以刑,民免而无耻;

道,音导,下同。○道,犹引导,谓先之也。政,谓法制禁令也。齐,所以一之也。道之而不从者,有刑以一之也。免而无耻,谓苟免刑罚而无所羞愧,盖虽不敢为恶,而为恶之心未尝忘也。

道之以德,齐之以礼,有耻且格。"

礼,谓制度品节①也。格,至也。言躬行②以率之,则民固有所观感而兴起矣,而其浅深厚薄之不一者,又有礼以一之,则民耻于不善,而又有以至于善也。一说,格,正也。《书》曰:"格其非心。"③○愚谓政者,为治之具。刑者,辅治之法。德礼则所以出治之本,而德又礼之本也。此其相为终始,虽不可以偏废,然政刑能使民远罪而已,德礼之效,则有以使民日迁善而不自知。故治民者不可徒恃④其末,又当深探其本也。

[注释]①品节:按等级、层次加以节制。 ②躬行:身体力行,亲身实行。 ③语出《尚书·冏命》。 ④恃:依靠,依赖,依仗。

子曰:"吾十有五而志于学,

古者十五而入大学①。心之所之谓之志。此所谓学,即大学之道也。志乎此,则念念②在此而为之不厌矣。

[注释]①大学:又称太学,古代贵族子弟接受教育的地方,也是祭祀、布政之所。 ②念念:一个心念接着一个心念,一心一意。

三十而立,

有以自立,则守之固而无所事志①矣。

[注释]①无所事志:指持守之坚固,无需在志向上下功夫。朱熹《论语或问·为政》言:"自志乎学,积十五年进修持守之功,而其所立之地,确然坚固,物莫能摇也。"

四十而不惑,

于事物之所当然,皆无所疑,则知之明而无所事守矣。

五十而知天命,

天命,即天道之流行而赋于物者,乃事物所以当然之故也。知此则知极其精,而不惑又不足言矣。

六十而耳顺,

声入心通,无所违逆①,知之之至,不思而得也。

[注释]①违逆:违背。

七十而从心所欲,不逾矩。"

从,如字①。○从,随也。矩,法度之器,所以为方者也。随其心之所欲,而自不过于法度,安而行之,不勉而中也。○程子曰:"孔子生而知之也,言亦由学而至,所以勉进②后人也。立,能自立于斯道也。不惑,则无所疑矣。知天命,穷理尽性也。耳顺,所闻皆通也。从心所欲,不逾矩,则不勉而中矣。"又曰:"孔子自言其进德之序如此者,圣人未必然,但为学者立法,使之盈科③而后进,成章而后达耳。"胡氏曰:"圣人之教亦多术,然其要使人不失其本心而已。欲得此心者,惟志乎圣人所示之学,循其序而进焉。至于一疵不存、万理明尽之后,则其日用之间,本心莹然④,随所意欲,莫非至理。盖心即体,欲即用,体即道,用即义,声为律而身为度矣。"又曰:"圣人言此,一以示学者当优游涵泳⑤,不可躐等⑥而进;二以示学者当日就月将⑦,不可半途而废也。"愚谓圣人生知安行,固无积累之渐,然其心未尝自谓已至此也。是其日用之间,必有独觉其进而人不及知者。故因其近似以自名,欲学者以是为则而自勉,非心实自圣而姑为是退托⑧也。后凡言谦辞之属,意皆放此。

[注释]①如字:训诂学术语,即用字本来(常见)的读音与意义。 ②勉进:勉励人上进。 ③盈科:水充满坑坎,比喻打下坚实基础。 ④莹然:光洁明亮,通达透彻。 ⑤优游涵泳:从容求索,深入体会。 ⑥躐等:逾越等级,不按次序。 ⑦日将月将:每天都靠近一点,形容精进不止。语出《诗经·周颂·敬之》:"日就月将,学有缉熙于光明。" ⑧退托:退让,谦逊。

孟懿子问孝。子曰:"无违。"

孟懿子,鲁大夫仲孙氏,名何忌。无违,谓不背于理。

樊迟御,子告之曰:"孟孙问孝于我,我对曰'无违'。"

樊迟,孔子弟子,名须。御,为孔子御车也。孟孙,即仲孙也。夫子以懿子未达而不能问,恐其失指,而以从亲之令为孝,故语樊迟以发之。

樊迟曰："何谓也？"子曰："生，事之以礼；死，葬之以礼，祭之以礼。"

生事葬祭，事亲之始终具矣。礼，即理之节文也。人之事亲，自始至终，一于礼而不苟，其尊亲也至矣。是时三家①僭礼②，故夫子以是警之，然语意浑然，又若不专为三家发者，所以为圣人之言也。○胡氏曰："人之欲孝其亲，心虽无穷，而分则有限。得为而不为，与不得为而为之，均于不孝。所谓以礼者，为其所得为者而已矣。"

[注释]①三家：指鲁国孟孙氏、叔孙氏、季孙氏。　②僭礼：越礼，违礼。

孟武伯问孝。子曰："父母唯其疾之忧。"

武伯，懿子之子，名彘。言父母爱子之心，无所不至，惟恐其有疾病，常以为忧也。人子体此，而以父母之心为心，则凡所以守其身者，自不容于不谨矣，岂不可以为孝乎？旧说，人子能使父母不以其陷于不义为忧，而独以其疾为忧，乃可谓孝。亦通。

子游问孝。子曰："今之孝者，是谓能养。至于犬马，皆能有养；不敬，何以别乎？"

养，去声。别，彼列反。○子游，孔子弟子，姓言，名偃。养，谓饮食供奉也。犬马待人而食，亦若养然。言人畜犬马，皆能有以养之，若能养其亲而敬不至，则与养犬马者何异。甚言不敬之罪，所以深警之也。○胡氏曰："世俗事亲，能养足矣。狎恩恃爱①，而不知其渐流于不敬,则非小失也。子游圣门高弟,未必至此,圣人直恐其爱逾②于敬,故以是深警发之也。

[注释]①狎恩恃爱:依仗宠爱而轻侮亲恩。 ②逾:超越,越过。

子夏问孝。子曰:"色难。有事弟子服其劳,有酒食先生馔,曾是以为孝乎?"

食,音嗣。○色难,谓事亲之际,惟色为难也。食,饭也。先生,父兄也。馔,饮食之也。曾,犹尝也。盖孝子之有深爱者,必有和气;有和气者,必有愉色①;有愉色者,必有婉容②;故事亲之际,惟色为难耳,服劳奉养未足为孝也。旧说,承顺父母之色为难,亦通。○程子曰:"告懿子,告众人者也。告武伯者,以其人多可忧之事。子游能养而或失于敬,子夏能直义而或少温润③之色。各因其材之高下,与其所失而告之,故不同也。"

[注释]①愉色:和悦的神色。 ②婉容:脸色柔顺谦和。《礼记·祭义》"有愉色者必有婉容。" ③温润:人的性情、言语温和。

子曰:"吾与回言终日,不违如愚。退而省其私,亦足以发。回也不愚。"

回,孔子弟子,姓颜。字子渊。不违者,意不相背,有听受而无问难也。私,谓燕居①独处,非进见请问之时。发,谓发明所言之理。愚闻之师曰:"颜子深潜②纯粹,其于圣人体段③已具。其闻夫子之言,默识心融④,触处洞然⑤,自有条理。故终日言,但见其不违如愚人而已。及退省其私,则见其日用动静语默之间,皆足以发明夫子之道,坦然由之而无疑,然后知其不愚也。"

[注释]①燕居:退朝而处,闲居。 ②深潜:深沉笃实,心无杂念。 ③体段:身段,体态。 ④默识心融:暗中记住,心中融会。 ⑤洞然:贯通,清楚明白的样子。

子曰:"视其所以,

以,为也。为善者为君子,为恶者为小人。

观其所由,

观,比视为详矣。由,从也。事虽为善,而意之所从来者有未善焉,则亦不得为君子矣。或曰:"由,行也。谓所以行其所为者也。"

察其所安。

察,则又加详矣。安,所乐也。所由虽善,而心之所乐者不在于是,则亦伪耳,岂能久而不变哉?

人焉廋哉?人焉廋哉?"

焉,于虔反。廋,所留反。○焉,何也。廋,匿也。重言以深明之。○程子曰:"在己者能知言穷理,则能以此察人如圣人也。"

子曰:"温故而知新,可以为师矣。"

温,寻绎①也。故者,旧所闻。新者,今所得。言学能时习旧闻,而每有新得,则所学在我,而其应不穷,故可以为人师。若夫记问之学,则无得于心,而所知有限,故《学记》讥其"不足以为人师"②,正与此意互相发也。

[注释]①寻绎:反复探索,推求。 ②《礼记·学记》:"记问之学,不足以为人师。"

子曰:"君子不器。"

器者,各适其用而不能相通。成德之士,体无不具,故用无不周,非特为一才一艺而已。

子贡问君子。子曰:"先行其言而后从之。"

周氏①曰:"先行其言者,行之于未言之前;而后从之者,言之于既行之后。"○范氏曰:"子贡之患,非言之艰而行之艰,故告之以此。"

[注释]①周氏:周孚先,字伯忱,程颐弟子。

子曰:"君子周而不比,小人比而不周。"

周,普遍也。比,偏党①也。皆与人亲厚之意,但周公而比私耳。○君子小人所为不同,如阴阳昼夜,每每相反。然究其所以分,则在公私之际,毫厘之差耳。故圣人于周比、和同、骄泰之属,常对举而互言之,欲学者察乎两间,而审其取舍之几也。

[注释]①偏党:偏向,偏私。

子曰:"学而不思则罔,思而不学则殆。"

不求诸心,故昏而无得。不习其事,故危而不安。○程子曰:"博学、审问、慎思、明辨、笃行五者,废其一,非学也。"

子曰:"攻乎异端,斯害也已!"

范氏曰:"攻,专治也,故治木石金玉之工曰攻。异端,非圣人之道,而别为一端,如杨、墨是也。其率天下至于无父无君,专治而欲精之,为害甚矣!"○程子曰"佛氏之言,比之杨、墨,尤为近理,所以其害为尤甚。学者当如淫声美色以远之,不尔,则骎骎然①入于其中矣。"

[注释]①骎骎然:渐渐地,很快地,自知不觉地。

子曰:"由!诲女知之乎?知之为知之,不知为不知,是知也。"

女,音汝。○由,孔子弟子,姓仲,字子路。子路好勇,盖有强其所不知以为知者,故夫子告之曰:我教女以知之之道乎!但所知者则以为知,所不知者则以为不知。如此则虽或不能尽知,而无自欺之蔽,亦不害其为知矣。况由此而求之,又有可知之理乎?

子张学干禄。

子张,孔子弟子,姓颛孙,名师。干,求也。禄,仕者之奉也。

子曰:"多闻阙疑,慎言其余,则寡尤;多见阙殆,慎行其余,则寡悔。言寡尤,行寡悔,禄在其中矣。"

行寡之行,去声。○吕氏①曰:"疑者所未信,殆者所未安。"程子曰:"尤,罪自外至者也。悔,理自内出者也。"愚谓多闻见者学之博,阙疑殆者择之精,慎言行者守之约。凡言在其中者,皆不求而自至之辞。言此以救子张之失而进之也。○程子曰:"修天爵②则人爵③至,君子言行能谨,得禄之道也。子张学干禄,故告之以此,使定其心而不为利禄动,若颜、闵则无此问矣。或疑如此亦有不得禄者,孔子盖曰耕也馁在其中,惟理可为者为之而已矣。"

[注释]①吕氏:吕大临,宋代经学家、理学家,程颐著名弟子,有《论语解》。 ②天爵:天然的爵位,指高尚的道德修养。出自《孟子·告子上》:"仁义忠信,乐善不倦,此天爵也;公卿大夫,此人爵也。" ③人爵:人所封予的爵位。

哀公问曰:"何为则民服?"孔子对曰:"举直错诸枉,则民服;举枉错诸直,则民不服。"

哀公,鲁君,名蒋。凡君问,皆称孔子对曰者,尊君也。错,舍置也。诸,众也。程子曰:"举错得义,则人心服。"○谢氏曰:"好直而恶枉,天下之至情也。顺之则服,逆之则去,必然之理也。然或无道以照之,则以直为枉,以枉为直者多矣,是以君子大居敬而贵①穷理也。"

[注释]①大、贵:皆意动用法,即以……为大、以……为贵。

季康子问:"使民敬、忠以劝,如之何?"子曰:"临之以庄则敬,孝慈则忠,举善而教不能则劝。"

季康子,鲁大夫季孙氏,名肥。庄,谓容貌端严也。临民以庄,则民敬于己。孝于亲,慈于众,则民忠于己。善者举之而不能者教之,则民有所劝而乐于为善。○张敬夫曰:"此皆在我所当为,非为欲使民敬忠以劝而为之也。然能如是,则其应盖有不期然而然者矣。"

或谓孔子曰:"子奚不为政?"

定公初年,孔子不仕,故或人疑其不为政也。

子曰:"《书》云:'孝乎惟孝、友于兄弟,施于有政。'是亦为政,奚其为为政?"

《书·周书·君陈篇》。《书》云孝乎者,言《书》之言孝如此也。善兄弟曰友。《书》言君陈能孝于亲,友于兄弟,又能推广此心,以为一家之政。孔子引之,言如此,则是亦为政矣,何必居位乃为为政乎?盖孔子之不仕,有难以语或人者,故托此以告之,要之至理亦不外是。

子曰:"人而无信,不知其可也。大车无輗,小车无軏,其何以行之哉?"

輗,五兮反。軏,音月。○大车,谓平地任载之车。輗,辕端横木,缚轭以驾牛者。小车,谓田车、兵车、乘车。軏,辕端上曲,钩衡以驾马者。车无此二者,则不可以行,人而无信,亦犹是也。

子张问:"十世可知也?"

陆氏①曰:"也,一作乎。"○王者易姓受命为一世。子张问自此以后,十世之事,可前知乎?

[注释]①陆氏:陆元朗,字德明,唐初学者,有《经典释文》。

子曰:"殷因于夏礼,所损益,可知也;周因于殷礼,所损益,可知也;其或继周者,虽百世可知也。"

马氏曰:"所因,谓三纲五常。所损益,谓文质三统。"愚按:三纲,谓君为臣纲,父为子纲,夫为妻纲。五常,谓仁、义、礼、智、信。文质,谓夏尚忠,商尚质,周尚文。三统,谓夏正建寅为人统,商正建丑为地统,周正建子为天统。三纲五常,礼之大体,三代相继,皆因之而不能变。其所损益,不过文章制度小过不及之间,而其已然之迹,今皆可见。则自今以往,或有继周而王者,虽百世之远,所因所革,亦不过此,岂但十世而已乎!圣人所以知来者盖如此,非若后世谶纬①术数②之学也。○胡氏曰"子张之问,盖欲知来,而圣人言其既往者以明之也。夫自修身以至于为天下,不可一日而无礼。天叙天秩③,人所共由,礼之本也。商不能改乎夏,周不能改乎商,所谓天地之常经也。若乃制度文为,或太过则当损,或不足则当益,益之损之。与时宜之,而所因者不坏,是古今之通义也。因往推来,虽百世之远,不过如此而已矣。"

[注释]①谶纬:谶书和纬书的合称。谶是秦汉间巫师、方士编造的预示吉凶的隐语,纬是汉代迷信附会儒家经义的一类书。 ②术数:观察自然界可注意的现象,来推测人的气数和命运。它是汉族传统文化中五术的命、卜、相三术。术数以阴阳五行的生克制化的理论,来推测自然、社会、人事的吉凶。 ③天叙天秩:上天规定的次序及品秩等级,指礼法制度。

子曰:"非其鬼而祭之,谄也。

非其鬼,谓非其所当祭之鬼。谄,求媚也。

见义不为,无勇也。"

知而不为,是无勇也。

卷 二

八 佾 第 三

凡二十六章。通前篇末二章,皆论礼乐之事。

孔子谓季氏:"八佾舞于庭,是可忍也,孰不可忍也?"

佾,音逸。○季氏,鲁大夫季孙氏也。佾,舞列也,天子八、诸侯六、大夫四、士二。每佾人数,如其佾数。或曰:"每佾八人。"未详孰是。季氏以大夫而僭用天子之乐,孔子言其此事尚忍为之,则何事不可忍为。或曰:"忍,容忍也。"盖深疾之之辞。○范氏曰:"乐舞之数,自上而下,降杀①以两而已,故两之间,不可以毫发僭差②也。孔子为政,先正礼乐,则季氏之罪不容诛矣。"谢氏曰:"君子于其所不当为不敢须臾处,不忍故也。而季氏忍此矣,则虽弑父与君,亦何所惮而不为乎?"

[注释]①降杀:递减,削减。　②僭差:僭越失度,差错、差失。　③须

臾:片刻。

三家者以《雍》彻。子曰:"'相维辟公,天子穆穆',奚取于三家之堂?"

彻,直列反。相,去声。○三家,鲁大夫孟孙、叔孙、季孙之家也。《雍》,《周颂》篇名。彻,祭毕而收其俎也。天子宗庙之祭,则歌《雍》以彻,是时三家僭而用之。相,助也。辟公,诸侯也。穆穆,深远之意,天子之容也。此《雍》诗之辞,孔子引之,言三家之堂非有此事,亦何取于此义而歌之乎?讥其无知妄作,以取僭窃之罪。○程子曰:"周公之功固大矣,皆臣子之分所当为,鲁安得独用天子礼乐哉?成王之赐,伯禽①之受,皆非也。其因袭之弊,遂使季氏僭八佾,三家僭《雍》彻,故仲尼讥之。"

[注释]①伯禽:周公之子,就封于鲁。

子曰:"人而不仁,如礼何?人而不仁,如乐何?"

游氏曰:"人而不仁,则人心亡矣,其如礼乐何哉?言虽欲用之,而礼乐不为之用也。"○程子曰:"仁者天下之正理。失正理,则无序而不和。"李氏①曰:"礼乐待人而后行,苟非其人,则虽玉帛交错,钟鼓铿锵,亦将如之何哉?"然记者序此于八佾《雍》彻之后,疑其为僭礼乐者发也。

[注释]①李氏:李郁,字光祖,杨时弟子,南宋学者、理学家,有《论孟遗稿》。

林放问礼之本。

林放，鲁人。见世之为礼者，专事繁文，而疑其本之不在是也，故以为问。

子曰："大哉问！

孔子以时方逐末，而放独有志于本，故大其问。盖得其本，则礼之全体无不在其中矣。

礼，与其奢也，宁俭；丧，与其易也，宁戚。"

易，去声。○易，治也。孟子曰："易其田畴。"在丧礼，则节文①习熟，而无哀痛惨怛②之实者也。戚则一于哀，而文不足耳。礼贵得中，奢易则过于文，俭戚则不及而质，二者皆未合礼。然凡物之理，必先有质而后有文，则质乃礼之本也。○范氏曰："夫祭，与其敬不足而礼有余也，不若礼不足而敬有余也；丧，与其哀不足而礼有余也，不若礼不足而哀有余也。礼失之奢，丧失之易，皆不能反本，而随其末故也。礼奢而备，不若俭而不备之愈也；丧易而文，不若戚而不文之愈也。俭者物之质，戚者心之诚，故为礼之本。"杨氏曰："礼始诸饮食，故污尊③而抔饮，为之簠、簋、笾、豆、罍、爵之饰，所以文之也，则其本俭而已。丧不可以径情而直行，为之衰麻⑤哭踊之数，所以节之也，则其本戚而已。周衰，世方以文灭质，而林放独能问礼之本，故夫子大之，而告之以此。"

[注释]①节文：礼节、仪式。　②惨怛：悲痛，忧伤。　③污尊：掘地为

酒尊。 ④抔饮：用手掬水而饮。 ⑤衰麻：丧服。衰（cuī），通"缞"。

子曰："夷狄之有君，不如诸夏之亡也。"

吴氏①曰："亡，古无字，通用。"程子曰："夷狄且有君长，不如诸夏之僭乱，反无上下之分也。"○尹氏曰："孔子伤时之乱而叹之也。亡，非实亡也，虽有之，不能尽其道尔。"

[**注释**]①吴氏：吴棫，字才老，宋代经学家、音韵学家，著有《论语续解》。

季氏旅于泰山。子谓冉有曰："女弗能救与？"对曰："不能。"子曰："呜呼！曾谓泰山，不如林放乎？"

女，音汝。与，平声。○旅，祭名。泰山，山名，在鲁地。礼，诸侯祭封内山川，季氏祭之，僭也。冉有，孔子弟子，名求，时为季氏宰。救，谓救其陷于僭窃①之罪。呜呼，叹辞。言神不享非礼，欲季氏知其无益而自止，又进林放以厉冉有也。○范氏曰："冉有从季氏，夫子岂不知其不可告也，然而圣人不轻绝人。尽己之心，安知冉有之不能救、季氏之不可谏也。既不能正，则美林放以明泰山之不可诬，是亦教诲之道也。"

[**注释**]①僭窃：越分窃取。

子曰："君子无所争，必也射乎！揖让而升，下而饮，其争也君子。"

饮，去声。○揖让而升者，《大射》之礼，耦进①三揖而后升堂也。下而饮,谓射毕揖降,以俟众耦皆降,胜者乃揖不胜者升,取觯②立饮也。言君子恭逊不与人争,惟于射而后有争。然其争也,雍容③揖逊④乃如此,则其争也君子,而非若小人之争矣。

[注释]①耦进:成双而进,并列而进。尊卑射不异侯。耦,双,成双。②觯(zhi):古代饮酒器,似尊而小。 ③雍容:仪态温文大方。 ④揖逊:揖让。

子夏问曰:"'巧笑倩兮,美目盼兮,素以为绚兮。'何谓也?"

倩,七练反。盼,普苋反。绚,呼县反。○此逸诗①也。倩,好口辅也。盼,目黑白分也。素,粉地,画之质也。绚,采色,画之饰也。言人有此倩盼之美质,而又加以华采之饰,如有素地而加采色也。子夏疑其反谓以素为饰,故问之。

[注释]①逸诗:今所传《诗经》未收之诗。

子曰:"绘事后素。"

绘,胡对反。○绘事,绘画之事也。后素,后于素也。《考工记》①曰:"绘画之事后素功。"谓先以粉地为质,而后施五采,犹人有美质,然后可加文饰。

[注释]①《考工记》:是中国战国时期记述官营手工业各工种规范和制造工艺的文献,今在《周礼》中。

曰:"礼后乎?"子曰:"起予者商也! 始可与言《诗》已矣。"

礼必以忠信为质,犹绘事必以粉素为先。起,犹发也。起予,言能起发我之志意。谢氏曰:"子贡因论学而知《诗》,子夏因论《诗》而知学,故皆可与言《诗》。"○杨氏曰:"'甘受和,白受采,忠信之人,可以学礼。苟无其质,礼不虚行'。此'绘事后素'之说也。孔子曰'绘事后素',而子夏曰'礼后乎',可谓能继其志矣。非得之言意之表者能之乎? 商、赐可与言《诗》者以此。若夫玩心①于章句之末,则其为《诗》也固而已矣。所谓起予,则亦相长之义也。"

[注释]①玩心:专心致志。

子曰:"夏礼吾能言之,杞不足征也;殷礼吾能言之,宋不足征也。文献不足故也,足则吾能征之矣。"

杞,夏之后。宋,殷之后。征,证也。文,典籍也。献,贤也。言二代之礼,我能言之,而二国不足取以为证,以其文献不足故也。文献若足,则我能取之,以证君言矣。

子曰:"禘自既灌而往者,吾不欲观之矣。"

禘,大计反。○赵伯循①曰:"禘,王者之大祭也。王者既立始祖之庙,又推始祖所自出之帝,祀之于始祖之庙,而以始祖配之也。成王以周公有大勋劳,赐鲁重祭。故得禘于周公之庙,以文王为所出之帝,而周公配之,然非礼矣。"灌者,方祭之始,用郁鬯②之酒灌地,以降神也。鲁之君臣,当此之时,诚意未散,犹有可观,自此以后,则浸以懈怠而无足观矣。盖鲁祭非礼,孔子本不欲观,至此而失礼之中又失礼焉,故发此叹也。○谢氏曰:"夫子尝曰:'我欲观夏道,是故之杞,而不足征也;我欲观殷道,是故之宋,而不足征也。'又曰:'我观周道,幽、厉伤之,吾舍鲁何适矣。鲁之郊禘③非礼也,周公其衰矣!'考之杞、宋已如彼,考之当今又如此,孔子所以深叹也。"

[注释]①赵伯循:名匡,唐代后期经学家。　②郁鬯:香郁浓厚,香酒。③郊禘:古代帝王以祖先配祭昊天上帝。

或问禘之说。子曰:"不知也。知其说者之于天下也,其如示诸斯乎!"指其掌。

先王报本追远之意,莫深于禘。非仁孝诚敬之至,不足以与此,非或人之所及也。而不王不禘之法,又鲁之所当讳者,故以不知答之。示,与视同。指其掌,弟子记夫子言此而自指其掌,言其明且易也。盖知禘之说,则理无不明,诚无不格,而治天下不难矣。圣人于此,岂真有所不知也哉?

祭如在,祭神如神在。

程子曰:"祭,祭先祖也。祭神,祭外神也。祭先主于孝,祭神主于敬。"愚谓此门人记孔子祭祀之诚意。

子曰："吾不与祭,如不祭。"

与,去声。○又记孔子之言以明之。言己当祭之时,或有故不得与,而使他人摄①之,则不得致其如在之诚。故虽已祭,而此心缺然②,如未尝祭也。○范氏曰:"君子之祭,七日戒,三日齐③,必见所祭者,诚之至也。是故郊则天神格,庙则人鬼享④,皆由己以致之也。有其诚则有其神,无其诚则无其神,可不谨乎?吾不与祭如不祭,诚为实,礼为虚也。"

[注释]①摄:代理,帮助。 ②缺然:缺失,歉然。 ③齐:通"斋",斋戒。 ④享:鬼神享用祭品。

王孙贾问曰:"与其媚于奥,宁媚于灶,何谓也?"

王孙贾,卫大夫。媚,亲顺也。室西南隅为奥。灶者,五祀①之一,夏所祭也。凡祭五祀,皆先设主而祭于其所,然后迎尸②而祭于奥,略如祭宗庙之仪。如祀灶,则设主于灶陉③,祭毕,而更设馔④于奥以迎尸也。故时俗之语,因以奥有常尊,而非祭之主;灶虽卑贱,而当时用事。喻自结于君,不如阿附权臣也。贾,卫之权臣,故以此讽孔子。

[注释]①五祀:古代祭俗中所祭的五种神祇,具体神祇各文献记载不一,如户神、灶神、土神、门神、行神。《礼记·月令》:"(孟冬之月)天子乃祈来年于天宗,大割祀于公社及门闾,腊先祖五祀。"郑玄注:"五祀,门、户、中溜、灶、行也。" ②尸:古代祭祀时代表死者或神灵受祭的人。 ③灶陉(xíng):灶边突出的地方。 ④馔:食物,美食,祭品。

子曰:"不然,获罪于天,无所祷也。"

天,即理也;其尊无对①,非奥灶之可比也。逆理,则获罪于天矣,岂媚于奥灶所能祷而免乎?言但当顺理,非特不当媚灶,亦不可媚于奥也。○谢氏曰:"圣人之言,逊而不迫。使王孙贾而知此意,不为无益;使其不知,亦非所以取祸。"

[注释]①对:对等,匹配。

子曰:"周监于二代,郁郁乎文哉!吾从周。"

郁,于六反。○监,视也。二代,夏、商也。言其视二代之礼而损益之。郁郁,文盛貌。○尹氏曰:"三代之礼至周大备,夫子美其文而从之。"

子入大庙,每事问。或曰:"孰谓鄹人之子知礼乎?入大庙,每事问。"子闻之曰:"是礼也。"

大,音泰。鄹,侧留反。○大庙,鲁周公庙。此盖孔子始仕之时,入而助祭也。鄹,鲁邑名。孔子父叔梁纥,尝为其邑大夫。孔子自少以知礼闻,故或人因此而讥之。孔子言是礼者,敬谨①之至,乃所以为礼也。○尹氏曰:"礼者,敬而已矣。虽知亦问,谨之至也,其为敬莫大于此。谓之不知礼者,岂足以知孔子哉?"

[注释]①敬谨:恭谨。

子曰:"射不主皮,为力不同科,古之道也。"

为,去声。○射不主皮,《乡射》礼文。为力不同科,孔子解礼之意如此也。皮,革也,布侯①而栖革于其中以为的②,所谓鹄③也。科,等也。古者射以观德,但主于中,而不主于贯④革,盖以人之力有强弱,不同等也。《记》曰:"武王克商,散军郊射,而贯革之射息。"⑤正谓此也。周衰,礼废,列国兵争,复尚贯革,故孔子叹之。○杨氏曰:"中可以学而能,力不可以强而至。圣人言古之道,所以正今之失。"

[注释]①侯:箭靶。 ②的:箭靶的中心。 ③鹄:箭靶子。 ④贯:射穿,贯通。 ⑤见于《礼记·乐记》。

子贡欲去告朔之饩羊。

去,起吕反。告,古笃反。饩,许气反。○告朔①之礼,古者天子常以季冬,颁来岁十二月之朔于诸侯,诸侯受而藏之祖庙。月朔,则以特羊②告庙,请而行之。饩③,生牲也。鲁自文公始不视朔,而有司犹供此羊,故子贡欲去之。

[注释]①告朔:古代天子每年冬季以明年朔政分赐诸侯,诸侯于月初祭庙受朔政称为"告朔"。朔:月初一。 ②特羊:一头牲羊。 ③饩:音"xi"。

子曰:"赐也,尔爱其羊,我爱其礼。"

爱,犹惜也。子贡盖惜其无实而妄费。然礼虽废,羊存,犹得以识之而可复焉。若并去其羊,则此礼遂亡矣,孔子所以惜之。○杨氏曰:"告朔,诸侯所以禀命于君亲,礼之大者。鲁不视朔矣，然羊存则告朔之名未泯，而其实因可举。此夫子所以惜之也。"

子曰："事君尽礼，人以为谄也。"

黄氏①曰："孔子于事君之礼，非有所加也，如是而后尽尔。时人不能，反以为谄。故孔子言之，以明礼之当然也。"○程子曰："圣人事君尽礼，当时以为谄。若他人言之，必曰我事君尽礼，小人以为谄，而孔子之言止于如此。圣人道大德宏，此亦可见。"

[注释]①黄氏：黄祖舜，字继道，南宋经学家，有《论语解义》。

定公问："君使臣，臣事君，如之何？"孔子对曰："君使臣以礼，臣事君以忠。"

定公，鲁君，名宋。二者皆理之当然，各欲自尽而已。○吕氏曰："使臣不患其不忠，患礼之不至；事君不患其无礼，患忠之不足。"尹氏曰："君臣以义合者也。故君使臣以礼，则臣事君以忠。"

子曰："《关雎》，乐而不淫，哀而不伤。"

乐，音洛。○《关雎》，《周南·国风》诗之首篇也。淫者，乐之过而失其正者也。伤者，哀之过而害于和者也。《关雎》之诗，言后妃之德，宜配君子。求之未得，则不能无寤寐反侧之忧；求而得之，则宜其有琴瑟钟鼓之乐。盖其忧虽深而不害于和，其乐虽盛而不失其正，故夫子称之如此。欲学者玩其辞，审其音，而有以识其性情之正也。

哀公问社于宰我。宰我对曰："夏后氏以松，殷人以柏，周人以栗，曰使民战栗。"

宰我，孔子弟子，名予。三代之社不同者，古者立社，各树其土之所宜木以为主也。战栗，恐惧貌。宰我又言周所以用栗之意如此。岂以古者戮人于社，故附会其说与？

子闻之曰："成事不说，遂事不谏，既往不咎。"

遂事，谓事虽未成，而势不能已者。孔子以宰我所对，非立社之本意，又启时君杀伐之心，而其言已出，不可复救，故历言此以深责之，欲使谨其后也。○尹氏曰："古者各以所宜木名其社，非取义于木也。宰我不知而妄对，故夫子责之。"

子曰："管仲之器小哉！"

管仲，齐大夫，名夷吾，相桓公霸诸侯。器小，言其不知圣贤大学之道，故局量①褊浅②、规模卑狭，不能正身修德以致主于王道。

[注释]①局量：气量，气度，器量。　②褊浅：心胸、见识狭隘短浅。

或曰："管仲俭乎？"曰："管氏有三归，官事不摄，焉得俭?"

焉,于虔反。○或人盖疑器小之为俭。三归,台名。事见《说苑》①。摄,兼也。家臣不能具官,一人常兼数事。管仲不然,皆言其侈。

［注释］①《说苑·善说》:"管仲故筑三归之台,以自伤于民。"

"然则管仲知礼乎?"曰:"邦君树塞门,管氏亦树塞门;邦君为两君之好,有反坫,管氏亦有反坫。管氏而知礼,孰不知礼?"

好,去声。坫,丁念反。○或人又疑不俭为知礼。屏谓之树。塞,犹蔽也。设屏于门,以蔽内外也。好,谓好会。坫,在两楹之间,献酬①饮毕,则反爵于其上。此皆诸侯之礼,而管仲僭之,不知礼也。○愚谓孔子讥管仲之器小,其旨深矣。或人不知而疑其俭,故斥其奢以明其非俭。或又疑其知礼,故又斥其僭,以明其不知礼。盖虽不复明言小器之所以然,而其所以小者,于此亦可见矣。故程子曰"奢而犯礼,其器之小可知。盖器大,则自知礼而无此失矣。"此言当深味也。苏氏②曰:"自修身正家以及于国,则其本深,其及者远,是谓大器。扬雄所谓'大器犹规矩准绳'③,先自治而后治人者是也。管仲三归反坫,桓公内嬖六人,而霸天下,其本固已浅矣。管仲死,桓公薨,天下不复宗齐。"杨氏曰:"夫子大管仲之功而小其器。盖非王佐之才,虽能合诸侯、正天下,其器不足称也。道学不明,而王霸之略混为一途。故闻管仲之器小,则疑其为俭,以不俭告之,则又疑其知礼。盖世方以诡遇④为功,而不知为之范,则不悟其小宜矣。"

[注释]①献酬:饮酒时主客互相敬酒。 ②苏氏:指苏轼,字子瞻,有《论语说》。 ③见于扬雄《法言》。 ④诡遇:不以正道得到成功。

子语鲁大师乐。曰:"乐其可知也:始作,翕如也;从之,纯如也,皦如也,绎如也,以成。"

语,去声。大,音泰。从,音纵。〇语,告也。大师,乐官名。时音乐废缺,故孔子教之。翕,合也。从,放也。纯,和也。皦,明也。绎,相续不绝也。成,乐之一终也。〇谢氏曰:"五音六律不具,不足以为乐。翕如,言其合也。五音合矣,清浊高下,如五味之相济①而后和,故曰纯如。合而和矣,欲其无相夺伦,故曰皦如,然岂宫自宫而商自商乎?不相反而相连,如贯珠可也,故曰绎如也,以成。"

[注释]①济:调和。

仪封人请见。曰:"君子之至于斯也,吾未尝不得见也。"从者见之。出曰:"二三子,何患于丧乎?天下之无道也久矣,天将以夫子为木铎。"

请见、见之之见,贤遍反。从、丧,皆去声。〇仪,卫邑。封人,掌封疆之官,盖贤而隐于下位者也。君子,谓当时贤者。至此皆得见之,自言其平日不见绝于贤者,而求以自通也。见之,谓通使得见。丧,谓失位去国,礼曰

"丧欲速贫"是也。木铎,金口木舌,施政教时所振,以警众者也。言乱极当治,天必将使夫子得位设教,不久失位也。封人一见夫子而遽以是称之,其所得于观感之间者深矣。或曰:"木铎所以徇①于道路,言天使夫子失位,周流四方以行其教,如木铎之徇于道路也。"

[注释]①徇:巡行。

子谓《韶》,"尽美矣,又尽善也"。谓《武》,"尽美矣,未尽善也"。

《韶》,舜乐。《武》,武王乐。美者,声容之盛。善者,美之实也。舜绍①尧致治,武王伐纣救民,其功一也,故其乐皆尽美。然舜之德,性之也,又以揖逊②而有天下;武王之德,反之也,又以征诛而得天下,故其实有不同者。○程子曰:"成汤放桀,惟有惭德③,武王亦然,故未尽善。尧、舜、汤、武,其揆④一也。征伐非其所欲,所遇之时然尔。"

[注释]①绍:接续,继承。　②揖逊:揖让。　③惭德:因言行有缺失而内愧于心。　④揆:道理,准则。

子曰:"居上不宽,为礼不敬,临丧不哀,吾何以观之哉?"

居上主于爱人,故以宽为本。为礼以敬为本,临丧以哀为本。既无其本,则以何者而观其所行之得失哉?

里 仁 第 四

凡二十六章。

子曰:"里仁为美。择不处仁,焉得知?"

处,上声。焉,于虔反。知,去声。○里有仁厚之俗为美。择里而不居于是焉,则失其是非之本心,而不得为知矣。

子曰:"不仁者不可以久处约,不可以长处乐。仁者安仁,知者利仁。"

乐,音洛。知,去声。○约,穷困也。利,犹贪也,盖深知笃好①而必欲得之也。不仁之人,失其本心,久约必滥,久乐必淫。惟仁者则安其仁而无适不然,知者则利于仁而不易所守,盖虽深浅之不同,然皆非外物所能夺矣。○谢氏曰:"仁者心无内外远近精粗之间,非有所存而自不亡,非有所理而自不乱,如目视而耳听,手持而足行也。知者谓之有所见则可,谓之有所得则未可。有所存斯不亡,有所理斯不乱,未能无意也。安仁则一,利仁则二。安仁者非颜闵以上,去圣人为不远,不知此味也。诸子虽有卓越之才,谓之见道不惑则可,然未免于利之也。"

[注释] ①笃好:十分爱好,极为亲善。

子曰:"唯仁者能好人,能恶人。"

好、恶，皆去声。○唯之为言独也。盖无私心，然后好恶当于理，程子所谓"得其公正"是也。○游氏曰："好善而恶①恶，天下之同情，然人每失其正者，心有所系而不能自克也。惟仁者无私心，所以能好恶也。"

[注释]①恶：厌恶。

子曰："苟志于仁矣，无恶也。"

恶，如字。○苟，诚也。志者，心之所之也。其心诚在于仁，则必无为恶之事矣。○杨氏曰："苟志于仁，未必无过举也，然而为恶则无矣。"

子曰："富与贵是人之所欲也，不以其道得之，不处也；贫与贱是人之所恶也，不以其道得之，不去也。

恶，去声。○不以其道得之，谓不当得而得之。然于富贵则不处，于贫贱则不去①，君子之审②富贵而安贫贱也如此。

[注释]①去：离开，去掉。　②审：慎重。

君子去仁，恶乎成名？

恶，平声。○言君子所以为君子，以其仁也。若贪富贵而厌贫贱，则是自离其仁，而无君子之实矣，何所成其名乎？

君子无终食之间违仁，造次必于是，颠沛必于是。"

造,七到反。沛,音贝。○终食者,一饭之顷。造次,急遽①苟且之时。颠沛,倾覆②流离③之际。盖君子之不去乎仁如此,不但富贵、贫贱、取舍之间而已也。○言君子为仁,自富贵、贫贱、取舍之间,以至于终食、造次、颠沛之顷,无时无处而不用其力也。然取舍之分明,然后存养之功密。存养之功密,则其取舍之分益明矣。

[注释]①急遽:仓促,匆忙。 ②倾覆:颠覆。 ③流离:离散,流落。

子曰:"我未见好仁者,恶不仁者。好仁者,无以尚之;恶不仁者,其为仁矣,不使不仁者加乎其身。

好、恶,皆去声。○夫子自言未见好仁者、恶不仁者。盖好仁者真知仁之可好,故天下之物无以加之。恶不仁者真知不仁之可恶,故其所以为仁者,必能绝去不仁之事,而不使少有及于其身。此皆成德之事,故难得而见之也。

有能一日用其力于仁矣乎?我未见力不足者。

言好仁、恶不仁者,虽不可见,然或有人果能一旦奋然①用力于仁,则我又未见其力有不足者。盖为仁在己,欲之则是,而志之所至,气必至焉。故仁虽难能,而至之亦易也。

[注释]①奋然:奋发的样子。

盖有之矣,我未之见也。"

盖,疑辞。有之,谓有用力而力不足者。盖人之气质不同,故疑亦容或有此昏弱①之甚,欲进而不能者,但我偶未之见耳。盖不敢终以为易,而又叹人之莫肯用力于仁也。○此章言仁之成德,虽难其人,然学者苟能实用其力,则亦无不可至之理。但用力而不至者,今亦未见其人焉,此夫子所以反覆②而叹惜之也。

[注释]①昏弱:昏庸懦弱。 ②反覆:重复再三,翻来覆去。

子曰:"人之过也,各于其党。观过,斯知仁矣。"

党,类也。程子曰:"人之过也,各于其类。君子常失于厚,小人常失于薄;君子过于爱,小人过于忍。"尹氏曰:"于此观之,则人之仁不仁可知矣。"○吴氏曰:"后汉吴佑谓'掾以亲故,受污辱之名'①,所谓观过知仁是也。"愚按:此亦但言人虽有过,犹可即此而知其厚薄,非谓必俟②其有过,而后贤否可知也。

[注释]①《后汉书》卷六十四《吴祐传》:"掾以亲故,受污秽之名。" ②俟:等,等待。

子曰:"朝闻道,夕死可矣。"

道者,事物当然之理。苟得闻之,则生顺死安,无复遗恨矣。朝夕,所以甚言其时之近。○程子曰:"言人不可以不知道,苟得闻道,虽死可也。"又曰:"皆实理也,人知而信者为难。死生亦大矣!非诚有所得,岂以夕死为可乎?"

子曰："士志于道，而耻恶衣恶食者，未足与议也。"

心欲求道，而以口体之奉不若人为耻，其识趣之卑陋甚矣，何足与议于道哉？○程子曰："志于道而心役①乎外，何足与议也？"

[注释]①役：役使，奴役，驱使。

子曰："君子之于天下也，无适也，无莫也，义之与比。"

适，丁历反。比，必二反。○适，专主也。《春秋传》曰"吾谁适从"①是也。莫，不肯也。比，从也。○谢氏曰："适，可也。莫，不可也。无可无不可，苟无道以主之，不几于猖狂自恣乎？此佛老之学，所以自谓心无所住而能应变，而卒得罪于圣人也。圣人之学不然，于无可无不可之间，有义存焉。然则君子之心，果有所倚乎？"

[注释]①《左传·僖公五年》："士蒍而赋曰：'狐裘尨茸，一国三公，吾谁适从？'"

子曰："君子怀德，小人怀土；君子怀刑，小人怀惠。"

怀，思念也。怀德，谓存其固有之善。怀土，谓溺其所处之安。怀刑，谓畏法。怀惠，谓贪利。君子小人趣向不同，公私之间而已。○尹氏曰"乐善恶不善，所以为君子；苟安务得①，所以为小人。"

[注释]①务得：谋求得到，追求得到。

子曰："放于利而行，多怨。"

放,上声。○孔氏①曰:"放,依也。多怨,谓多取怨。"○程子曰:"欲利于己,必害于人,故多怨。"

[注释]①孔氏:孔安国,孔子十世孙,西汉经学家。

子曰:"能以礼让为国乎?何有?不能以礼让为国,如礼何?"

让者,礼之实也。何有,言不难也。言有礼之实以为国,则何难之有?不然,则其礼文虽具,亦且无如之何矣,而况于为国乎?

子曰:"不患无位,患所以立;不患莫己知,求为可知也。"

所以立,谓所以立乎其位者。可知①,谓可以见知之实。○程子曰:"君子求其在己者而已矣。"

[注释]①"知"原作"矣",据清仿宋大字本改。

子曰:"参乎!吾道一以贯之。"曾子曰:"唯。"

参,所金反。唯,上声。○参乎者,呼曾子之名而告之。贯,通也。唯者,应之速而无疑者也。圣人之心,浑然一理,而泛应曲当①,用各不同。曾子于其用处,盖已随事精察②而力行之,但未知其体之一尔。夫子知其真积力久,将有所得,是以呼而告之。曾子果能默契③其指,即应之速而无疑也。

[注释]①泛应曲当:广泛适应,无不恰当。 ②精察:精细明察。 ③

默契：心灵相通，暗相契合。

子出。门人问曰："何谓也？"曾子曰："夫子之道，忠恕而已矣。"

尽己之谓忠，推己之谓恕。而已矣者，竭尽而无余之辞也。夫子之一理浑然而泛应曲当，譬则天地之至诚无息，而万物各得其所也。自此之外，固无余法，而亦无待于推矣。曾子有见于此而难言之，故借学者尽己、推己之目以著明之，欲人之易晓也。盖至诚无息者，道之体也，万殊之所以一本也；万物各得其所者，道之用也，一本之所以万殊也。以此观之，一以贯之之实可见矣。或曰："中心为忠，如心为恕。"于义亦通。○程子曰："以己及物，仁也；推己及物，恕也，违道不远是也。忠恕一以贯之：忠者天道，恕者人道；忠者无妄，恕者所以行乎忠也；忠者体，恕者用，大本达道也。此与违道不远异者，动以天尔。"又曰："'维天之命，于穆不已'①，忠也；'乾道变化，各正性命'②，恕也。"又曰："圣人教人各因其才，吾道一以贯之，惟曾子为能达此，孔子所以告之也。曾子告门人曰：'夫子之道，忠恕而已矣'，亦犹夫子之告曾子也。《中庸》所谓'忠恕违道不远'，斯乃下学上达之义。"

[注释]①出自《诗经·周颂·清庙》。　②出自《周易·乾卦·象传》。

子曰："君子喻于义，小人喻于利。"

喻，犹晓也。义者，天理之所宜。利者，人情之所欲。

○程子曰:"君子之于义,犹小人之于利也。唯其深喻①,是以笃好②。"杨氏曰:"君子有舍生而取义者,以利言之,则人之所欲无甚于生,所恶无甚于死,孰肯舍生而取义哉?其所喻者义而已,不知利之为利故也,小人反是。"

[注释]①深喻:深切、透彻地理解。　②笃好:十分爱好,极为爱好。

子曰:"见贤思齐焉,见不贤而内自省也。"

省,悉井反。○思齐者,冀①己亦有是善;内自省者,恐己亦有是恶。○胡氏曰:"见人之善恶不同,而无不反诸②身者,则不徒羡人而甘自弃,不徒责人而忘自责矣。"

[注释]①冀:希望。　②诸:之于。

子曰:"事父母几谏。见志不从,又敬不违,劳而不怨。"

此章与《内则》①之言相表里。几,微也。微谏,所谓"父母有过,下气怡色,柔声以谏"②也。见志不从,又敬不违,所谓"谏若不入,起敬起孝,悦则复谏"③也。劳而不怨,所谓"与其得罪于乡、党、州、闾,宁熟谏。父母怒不悦,而挞之流血,不敢疾怨,起敬起孝"④也。

[注释]①《内则》:指《礼记·内则》。　②③④皆出自《礼记·内则》。

子曰:"父母在,不远游。游必有方。"

远游,则去亲远而为日久,定省①旷②而音问疏;不惟己之思亲不置,亦恐亲之念我不忘也。游必有方,如己告云之东，即不敢更适西，欲亲必知己之所在而无忧，召己则必至而无失也。范氏曰："子能以父母之心为心则孝矣。"

[**注释**]①定省：子女早晚向父母问安，泛指问候父母或亲长。　②旷：间隔时间长，空缺，荒废。

子曰："三年无改于父之道，可谓孝矣。"

胡氏曰："已见首篇，此盖复出而逸其半也。"

子曰："父母之年，不可不知也。一则以喜，一则以惧。"

知，犹记忆也。常知父母之年，则既喜其寿，又惧其衰，而于爱日之诚，自有不能已者。

子曰："古者言之不出，耻躬之不逮也。"

言古者，以见今之不然。逮，及也。行不及言，可耻之甚。古者所以不出其言，为此故也。○范氏曰："君子之于言也，不得已而后出之，非言之难，而行之难也。人惟其不行也，是以轻言之。言之如其所行，行之如其所言，则出诸其口必不易矣。"

子曰："以约失之者鲜矣。"

鲜，上声。○谢氏曰："不侈然以自放之谓约。"尹氏曰："凡事约则鲜失，非止谓俭约也。"

子曰:"君子欲讷于言而敏于行。"

行,去声。○谢氏曰:"放言易,故欲讷;力行难,故欲敏。"○胡氏曰:"自吾道一贯至此十章,疑皆曾子门人所记也。"

子曰:"德不孤,必有邻。"

邻,犹亲也。德不孤立,必以类应。故有德者,必有其类从之,如居之有邻也。

子游曰:"事君数,斯辱矣,朋友数,斯疏矣。"

数,色角反。○程子曰:"数,烦数①也。"胡氏曰:"事君,谏不行,则当去;导友,善不纳,则当止。至于烦渎,则言者轻,听者厌矣,是以求荣而反辱,求亲而反疏也。"范氏曰:"君臣朋友,皆以义合,故其事同也。"

[注释]①烦数:逼促,烦琐,频繁。　②烦渎:繁杂琐细,频繁轻慢。

卷 三

公冶长第五

此篇皆论古今人物贤否得失,盖格物穷理之一端也。凡二十七章。胡氏以为疑多子贡之徒所记云。

子谓公冶长,"可妻也。虽在缧绁之中,非其罪也"。以其子妻之。

妻,去声,下同。缧,力追反。绁①,息列反。○公冶长,孔子弟子。妻,为之妻也。缧,黑索也。绁,挛也。古者狱中以黑索拘挛②罪人。长之为人无所考,而夫子称其可妻,其必有以取之矣。又言其人虽尝陷于缧绁③之中,而非其罪,则固无害于可妻也。夫有罪无罪,在我而已,岂以自外至者为荣辱哉?

[注释]①绁:音"xiè"。 ②拘挛:捆缚,拘束。 ③缧绁:捆绑犯人的绳索,借指监狱。

子谓南容,"邦有道,不废;邦无道,免于刑戮"。以其兄之子妻之。

南容,孔子弟子,居南宫。名绦,又名适。字子容,谥敬叔。孟懿子①之兄也。不废,言必见用也。以其谨于言行,故能见用于治朝,免祸于乱世也。事又见第十一篇。○或曰:"公冶长之贤不及南容,故圣人以其子妻长,而以兄子妻容,盖厚于兄而薄于己也。"程子曰:"此以己之私心窥圣人也。凡人避嫌者,皆内不足也,圣人自至公,何避嫌之有?况嫁女必量其才而求配,尤不当有所避也。若孔子之事,则其年之长幼、时之先后皆不可知,惟以为避嫌则大不可。避嫌之事,贤者且不为,况圣人乎?"

[注释]①孟懿子:姬姓,鲁国孟孙氏第九代宗主,本姓仲孙,也称孟孙,名何忌,世称仲孙何忌,谥号懿,是孟僖子的儿子,南宫敬叔之兄。

子谓子贱,"君子哉若人! 鲁无君子者,斯焉取斯"?

焉,于虔反。○子贱,孔子弟子,姓宓,名不齐。上斯斯此人,下斯斯此德。子贱盖能尊贤取友以成其德者。故夫子既叹其贤,而又言若鲁无君子,则此人何所取以成此德乎? 因以见鲁之多贤也。○苏氏①曰:"称人之善,必本其父兄师友,厚之至也。"

[注释]①苏氏:指苏轼,字子瞻,有《论语说》。

子贡问曰:"赐也何如?"子曰:"女器也。"曰:"何器也?"曰:"瑚琏也。"

女,音汝。瑚,音胡。琏,力展反。○器者,有用之成材。夏曰瑚,商曰琏,周曰簠簋①,皆宗庙盛黍稷之器而饰以玉,器之贵重而华美者也。子贡见孔子以君子许子贱,故以己为问,而孔子告之以此。然则子贡虽未至于不器,其亦器之贵者欤?

[注释]①簠簋:簠与簋。两种黍稷稻粱之礼器。

或曰:"雍也仁而不佞。"

雍,孔子弟子,姓冉,字仲弓。佞,口才也。仲弓为人重厚简默①,而时人以佞为贤,故美其优于德,而病其短于才也。

[注释]①简默:简静沉默。

子曰:"焉用佞?御人以口给,屡憎于人。不知其仁,焉用佞?"

焉,于虔反。○御,当也,犹应答也。给,辨也。憎,恶也。言何用佞乎?佞人所以应答人者,但以口取辨而无情实,徒多为人所憎恶尔。我虽未知仲弓之仁,然其不佞乃所以为贤,不足以为病也。再言焉用佞,所以深晓之。○或疑仲弓之贤而夫子不许其仁,何也?曰:仁道至大,非全体而不息者,不足以当之。如颜子亚圣,犹不能无违于三月之后;况仲弓虽贤,未及颜子,圣人固不得而轻许之也。

子使漆雕开仕。对曰:"吾斯之未能信。"子说。

说,音悦。○漆雕开,孔子弟子,字子若。斯,指此理而言。信,谓真知其如此,而无毫发之疑也。开自言未能如此,未可以治人,故夫子说①其笃志②。○程子曰:"漆雕开已见大意,故夫子说之。"又曰:"古人见道分明,故其言如此。"谢氏曰:"开之学无可考。然圣人使之仕,必其材可以仕矣。至于心术之微,则一毫不自得,不害其为未信。此圣人所不能知,而开自知之。其材可以仕,而其器不安于小成,他日所就,其可量乎?夫子所以说之也。"

[注释]①说:同"悦"。 ②笃志:专心致志,一心一意。

子曰:"道不行,乘桴浮于海。从我者其由与?"子路闻之喜。子曰:"由也好勇过我,无所取材。"

桴,音孚。从、好,并去声。与,平声。材,与裁同,古字借用。○桴,筏也。程子曰:"浮海之叹,伤天下之无贤君也。子路勇于义,故谓其能从己,皆假设之言耳。子路以为实然,而喜夫子之与①己,故夫子美其勇,而讥其不能裁度事理,以适于义也。"

[注释]①与:赞许。

孟武伯问:"子路仁乎?"子曰:"不知也。"

子路之于仁,盖日月至焉者。或在或亡,不能必其有无,故以不知告之。

又问。子曰:"由也,千乘之国,可使治其赋也,不知其仁也。"

乘,去声。○赋,兵也。古者以田赋出兵,故谓兵为赋,《春秋传》所谓"悉索敝赋"①是也。言子路之才,可见者如此,仁则不能知也。

[注释]①悉索敝赋:尽全国所有兵力。出自《左传·襄公八年》:"蔡人不从,敝邑之人不敢宁处,悉索敝赋,以讨于蔡,获司马燮,献于邢丘。"

"求也何如?"子曰:"求也,千室之邑,百乘之家,可使为之宰也,不知其仁也。"

千室,大邑。百乘,卿大夫之家。宰,邑长家臣之通号。

"赤也何如?"子曰:"赤也,束带立于朝,可使与宾客言也,不知其仁也。"

朝,音潮。○赤,孔子弟子,姓公西,字子华。

子谓子贡曰:"女与回也孰愈?"

女,音汝,下同。○愈,胜也。

对曰:"赐也何敢望回。回也闻一以知十,赐也闻一以知二。"

一,数之始。十,数之终。二者,一之对也。颜子明睿①所照,即始而见终;子贡推测而知,因此而识彼。"无所不悦,告往知来",是其验矣。

[注释]①明睿:明澈通达。

子曰:"弗如也!吾与女,弗如也。"

与,许也。○胡氏曰:"子贡方①人,夫子既语以不暇,又问其与回孰愈,以观其自知之如何。闻一知十,上知之资,生知之亚也。闻一知二,中人以上之资,学而知之之才也。子贡平日以己方回,见其不可企及,故喻之如此。夫子以其自知之明,而又不难于自屈,故既然之,又重许之。此其所以终闻性与天道,不特②闻一知二而已也。"

[注释]①方:比拟,比较,相比。 ②特:仅仅,只。

宰予昼寝。子曰:"朽木不可雕也,粪土之墙不可杇也,于予与何诛。"

朽,许久反。杇,音污。与,平声,下同。○昼寝,谓当昼而寐。朽,腐也。雕,刻画也。杇,镘①也。言其志气昏惰②,教无所施也。与,语辞。诛,责也。言不足责,乃所以深责之。

[注释]①镘:抹子,涂墙的工具。此处作动词,涂抹。 ②昏惰:昏昧怠惰,懈惰。

子曰:"始吾于人也,听其言而信其行;今吾于人也,听其言而观其行。于予与改是。"

行,去声。○宰予能言而行不逮,故孔子自言于予之事而改此失，亦以重警之也。胡氏曰："'子曰'疑衍文，不然，则非一日之言也。"〇范氏曰："君子之于学，惟日孜孜，毙而后已，惟恐其不及也。宰予昼寝，自弃孰甚焉，故夫子责之。"胡氏曰："宰予不能以志帅气，居然而倦。是宴安①之气胜，儆戒②之志惰也。古之圣贤未尝不以懈惰③荒宁④为惧，勤励不息自强，此孔子所以深责宰予也。听言观行，圣人不待是而后能，亦非缘此而尽疑学者。特因此立教，以警群弟子，使谨于言而敏于行耳。"

[注释]①宴安：安逸享受。　②儆戒：警戒，戒惧。　③懈惰：懈怠，懒惰。　④荒宁：荒废懈怠，贪图安逸。

子曰："吾未见刚者。"或对曰："申枨。"子曰："枨也欲，焉得刚？"

焉，于虔反。〇刚，坚强不屈之意，最人所难能者，故夫子叹其未见。申枨，弟子姓名。欲，多嗜欲也。多嗜欲，则不得为刚矣。〇程子曰："人有欲则无刚，刚则不屈于欲。"谢氏曰："刚与欲正相反。能胜物之谓刚，故常伸于万物之上；为物揜①之谓欲，故常屈于万物之下。自古有志者少，无志者多，宜夫子之未见也。枨之欲不可知，其为人得非悻悻②自好者乎？故或者疑以为刚，然不知此其所以为欲尔。"

[注释]①揜：掩盖，遮掩。　②悻悻：怨恨失意的样子。

子贡曰："我不欲人之加诸我也，吾亦欲无加诸人。"子曰:"赐也,非尔所及也。"

子贡言我所不欲人加于我之事,我亦不欲以此加之于人。此仁者之事,不待勉强,故夫子以为非子贡所及。○程子曰:"我不欲人之加诸我,吾亦欲无加诸人,仁也;施诸己而不愿,亦勿施于人,恕也。恕则子贡或能勉之,仁则非所及矣。"愚谓无者自然而然,勿者禁止之谓,此所以为仁恕之别。

子贡曰:"夫子之文章,可得而闻也;夫子之言性与天道,不可得而闻也。"

文章,德之见乎外者,威仪文辞皆是也。性者,人所受之天理;天道者,天理自然之本体,其实一理也。言夫子之文章,日见乎外,固学者所共闻;至于性与天道,则夫子罕言之,而学者有不得闻者。盖圣门教不躐等①,子贡至是始得闻之,而叹其美也。○程子曰:"此子贡闻夫子之至论而叹美之言也。"

[注释]①躐等:逾越等级,不按次序。

子路有闻,未之能行,唯恐有闻。

前所闻者既未及行,故恐复有所闻而行之不给也。○范氏曰:"子路闻善,勇于必行,门人自以为弗及也,故著之。若子路,可谓能用其勇矣。"

子贡问曰:"孔文子何以谓之文也?"子曰:"敏而好学,

不耻下问，是以谓之文也。"

好，去声。○孔文子，卫大夫，名圉。凡人性敏者多不好学，位高者多耻下问。故谥法有以"勤学好问"为文者，盖亦人所难也。孔圉得谥为文，以此而已。○苏氏曰："孔文子使太叔疾出其妻而妻之。疾通①于初妻之娣，文子怒，将攻之。访于仲尼，仲尼不对，命驾而行。疾奔宋，文子使疾弟遗②室③孔姞④。其为人如此而谥曰文，此子贡之所以疑而问也。孔子不没其善，言能如此，亦足以为文矣，非经天纬地之文也。"

[注释]①通：私通，通奸。　②遗：太叔疾之弟。　③室：动词，以为妻室，即娶其嫂孔姞。事见《左传·哀公十一年》。　④孔姞：孔文子之女。

子谓子产，"有君子之道四焉：其行己也恭，其事上也敬，其养民也惠，其使民也义。"

子产，郑大夫公孙侨。恭，谦逊也。敬，谨恪①也。惠，爱利也。使民义，如都鄙有章、上下有服、田有封洫、庐井有伍②之类。○吴氏曰："数其事而责之者，其所善者多也，臧文仲不仁者三、不知者三是也。数其事而称之者，犹有所未至也，子产有君子之道四焉是也。今或以一言盖一人、一事盖一时，皆非也。"

[注释]①谨恪：谨敬，敬慎。　②《左传·襄公二十五年》："子产使都鄙有章，上下有服，田有封洫，庐井有伍。"都：国都。鄙：边远的地方。章：规章。服：服饰的等级。封洫：田界。庐井：古代井田制，八家共一井，因称共一井的八家庐舍为庐井。伍：五家相保的民户编制。

子曰:"晏平仲善与人交,久而敬之。"

晏平仲,齐大夫,名婴。程子曰:"人交久则敬衰,久而能敬,所以为善。"

子曰:"臧文仲居蔡,山节藻棁,何如其知也?"

棁,章悦反。知,去声。○臧文仲,鲁大夫臧孙氏,名辰。居,犹藏也。蔡,大龟也。节,柱头斗栱也。藻,水草名。棁,梁上短柱也。盖为藏龟之室,而刻山于节、画藻于棁也。当时以文仲为知,孔子言其不务民义,而谄渎①鬼神如此,安得为知?《春秋传》所谓作虚器②,即此事也。○张子③曰:"山节藻棁为藏龟之室,祀爰居之义,同归于不知,宜矣。"

[注释]①谄渎:阿谀在上的人轻侮在下的人。 ②虚器:有其器而无其位。《左传·文公二年》:"仲尼曰:'臧文仲,其不仁者三,不知者三。下展禽,废六关,妾织蒲,三不仁也。作虚器,纵逆祀,祀爰居,三不知也。'" ③张子:张载,北宋理学家,世称横渠先生。

子张问曰:"令尹子文三仕为令尹,无喜色;三已之,无愠色。旧令尹之政,必以告新令尹。何如?"子曰:"忠矣。"曰:"仁矣乎?"曰:"未知,焉得仁?"

知,如字。焉,于虔反。○令尹,官名,楚上卿执政者也。子文,姓斗,名谷于菟。其为人也,喜怒不形,物我无间,知有其国而不知有其身,其忠盛矣,故子张疑其仁。然其所以三仕三已而告新令尹者,未知其皆出于天理而无人欲之私也,是以夫子但许其忠,而未许其仁也。

"崔子弑齐君,陈文子有马十乘,弃而违之。至于他邦,则曰:'犹吾大夫崔子也。'违之。之一邦,则又曰:'犹吾大夫崔子也。'违之。何如?"子曰:"清矣。"曰:"仁矣乎?"曰:"未知。焉得仁?"

乘,去声。○崔子,齐大夫,名杼。齐君,庄公,名光。陈文子,亦齐大夫,名须无。十乘,四十匹也。违,去也。文子洁身去乱,可谓清矣,然未知其心果见义理之当然,而能脱然无所累乎?抑不得已于利害之私,而犹未免于怨悔也。故夫子特许其清,而不许其仁。○愚闻之师曰:"当理而无私心,则仁矣。今以是而观二子之事,虽其制行之高若不可及,然皆未有以见其必当于理,而真无私心也。子张未识仁体,而悦于苟难,遂以小者信其大者,夫子之不许也宜哉。"读者于此,更以上章"不知其仁"、后篇"仁则吾不知"之语并与三仁、夷、齐之事观之,则彼此交尽,而仁之为义可识矣。今以他书考之,子文之相楚,所谋者无非僭王①猾夏②之事。文子之仕齐,既失正君讨贼之义,又不数岁而复反于齐焉,则其不仁亦可见矣。

[注释]①僭王:越分称王。 ②猾夏:扰乱(侵扰)华夏。

季文子三思而后行。子闻之,曰:"再,斯可矣。"

三,去声。○季文子,鲁大夫,名行父。每事必三思而后行,若使晋而求遭丧之礼以行,亦其一事也。斯,语辞。

程子曰:"为恶之人,未尝知有思,有思则为善矣。然至于再则已审,三则私意起而反惑矣,故夫子讥之。"○愚按:季文子虑事如此,可谓详审,而宜无过举矣。而宣公篡立,文子乃不能讨,反为之使齐而纳赂焉,岂非程子所谓私意起而反惑之验欤?是以君子务穷理而贵果断,不徒多思之为尚。

子曰:"宁武子邦有道则知,邦无道则愚。其知可及也,其愚不可及也。"

知,去声。○宁武子,卫大夫,名俞。按《春秋传》,武子仕卫,当文公、成公之时。文公有道,而武子无事可见,此其知之可及也。成公无道,至于失国,而武子周旋其间,尽心竭力,不避艰险。凡其所处,皆智巧之士所深避而不肯为者,而能卒保其身以济其君,此其愚之不可及也。○程子曰:"邦无道能沈晦①以免患,故曰不可及也。亦有不当愚者,比干是也。"

[注释]①沈晦:沉晦,隐而不露。

子在陈曰:"归与!归与!吾党之小子狂简,斐然成章,不知所以裁之。"

与,平声。斐,音匪。○此孔子周流四方,道不行而思归之叹也。吾党小子,指门人之在鲁者。狂简,志大而略于事也。斐,文貌。成章,言其文理成就,有可观者。裁,割正也。夫子初心,欲行其道于天下,至是而知其终不用也。于是始欲成就后学,以传道于来世。又不得中行之士而思其次,以为狂士志意高远,犹或可与进于道也。但恐其过中失正,而或陷于异端耳,故欲归而裁之也。

子曰:"伯夷、叔齐不念旧恶,怨是用希。"

伯夷、叔齐,孤竹君之二子。孟子称其"不立于恶人之朝,不与恶人言。与乡人立,其冠不正,望望然去之,若将浼焉。"①其介②如此,宜若无所容矣,然其所恶之人,能改即止,故人亦不甚怨之也。○程子曰:"不念旧恶,此清者之量。"又曰:"二子之心,非夫子孰能知之?"

[注释]①《孟子·公孙丑上》。 ②介:耿介。

子曰:"孰谓微生高直?或乞醯焉,乞诸其邻而与之。"

醯①,呼西反。○微生姓,高名,鲁人,素有直名者。醯,醋也。人来乞时,其家无有,故乞诸邻家以与之。夫子言此,讥其曲意②殉物③,掠美市恩④,不得为直也。○程子曰:"微生高所枉虽小,害直为大。"范氏曰"是曰是、非曰非、有谓有、无谓无,曰直。圣人观人于其一介之取予,而千驷万钟从可知焉。故以微事断之,所以教人不可不谨也。"

[注释]①醯:音"xī"。 ②曲意:委屈己意而奉承别人。 ③殉物:追求外物。 ④掠美市恩:掠夺别人的美意,博取人家的感激。指用别人的东西做人情。

子曰:"巧言、令色、足恭,左丘明耻之,丘亦耻之。匿怨而友其人,左丘明耻之,丘亦耻之。"

足,将树反。○足,过也。程子曰:"左丘明,古之闻人也。"谢氏曰:"二者之可耻,有甚于穿窬①也。左丘明耻之,其所养可知矣。夫子自言'丘亦耻之',盖窃比老、彭之意。又以深戒学者,使察乎此而立心以直也。"

[注释]①穿窬:打洞穿墙行窃。

颜渊、季路侍。子曰:"盍各言尔志?"

盍,音合。○盍,何不也。

子路曰:"愿车马、衣轻裘,与朋友共。敝之而无憾。"

衣,去声。○衣,服之也。裘,皮服。敝,坏也。憾,恨也。

颜渊曰:"愿无伐善,无施劳。"

伐,夸也。善,谓有能。施,亦张大之意。劳,谓有功,《易》曰"劳而不伐"①是也。或曰:"劳,劳事也。劳事非己所欲,故亦不欲施之于人。"亦通。

[注释]①《周易·系辞上》:"劳而不伐,有功而不德,厚之至也。"

子路曰:"愿闻子之志。"子曰:"老者安之,朋友信之,少者怀之。"

老者养之以安,朋友与之以信,少者怀之以恩。一说:安之,安我也;信之,信我也;怀之,怀我也。亦通。○程子曰:"夫子安仁,颜渊不违仁,子路求仁。"又曰:"子路、颜渊、孔子之志,皆与物共者也,但有小大之差尔。"又曰"子路勇于义者,观其志,岂可以势利拘之哉?亚于浴沂者也。颜子不自私己,故无伐善;知同于人,故无施劳。其志可谓大矣,然未免出于有意也。至于夫子,则如天地之化工,付与万物而己不劳焉,此圣人之所为也。今夫羁靮①以御马而不以制牛,人皆知羁靮之作在乎人,而不知羁靮之生由于马,圣人之化,亦犹是也。先观二子之言,后观圣人之言,分明天地气象。凡看《论语》,非但欲理会文字,须要识得圣贤气象。"

[注释]①羁靮(jī dí):马络头和缰绳。泛指驭马之物。后比喻束缚。

子曰:"已矣乎!吾未见能见其过而内自讼者也。"

已矣乎者,恐其终不得见而叹之也。内自讼①者。口不言而心自咎也。人有过而能自知者鲜矣,知过而能内自讼者为尤鲜。能内自讼,则其悔悟深切而能改必矣。夫子自恐终不得见而叹之,其警学者深矣。

[注释]①自讼:自责,自己责备自己。后为儒家的一种自我修养方法。

子曰:"十室之邑,必有忠信如丘者焉,不如丘之好学也。"

焉,如字,属上句①。好,去声。○十室,小邑也。忠信如圣人,生质之美者也。夫子生知而未尝不好学,故言此以勉人。言美质易得,至道难闻,学之至则可以为圣人,不学则不免为乡人而已。可不勉哉?

[注释]①古书断句术语,即在"焉"字后面断句。

雍也第六

凡二十八章。篇内第十四章以前,大意与前篇同。

子曰:"雍也可使南面。"

南面者,人君听治之位。言仲弓宽洪①简重②,有人君之度也。

[注释]①宽洪:宽宏。　②简重:庄严持重。

仲弓问子桑伯子,子曰:"可也简。"

子桑伯子,鲁人,胡氏以为疑即庄周所称子桑户者是也。仲弓以夫子许己南面,故问伯子如何。可者,仅可而有所未尽之辞。简者,不烦之谓①。

[注释]①"谓"字,据文义及各本补。

仲弓曰:"居敬而行简,以临其民,不亦可乎?居简而行简,无乃大简乎?"

大,音泰。○言自处以敬,则中有主而自治严,如是而行简以临民,则事不烦而民不扰,所以为可。若先自处以简,则中无主而自治疏矣,而所行又简,岂不失之太简,而无法度之可守乎?《家语》记伯子不衣冠而处,夫子讥其欲同人道于牛马。然则伯子盖太简者,而仲弓疑夫子之过许与?

子曰:"雍之言然。"

仲弓盖未喻夫子可字之意,而其所言之理,有默契焉者,故夫子然之。○程子曰"子桑伯子之简,虽可取而未尽善,故夫子云可也。仲弓因言内主于敬而简,则为要直;内存乎简而简,则为疏略,可谓得其旨矣。"又曰:"居敬则心中无物,故所行自简;居简则先有心于简,而多一简字矣,故曰太简。"

哀公问:"弟子孰为好学?"孔子对曰:"有颜回者好学,不迁怒,不贰过。不幸短命死矣!今也则亡,未闻好学者也。"

好,去声。亡,与无同。○迁,移也。贰,复也。怒于甲者,不移于乙;过于前者,不复于后。颜子克己之功至于如此,可谓真好学矣。短命者,颜子三十二而卒也。既云今也则亡,又言未闻好学者,盖深惜之,又以见真好学者之难得也。○程子曰:"颜子之怒,在物不在己,故不迁。有不善未尝不知,知之未尝复行,不贰过也。"又曰:"喜怒在事,则理之当喜怒者也,不在血气则不迁。若舜之诛四凶①也,可怒在彼,己何与焉。如鉴之照物,妍媸②

在彼,随物应之而已,何迁之有?"又曰:"如颜子地位,岂有不善?所谓不善,只是微有差失。才差失便能知之,才知之便更不萌作。"张子曰:"慊于己者,不使萌于再。"或曰:"《诗》、《书》六艺,七十子非不习而通也,而夫子独称颜子为好学。颜子之所好,果何学欤?"程子曰:"学以至乎圣人之道也。""学之道奈何?"曰:"天地储精,得五行之秀者为人。其本也真而静。其未发也五性具焉,曰仁、义、礼、智、信。形既生矣,外物触其形而动于中矣。其中动而七情出焉,曰喜、怒、哀、惧、爱、恶、欲。情既炽而益荡,其性凿矣。故学者约其情使合于中,正其心,养其性而已。然必先明诸心,知所往,然后力行以求至焉。若颜子之非礼勿视、听、言、动,不迁怒贰过者,则其好之笃而学之得其道也。然其未至于圣人者,守之也,非化之也。假之以年,则不日而化矣。今人乃谓圣本生知,非学可至,而所以为学者,不过记诵文辞之间,其亦异乎颜子之学矣。"

[注释]①四凶:依《尚书·舜典》记载为共工、欢兜、鲧、有苗氏。 ②妍媸(yán chī):美与丑。妍,美。媸,丑陋。

子华使于齐,冉子为其母请粟。子曰:"与之釜。"请益。曰:"与之庾。"冉子与之粟五秉。

使、为,并去声。○子华,公西赤也。使,为孔子使也。釜,六斗四升。庾,十六斗。秉,十六斛①。

[注释]①斛:古代量器名,十斗为一斛。

子曰:"赤之适齐也,乘肥马,衣轻裘。吾闻之也,君子周急不继富。"

衣,去声。○乘肥马、衣轻裘,言其富也。急,穷迫也。周者,补不足。继者,续有余。

原思为之宰,与之粟九百,辞。

原思,孔子弟子,名宪。孔子为鲁司寇时,以思为宰。粟,宰之禄也。九百不言其量,不可考。

子曰:"毋!以与尔邻里乡党乎!"

毋,禁止辞。五家为邻,二十五家为里,万二千五百家为乡,五百家为党。言常禄不当辞,有余自可推之以周①贫乏,盖邻、里、乡、党有相周之义。○程子曰:"夫子之使子华,子华之为夫子使,义也。而冉子乃为之请,圣人宽容,不欲直拒人。故与之少,所以示不当与也。请益而与之亦少,所以示不当益也。求未达而自与之多,则已过矣,故夫子非之。盖赤苟至乏,则夫子必自周之,不待请矣。原思为宰,则有常禄。思辞其多,故又教以分诸邻里之贫者,盖亦莫非义也。"张子曰:"于斯二者,可见圣人之用财矣。"

[注释]①周:周济,救济。

子谓仲弓曰:"犁牛之子骍且角,虽欲勿用,山川其舍诸?"

犁,利之反。骍①,息营反。舍,上声。○犁,杂文。骍,赤色。周人尚赤,牲用骍。角,角周正,中牺牲也。用,用以祭也。山川,山川之神也。言人虽不用,神必不舍也。仲弓父贱而行恶,故夫子以此譬之。言父之恶,不能废其子之善,如仲弓之贤,自当见用于世也。然此论仲弓云尔,非与仲弓言也。○范氏曰:"以瞽瞍②为父而有舜,以鲧③为父而有禹。古之圣贤,不系于世类,尚矣。子能改父之过,变恶以为美,则可谓孝矣。"

[注释]①骍(xīng):赤色马。 ②瞽瞍:舜之父。 ③鲧:禹之父。

子曰:"回也,其心三月不违仁,其余则日月至焉而已矣。"

三月,言其久。仁者,心之德。心不违仁者,无私欲而有其德也。日月至焉者,或日一至焉,或月一至焉,能造①其域而不能久也。○程子曰:"三月,天道小变之节,言其久也,过此则圣人矣。不违仁,只是无纤毫私欲。少有私欲,便是不仁。"尹氏曰:"此颜子于圣人,未达一间者也,若圣人则浑然无间断矣。"张子曰:"始学之要,当知'三月不违'与'日月至焉'内外宾主之辨。使心意勉勉②循循③而不能已,过此几非在我者。"

[注释]①造:达到。 ②勉勉:力行不倦的样子。 ③循循:有顺序地向前。

季康子问:"仲由可使从政也与?"子曰:"由也果,于从政乎何有？"曰："赐也，可使从政也与？"曰："赐也达，于从政乎何有？"曰："求也，可使从政也与？"曰："求也艺，于从政乎何有？"

与，平声。○从政，谓为大夫。果，有决断。达，通事理。艺，多才能。○程子曰："季康子问三子之才可以从政乎？夫子答以各有所长。非惟三子，人各有所长。能取其长，皆可用也。"

季氏使闵子骞为费宰。闵子骞曰："善为我辞焉。如有复我者，则吾必在汶上矣。"

费，音秘。为，去声。汶，音问。○闵子骞，孔子弟子，名损。费，季氏邑。汶，水名，在齐南鲁北竟上。闵子不欲臣季氏，令使者善为己辞。言若再来召我，则当去之齐。○程子曰："仲尼之门，能不仕大夫之家者，闵子、曾子数人而已。"谢氏曰："学者能少知内外之分，皆可以乐道而忘人之势。况闵子得圣人为之依归，彼其视季氏不义之富贵，不啻①犬彘②。又从而臣之，岂其心哉？在圣人则有不然者，盖居乱邦、见恶人，在圣人则可；自圣人以下，刚则必取祸，柔则必取辱。闵子岂不能早见而豫待之乎？如由也不得其死，求也为季氏附益③，夫岂其本心哉？盖既无先见之知，又无克乱之才故也。然则闵子其贤乎？"

[注释]①不啻：不过，如同。　②犬彘：狗与猪。彘，猪。　③附益：增加，增益。

伯牛有疾，子问之，自牖执其手，曰："亡之，命矣夫！斯人也而有斯疾也！斯人也而有斯疾也！"

夫，音扶。○伯牛，孔子弟子，姓冉，名耕。有疾，先儒以为癞也。牖，南牖也。礼：病者居北牖下。君视之，则迁于南牖下，使君得以南面视已。时伯牛家以此礼尊孔子，孔子不敢当，故不入其室，而自牖执其手，盖与之永诀也。命，谓天命。言此人不应有此疾，而今乃有之，是乃天之所命也。然则非其不能谨疾而有以致之，亦可见矣。○侯氏曰："伯牛以德行称，亚于颜、闵。故其将死也，孔子尤痛惜之。"

子曰："贤哉，回也！一箪食，一瓢饮，在陋巷。人不堪其忧，回也不改其乐。贤哉，回也！"

食，音嗣。乐，音洛。○箪，竹器。食，饭也。瓢，瓠① 也。颜子之贫如此，而处之泰然，不以害其乐，故夫子再言"贤哉回也"以深叹美之。○程子曰："颜子之乐，非乐箪瓢陋巷也，不以贫窭② 累其心而改其所乐也，故夫子称其贤。"又曰："箪瓢陋巷非可乐，盖自有其乐尔。其字当玩味，自有深意。"又曰"昔受学于周茂叔③，每令寻仲尼、颜子乐处，所乐何事？"愚按：程子之言，引而不发，盖欲学者深思而自得之。今亦不敢妄为之说。学者但当从事于博文约礼④之诲，以至于欲罢不能而竭其才，则庶乎有以得之矣。

[注释]①瓠(hù)：葫芦，嫩时可食，老则可作盛物器。此处即为盛水器。

②贫窭:贫乏,贫穷。　③周茂叔:周敦颐,北宋著名理学家。　④博文约礼:广求学问,恪守礼法。

冉求曰:"非不说子之道,力不足也。"子曰:"力不足者,中道而废。今女画。"

说,音悦。女,音汝。○力不足者,欲进而不能。画者,能进而不欲。谓之画者,如画地以自限也。○胡氏曰:"夫子称颜回不改其乐,冉求闻之,故有是言。然使求说夫子之道,诚如口之说刍豢①,则必将尽力以求之,何患力之不足哉?画而不进,则日退而已矣,此冉求之所以局于艺也。"

[注释]①刍豢:指牛、羊、猪、狗等牲畜,泛指肉类食品。

子谓子夏曰:"女为君子儒,无为小人儒。"

儒,学者之称。程子曰:"君子儒为己,小人儒为人。"○谢氏曰:"君子小人之分,义与利之间而已。然所谓利者,岂必殖货财之谓?以私灭公,适己自便,凡可以害天理者皆利也。子夏文学虽有余,然意其远者大者或昧焉,故夫子语之以此。"

子游为武城宰。子曰:"女得人焉尔乎?"曰:"有澹台灭明者,行不由径。非公事,未尝至于偃之室也。"

女,音汝。澹,徒甘反。○武城,鲁下邑。澹台姓,灭明名,字子羽。径,路之小而捷者。公事,如饮射①读法②

之类。不由径,则动必以正,而无见小欲速之意可知。非公事不见邑宰,则其有以自守,而无枉己殉人之私可见矣。○杨氏曰:"为政以人才为先,故孔子以得人为问。如灭明者,观其二事之小,而其正大之情可见矣。后世有不由径者,人必以为迂;不至其室,人必以为简。非孔氏之徒,其孰能知而取之?"愚谓持身以灭明为法,则无苟贱之羞;取人以子游为法,则无邪媚③之惑。

[注释]①饮射:饮酒射箭。古代的典礼,如乡饮酒、乡射、大射等。 ②读法:宣读法令。饮射读法,即守令之职。 ③邪媚:奸邪而谄媚。

子曰:"孟之反不伐,奔而殿。将入门,策其马,曰:'非敢后也,马不进也。'"

殿,去声。○孟之反,鲁大夫,名侧。胡氏曰:"反即庄周所称孟子反者是也。"伐,夸功也。奔,败走也。军后曰殿。策,鞭也。战败而还,以后为功。反奔而殿,故以此言自揜其功也。事在哀公十一年。○谢氏曰:"人能操无欲上人之心,则人欲日消、天理日明,而凡可以矜己①夸人②者,皆无足道矣。然不知学者欲上人之心无时而忘也,若孟之反,可以为法矣。"

[注释]①矜己:夸耀自己。 ②夸人:对人夸耀。

子曰:"不有祝鮀之佞而有宋朝之美,难乎免于今之世矣!"

鮀,徒河反。○祝,宗庙之官。鮀,卫大夫,字子鱼,有口才。朝,宋公子,有美色。言衰世好谀悦色,非此难免,盖伤之也。

子曰:"谁能出不由户?何莫由斯道也?"

言人不能出不由户,何故乃不由此道邪?怪而叹之之辞。○洪氏曰:"人知出必由户,而不知行必由道。非道远人,人自远尔。"

子曰:"质胜文则野,文胜质则史。文质彬彬,然后君子。"

野,野人,言鄙略①也。史,掌文书,多闻习事,而诚或不足也。彬彬,犹班班②,物相杂而适均③之貌。言学者当损有余,补不足,至于成德,则不期然而然矣。○杨氏曰:"文质不可以相胜。然质之胜文,犹之甘可以受和,白可以受采也。文胜而至于灭质,则其本亡矣。虽有文,将安施乎?然则与其史也,宁野。"

[注释]①鄙略:轻视忽略。　②班班:文质兼备。　③适均:均等。

子曰:"人之生也直,罔之生也幸而免。"

程子曰:"生理本直。罔,不直也,而亦生者,幸而免尔。"

子曰:"知之者不如好之者,好之者不如乐之者。"

好,去声。乐,音洛。○尹氏曰:"知之者,知有此道也。好之者,好而未得也。乐之者,有所得而乐之也。"〇张敬夫曰:"譬之五谷,知者知其可食者也,好者食而嗜之者也,乐者嗜之而饱者也。知而不能好,则是知之未至也;好之而未及于乐,则是好之未至也。此古之学者,所以自强而不息者欤?"

子曰:"中人以上,可以语上也;中人以下,不可以语上也。"

以上之上,上声。语,去声。〇语,告也。言教人者,当随其高下而告语之,则其言易入而无躐等之弊也。〇张敬夫曰:"圣人之道,精粗虽无二致,但其施教,则必因其材而笃焉。盖中人以下之质,骤而语之太高,非惟不能以入,且将妄意①躐等,而有不切于身之弊,亦终于下而已矣。故就其所及而语之,是乃所以使之切问近思②,而渐进于高远也。"

[注释]①妄意:妄想,臆测。　②切问近思:切身处去问,接近处去思。做事情思考问题立足于当前与自身的情况。

樊迟问知。子曰:"务民之义,敬鬼神而远之,可谓知矣。"问仁。曰:"仁者先难而后获,可谓仁矣。"

知、远,皆去声。〇民,亦人也。获,谓得也。专用力于人道之所宜,而不惑于鬼神之不可知,知者之事也。先其事之所难,而后其效之所得,仁者之心也。此必因樊迟之失而告之。〇程子曰:"人多信鬼神,惑也。而不信者又不能敬,能敬能远,可谓知矣。"又曰:"先难,克己也。以所难为先,而不计所获,仁也。"吕氏曰:"当务为急,不求所难知;力行所知,不惮所难为。"

子曰:"知者乐水,仁者乐山;知者动,仁者静;知者乐,仁者寿。"

知,去声。乐,上二字并五教反,下一字音洛。○乐,喜好也。知者达于事理而周流无滞①,有似于水,故乐水;仁者安于义理而厚重不迁②,有似于山,故乐山。动静以体言,乐寿以效言也。动而不括③故乐,静而有常故寿。○程子曰:"非体仁知之深者,不能如此形容之。"

[注释]①周流无滞:任意流淌,没有阻挡。　②厚重不迁:温厚稳重有持守,不因环境而随便改变自己。　③括:束结不动。

子曰:"齐一变,至于鲁;鲁一变,至于道。"

孔子之时,齐俗急功利,喜夸诈①,乃霸政之余习。鲁则重礼教,崇信义,犹有先王之遗风焉,但人亡政息,不能无废坠尔。道,则先王之道也。言二国之政俗有美恶,故其变而之道有难易。○程子曰:"夫子之时,齐强鲁弱,孰不以为齐胜鲁也,然鲁犹存周公之法制。齐由桓公之霸,为从简尚功之治,太公之遗法变易尽矣,故一变乃能至鲁。鲁则修举废坠而已,一变则至于先王之道也。"愚谓二国之俗,惟夫子为能变之而不得试。然因其言以考之,则其施为缓急之序,亦略可见矣。

[注释]①夸诈:虚伪欺诈。

子曰:"觚不觚,觚哉! 觚哉!"

觚,音孤。○觚,棱也,或曰酒器,或曰木简,皆器之有棱者也。不觚者,盖当时失其制而不为棱也。觚哉觚哉,言不得为觚也。○程子曰:"觚而失其形制,则非觚也。举一器,而天下之物莫不皆然。故君而失其君之道,则为不君;臣而失其臣之职,则为虚位。"范氏曰:"人而不仁则非人,国而不治则不国矣。"

宰我问曰:"仁者,虽告之曰:'井有仁焉。'其从之也?"子曰:"何为其然也? 君子可逝也,不可陷也;可欺也,不可罔也。"

刘聘君①曰,"有仁之仁当作人",今从之。从,谓随之于井而救之也。宰我信道不笃,而忧为仁之陷害,故有此问。逝,谓使之往救。陷,谓陷之于井。欺,谓诳之以理之所有。罔,谓昧之以理之所无。盖身在井上,乃可以救井中之人;若从之于井,则不复能救之矣。此理甚明,人所易晓,仁者虽切于救人而不私其身,然不应如此之愚也。

[注释]①刘聘君:刘勉之,字致中,朱熹岳父,南宋理学家,世称白水先生。

子曰:"君子博学于文,约之以礼,亦可以弗畔矣夫!"

夫,音扶。○约,要也。畔,背也。君子学欲其博,故于文无不考;守欲其要,故其动必以礼。如此,则可以不背于道矣。○程子曰:"博学于文而不约之以礼,必至于汗漫①。博学矣,又能守礼而由于规矩,则亦可以不畔道矣。"

[注释]①汗漫:漫无边际。

子见南子,子路不说。夫子矢之曰:"予所否者,天厌之! 天厌之!"

说,音悦。否,方九反。○南子,卫灵公之夫人,有淫行。孔子至卫,南子请见,孔子辞谢,不得已而见之。盖古者仕于其国,有见其小君之礼。而子路以夫子见此淫乱之人为辱,故不悦。矢,誓也。所,誓辞也,如云"所不与崔、庆者①"之类。否,谓不合于礼,不由其道也。厌,弃绝也。圣人道大德全,无可不可。其见恶人,固谓在我有可见之礼,则彼之不善,我何与焉。然此岂子路所能测哉? 故重言以誓之,欲其姑信此而深思以得之也。

[注释]①崔,指崔杼,齐国大夫,曾弑杀齐庄公。庆,指庆父,鲁桓公之子,鲁庄公之弟,鲁国三桓之一孟孙氏之祖。专横作乱鲁国,《左传·闵公元年》有"庆父不死,鲁难未已"之说。

子曰:"中庸之为德也,其至矣乎! 民鲜久矣。"

鲜,上声。○中者,无过无不及之名也。庸,平常也。至,极也。鲜,少也。言民少此德,今已久矣。○程子曰:

"不偏之谓中，不易之谓庸。中者天下之正道，庸者天下之定理。自世教衰，民不兴于行，少有此德久矣。"

子贡曰："如有博施于民而能济众，何如？可谓仁乎？"子曰："何事于仁，必也圣乎！尧舜其犹病诸！

施，去声。○博，广也。仁以理言，通乎上下。圣以地言，则造其极之名也。乎者，疑而未定之辞。病，心有所不足也。言此何止于仁，必也圣人能之乎！则虽尧、舜之圣，其心犹有所不足于此也。以是求仁，愈难而愈远矣。

夫仁者，己欲立而立人，己欲达而达人。

夫，音扶。○以己及人，仁者之心也。于此观之，可以见天理之周流而无闲矣。状仁之体，莫切于此。

能近取譬，可谓仁之方也已。"

譬，喻也。方，术也。近取诸身，以己所欲譬之他人，知其所欲亦犹是也。然后推其所欲以及于人，则恕之事而仁之术也。于此勉焉，则有以胜其人欲之私，而全其天理之公矣。○程子曰："医书以手足痿痹①为不仁，此言最善名状。仁者以天地万物为一体，莫非己也。认得为己，何所不至；若不属己，自与己不相干。如手足之不仁，气已不贯，皆不属己。故博施济众②，乃圣人之功用。仁至难言，故止曰：'己欲立而立人，己欲达而达人，能近取譬，可谓仁之方也已。'欲令如是观仁，可以得仁之体。"又曰

"《论语》言'尧、舜其犹病诸'者二。夫博施者,岂非圣人之所欲？然必五十乃衣帛,七十乃食肉。圣人之心,非不欲少者亦衣帛食肉也,顾其养有所不赡尔,此病其施之不博也。济众者,岂非圣人之所欲？然治不过九州。圣人非不欲四海之外亦兼济也,顾其治有所不及尔,此病其济之不众也。推此以求,修己以安百姓,则为病可知。苟以吾治已足,则便不是圣人。"吕氏曰:"子贡有志于仁,徒事高远,未知其方。孔子教以于己取之,庶近而可入。是乃为仁之方,虽博施济众,亦由此进。"

[注释]①痿痹:麻痹,麻木不仁。 ②博施济众:广泛地给予大家恩惠与接济。

卷 四

述而第七

此篇多记圣人谦己①诲人②之辞及其容貌行事之实。凡三十七章。

[注释]①谦己：克己，自谦。　②诲人：教诲别人。

子曰："述而不作，信而好古，窃比于我老彭。"

好，去声。○述，传旧而已。作，则创始也。故作非圣人不能，而述则贤者可及。窃比，尊之之辞。我，亲之之辞。老彭，商贤大夫，见《大戴礼》①，盖信古而传述者也。孔子删《诗》、《书》，定《礼》、《乐》，赞《周易》，修《春秋》，皆传先王之旧，而未尝有所作也，故其自言如此。盖不惟不敢当作者之圣，而亦不敢显然自附于古之贤人。盖其德愈盛而心愈下，不自知其辞之谦也。然当是时，作者略备，夫子盖集群圣之大成而折衷②之。其事虽述，而功则倍于作矣,此又不可不知也。

[注释]①见《大戴礼记·虞戴德》。 ②折衷:取正,用为判断事物的准则。

子曰:"默而识之,学而不厌,诲人不倦,何有于我哉?"

识,音志,又如字。〇识,记也。默识,谓不言而存诸心也。一说:识,知也,不言而心解也。前说近是。何有于我,言何者能有于我也。三者已非圣人之极至,而犹不敢当,则谦而又谦之辞也。

子曰:"德之不修,学之不讲,闻义不能徙,不善不能改,是吾忧也。"

尹氏曰:"德必修而后成,学必讲而后明,见善能徙,改过不吝,此四者日新之要也。苟未能之,圣人犹忧,况学者乎?"

子之燕居,申申如也,夭夭如也。

燕居,闲暇无事之时。杨氏曰:"申申,其容舒也。夭夭,其色愉也。"〇程子曰:"此弟子善形容圣人处也,为申申字说不尽,故更著夭夭字。今人燕居之时,不怠惰①放肆,必太严厉。严厉时著此四字不得,怠惰放肆时亦著此四字不得,惟圣人便自有中和之气。"

[注释]①怠惰:懒惰,不勤奋。

子曰："甚矣吾衰也！久矣吾不复梦见周公。"

复，扶又反。○孔子盛时，志欲行周公之道，故梦寐之间，如或见之。至其老而不能行也，则无复是心，而亦无复是梦矣，故因此而自叹其衰之甚也。○程子曰："孔子盛时，寤寐①常存行周公之道；及其老也，则志虑衰而不可以有为矣。盖存道者心，无老少之异；而行道者身，老则衰也。"

[注释]①寤寐：犹时时、日夜。寤，睡醒。寐，睡着。

子曰："志于道，

志者，心之所之之谓。道，则人伦日用之间所当行者是也。如此而心必之焉，则所适者正，而无他歧之惑矣。

据于德，

据者，执守①之意。德者，得也，得其道②于心而不失之谓也。得之于心而守之不失，则终始惟一，而有日新之功矣。

[注释]①执守：持守，坚持。　②"德者得也，得其道"，清仿宋大字本作"德则行道而有得"。吴英以为后者非朱熹定本之文，故不取，详本书附录《四书章句集注定本辨》。

依于仁，

依者，不违之谓。仁，则私欲尽去而心德之全也。功夫至此而无终食之违，则存养之熟，无适而非天理之流行矣。

游于艺。"

游者，玩物适情之谓。艺，则礼乐之文，射、御、书、数之法，皆至理所寓，而日用之不可阙①者也。朝夕游焉，以博其义理之趣，则应务有余，而心亦无所放矣。○此章言人之为学当如是也。盖学莫先于立志，志道，则心存于正而不他；据德，则道得于心而不失；依仁，则德性常用而物欲不行；游艺，则小物不遗而动息有养。学者于此，有以不失其先后之序、轻重之伦焉，则本末兼该②，内外交养，日用之间，无少间隙，而涵泳从容③，忽不自知其入于圣贤之域矣。

[注释]①阙：缺少，缺失。 ②该：包括，具备。 ③涵泳从容：深入体会，从容求索。

子曰："自行束脩以上，吾未尝无诲焉。"

脩，脯也。十脡为束。古者相见，必执贽①以为礼，束脩其至薄者。盖人之有生，同具此理，故圣人之于人，无不欲其入于善。但不知来学，则无往教之礼，故苟以礼来，则无不有以教之也。

[注释]①贽：古代初次拜见尊长者时所送的礼物。

子曰："不愤不启，不悱不发，举一隅不以三隅反，则不复也。"

愤,房粉反。悱,芳匪反。复,扶又反。○愤者,心求通而未得之意。悱者,口欲言而未能之貌。启,谓开其意。发,谓达其辞。物之有四隅者,举一可知其三。反者,还以相证之义。复,再告也。上章已言圣人诲人不倦之意,因并记此,欲学者勉于用力,以为受教之地也。○程子曰:"愤悱,诚意之见于色辞者也。待其诚至而后告之。既告之,又必待其自得,乃复告尔。"又曰:"不待愤悱而发,则知之不能坚固;待其愤悱而后发,则沛然①矣。"

[注释]①沛然:充盛的样子,盛大的样子。

子食于有丧者之侧,未尝饱也。

临丧哀,不能甘也。

子于是日哭,则不歌。

哭,谓吊哭。日之内,余哀未忘,自不能歌也。○谢氏曰:"学者于此二者,可见圣人情性之正也。能识圣人之情性,然后可以学道。"

子谓颜渊曰:"用之则行,舍之则藏,唯我与尔有是夫!"

舍,上声。夫,音扶。○尹氏曰:"用舍无与于己,行藏安于所遇,命不足道也。颜子几于圣人,故亦能之。"

子路曰:"子行三军,则谁与?"

万二千五百人为军,大国三军。子路见孔子独美颜渊,自负其勇,意夫子若行三军,必与己同。

子曰:"暴虎冯河,死而无悔者,吾不与也。必也临事而惧,好谋而成者也。"

冯,皮冰反。好,去声。○暴虎,徒搏。冯河,徒涉。惧,谓敬其事。成,谓成其谋。言此皆以抑其勇而教之,然行师之要实不外此,子路盖不知也。○谢氏曰:"圣人于行藏①之间,无意无必。其行非贪位,其藏非独善也。若有欲心,则不用而求行,舍之而不藏矣,是以惟颜子为可以与于此。子路虽非有欲心者,然未能无固必也,至以行三军为问,则其论益卑矣。夫子之言,盖因其失而救之。夫不谋无成,不惧必败,小事尚然,而况于行三军乎?"

[注释]①行藏:出处,行止。

子曰:"富而可求也,虽执鞭之士,吾亦为之。如不可求,从吾所好。"

好,去声。○执鞭,贱者之事。设言富若可求,则虽身为贱役以求之,亦所不辞。然有命焉,非求之可得也,则安于义理而已矣,何必徒取辱哉?○苏氏曰:"圣人未尝有意于求富也,岂问其可不可哉?为此语者,特以明其决不可求尔。"杨氏曰:"君子非恶富贵而不求,以其在天,无可求之道也。"

子之所慎：齐，战，疾。

齐，侧皆反。○齐①之为言齐也，将祭而齐其思虑之不齐者，以交于神明也。诚之至与不至，神之飨②与不飨，皆决于此。战则众之死生、国之存亡系焉，疾又吾身之所以死生存亡者，皆不可以不谨也。○尹氏曰："夫子无所不谨，弟子记其大者耳。"

[注释]①齐：通"斋"，斋戒。　②飨（xiǎng）：鬼神享用祭品。

子在齐闻《韶》，三月不知肉味。曰："不图为乐之至于斯也！"

《史记》三月上有"学之"二字。不知肉味，盖心一于是而不及乎他也。曰：不意舜之作乐至于如此之美，则有以极其情文之备，而不觉其叹息之深也，盖非圣人不足以及此。○范氏曰："《韶》尽美又尽善，乐之无以加此也。故学之三月，不知肉味，而叹美之如此。诚之至，感之深也。"

冉有曰："夫子为卫君乎？"子贡曰："诺。吾将问之。"

为，去声。○为，犹助也。卫君，出公辄也。灵公逐其世子蒯聩。公薨，而国人立蒯聩之子辄。于是晋纳蒯聩而辄拒之。时孔子居卫，卫人以蒯聩得罪于父，而辄嫡孙当立，故冉有疑而问之。诺，应辞也。

入，曰："伯夷、叔齐何人也？"曰："古之贤人也。"曰：

"怨乎?"曰:"求仁而得仁,又何怨。"出,曰:"夫子不为也。"

伯夷、叔齐,孤竹君之二子。其父将死,遗命立叔齐。父卒,叔齐逊伯夷。伯夷曰"父命也",遂逃去。叔齐亦不立而逃之,国人立其中子。其后武王伐纣,夷、齐扣①马而谏。武王灭商,夷、齐耻食周粟,去隐于首阳山,遂饿而死。怨,犹悔也。君子居是邦,不非其大夫,况其君乎?故子贡不斥卫君,而以夷、齐为问。夫子告之如此,则其不为卫君可知矣。盖伯夷以父命为尊,叔齐以天伦为重。其逊国②也,皆求所以合乎天理之正,而即乎人心之安。既而各得其志焉,则视弃其国犹敝屣③尔,何怨之有?若卫辄之据国拒父而惟恐失之,其不可同年而语明矣。〇程子曰:"伯夷、叔齐逊国而逃,谏伐而饿,终无怨悔,夫子以为贤,故知其不与辄也。"

[注释]①扣:拉住,牵住。 ②逊国:把国家的统治权让给别人。 ③敝屣:破旧的鞋子。

子曰:"饭疏食饮水,曲肱而枕之,乐亦在其中矣。不义而富且贵,于我如浮云。"

饭,符晚反。食,音嗣。枕,去声。乐,音洛。〇饭,食之也。疏食,粗饭也。圣人之心,浑然天理,虽处困极,而乐亦无不在焉。其视不义之富贵,如浮云之无有,漠然无所动于其中也。〇程子曰:"非乐疏食饮水也,虽疏食饮水,不能改其乐也。不义之富贵,视之轻如浮云然。"又曰:"须知所乐者何事。"

子曰:"加我数年,五十以学《易》,可以无大过矣。"

刘聘君见元城刘忠定①公自言尝读他《论》,"加"作假,"五十"作卒。盖加、假声相近而误读,卒与五十字相似而误分也。愚按:此章之言,《史记》作为"假我数年,若是我于《易》则彬彬矣"。加正作假,而无五十字。盖是时,孔子年已几七十矣,五十字误无疑也。学《易》,则明乎吉凶消长之理,进退存亡之道,故可以无大过。盖圣人深见《易》道之无穷,而言此以教人,使知其不可不学,而又不可以易而学也。

[注释]①刘忠定:即刘安世,字器之,号元城,北宋后期大臣,以直谏闻名,死后赐谥号忠定,有《元城集》。

子所雅言,《诗》、《书》、执礼,皆雅言也。

雅,常也。执,守也。《诗》以理情性,《书》以道政事,礼以谨节文,皆切于日用之实,故常言之。礼独言执者,以人所执守而言,非徒诵说而已也。○程子曰:"孔子雅素之言,止于如此。若性与天道,则有不可得而闻者,要在默而识之也。"谢氏曰:"此因学《易》之语而类记之。"

叶公问孔子于子路,子路不对。

叶,舒涉反。○叶公,楚叶县尹沈诸梁,字子高,僭称公也。叶公不知孔子,必有非所问而问者,故子路不对。

抑亦以圣人之德,实有未易名言者与?

子曰:"女奚不曰,其为人也,发愤忘食,乐以忘忧,不知老之将至云尔。"

未得,则发愤而忘食;已得,则乐之而忘忧。以是二者俛①焉日有孳孳②,而不知年数之不足,但自言其好学之笃耳。然深味之,则见其全体至极,纯亦不已之妙,有非圣人不能及者。盖凡夫子之自言类如此,学者宜致思③焉。

[注释]①俛:通"勉",勤劳。 ②孳孳:孜孜,勤勉,努力不懈。 ③致思:集中心思于某方面。

子曰:"我非生而知之者,好古,敏以求之者也。"

好,去声。○生而知之者,气质清明,义理昭著,不待学而知也。敏,速也,谓汲汲也。○尹氏曰:"孔子以生知之圣,每云好学者,非惟勉人也,盖生而可知者义理尔,若夫礼乐名物,古今事变,亦必待学而后有以验其实也。

子不语怪,力,乱,神。

怪异、勇力、悖乱之事,非理之正,固圣人所不语。鬼神,造化之迹,虽非不正,然非穷理之至,有未易明者,故亦不轻以语人也。○谢氏曰:"圣人语常而不语怪,语德而不语力,语治而不语乱,语人而不语神。"

子曰:"三人行,必有我师焉。择其善者而从之,其不善者而改之。"

三人同行,其一我也。彼二人者,一善一恶,则我从其善而改其恶焉,是二人者皆我师也。○尹氏曰:"见贤思齐,见不贤而内自省,则善恶皆我之师,进善其有穷乎?"

子曰:"天生德于予,桓魋其如予何?"

魋,徒雷反。○桓魋,宋司马向魋也。出于桓公,故又称桓氏。魋欲害孔子,孔子言天既赋我以如是之德,则桓魋其奈我何?言必不能违天害己。

子曰:"二三子以我为隐乎?吾无隐乎尔。吾无行而不与二三子者,是丘也。"

诸弟子以夫子之道高深不可几及,故疑其有隐,而不知圣人作、止、语、默无非教也,故夫子以此言晓之。与,犹示也。○程子曰:"圣人之道犹天然,门弟子亲炙①而冀及之,然后知其高且远也。使诚以为不可及,则趋向之心不几于息乎?故圣人之教,常俯而就之如此,非独使资质庸下者勉思企及,而才气高迈者亦不敢躐②易而进也。"吕氏曰:"圣人体道无隐,与天象昭然,莫非至教。常以示人,而人自不察。"

[注释]①亲炙:直接受到传授、教导。 ②躐:越过,超越。

子以四教:文,行,忠,信。

行,去声。○程子曰:"教人以学文修行而存忠信也。

忠信,本也。"

子曰:"圣人,吾不得而见之矣;得见君子者,斯可矣。"

圣人,神明不测之号。君子,才德出众之名。

子曰:"善人,吾不得而见之矣;得见有恒者,斯可矣。

恒,胡登反。○"子曰"字疑衍文①。恒,常久之意。张子曰:"有恒者,不贰②其心。善人者,志于仁而无恶。"

[注释]①衍文:因缮写、刻版、排版错误而多出来的字句。 ②贰:不专一。

亡而为有,虚而为盈,约而为泰,难乎有恒矣。"

亡,读为无。○三者皆虚夸之事,凡若此者,必不能守其常也。○张敬夫曰:"圣人、君子以学言,善人、有恒者以质言。"愚谓有恒者之与圣人,高下固悬绝矣,然未有不自有恒而能至于圣者也。故章末申言有恒之义,其示人入德之门,可谓深切而著明矣。

子钓而不纲,弋不射宿。

射,食亦反。○纲,以大绳属网,绝流而渔者也。弋,以生丝系矢而射也。宿,宿鸟。○洪氏曰:"孔子少贫贱,为养与祭,或不得已而钓弋,如猎较①是也。然尽物取之,出其不意,亦不为也。此可见仁人之本心矣。待物如此,待人可知;小者如此,大者可知。"

[注释]①猎较:争夺猎物,多用于祭祀。泛指打猎。

子曰:"盖有不知而作之者,我无是也。多闻择其善者而从之,多见而识之,知之次也。"

识,音志。○不知而作,不知其理而妄作也。孔子自言未尝妄作,盖亦谦辞,然亦可见其无所不知也。识,记也。所从不可不择,记则善恶皆当存之,以备参考。如此者虽未能实知其理,亦可以次于知之者也。

互乡难与言,童子见,门人惑。

见,贤遍反。○互乡,乡名。其人习于不善,难与言善。惑者,疑夫子不当见之也。

子曰:"与其进也,不与其退也,唯何甚!人洁己以进,与其洁也,不保其往也。"

疑此章有错简①。"人洁"至"往也"十四字,当在"与其进也"之前。洁,修治也。与,许也。往,前日也。言人洁己而来,但许其能自洁耳,固不能保其前日所为之善恶也;但许其进而来见耳,非许其既退而为不善也。盖不追其既往,不逆其将来,以是心至,斯受之耳。唯字上下,疑又有阙文②,大抵亦不为已甚之意。○程子曰:"圣人待物之洪如此。"

[注释]①错简:古书以竹简按次串联编成,竹简前后次序错乱谓"错简"。 ②阙文:阙漏的文字。

子曰:"仁远乎哉?我欲仁,斯仁至矣。"

仁者,心之德,非在外也。放而不求,故有以为远者;反而求之,则即此而在矣,夫岂远哉?○程子曰:"为仁由己,欲之则至,何远之有?"

陈司败问昭公知礼乎?孔子曰:"知礼。"

陈,国名。司败,官名,即司寇也。昭公,鲁君,名裯。习于威仪之节,当时以为知礼。故司败以为问,而孔子答之如此。

孔子退,揖巫马期而进之,曰:"吾闻君子不党,君子亦党乎?君取于吴为同姓,谓之吴孟子。君而知礼,孰不知礼?"

取,七住反。○巫马姓,期字,孔子弟子,名施。司败揖而进之也。相助匿非①曰党。礼不娶同姓,而鲁与吴皆姬姓。谓之吴孟子者,讳之使若宋女子姓者然。

[注释]①匿非:隐瞒过失,藏匿过错。

巫马期以告。子曰:"丘也幸,苟有过,人必知之。"

孔子不可自谓讳君之恶,又不可以娶同姓为知礼,故受以为过而不辞。○吴氏曰:"鲁盖夫子父母之国,昭公,鲁之先君也。司败又未尝显言其事,而遽以知礼为问,其对之宜如此也。及司败以为有党,而夫子受以为过,盖夫子之盛德,无所不可也。然其受以为过也,亦不正言其所以过,初若不知孟子之事者,可以为万世之法矣。"

子与人歌而善,必使反之,而后和之。

和,去声。○反,复也。必使复歌者,欲得其详而取其善也。而后和之者,喜得其详而与其善也。此见圣人气象从容,诚意恳至①,而其谦逊审密②,不掩人善又如此。盖一事之微,而众善之集,有不可胜既者焉,读者宜详味③之。

[注释]①恳至:恳切。　②审密:详尽严密。　③详味:详细体味。

子曰:"文,莫吾犹人也。躬行君子,则吾未之有得。"

莫,疑辞。犹人,言不能过人,而尚可以及人。未之有得,则全未有得,皆自谦之辞。而足以见言行之难易缓急,欲人之勉其实也。○谢氏曰:"文虽圣人无不与人同,故不逊;能躬行君子,斯可以入圣,故不居;犹言君子道者三我无能焉。"

子曰:"若圣与仁,则吾岂敢?抑为之不厌,诲人不倦,则可谓云尔已矣。"公西华曰:"正唯弟子不能学也。"

此亦夫子之谦辞也。圣者,大而化之。仁,则心德之全而人道之备也。为之,谓为仁圣之道。诲人,亦谓以此教人也。然不厌不倦,非己有之则不能,所以弟子不能学也。○晁氏①曰:"当时有称夫子圣且仁者,以故夫子辞之。苟辞之而已焉,则无以进天下之材,率天下之善,将使圣与仁为虚器,而人终莫能至矣。故夫子虽不居仁圣,而必以为之不厌、诲人不倦自处也。"可谓云尔已矣者,无他之辞也。公西华仰而叹之,其亦深知夫子之意矣。

[注释]①晁氏:晁说之,字以道,宋代经学家,有《论语讲义》。

子疾病,子路请祷。子曰:"有诸?"子路对曰:"有之。《诔》曰:'祷尔于上下神祇。'"子曰:"丘之祷久矣。"

诔,力①轨反。○祷,谓祷于鬼神。有诸,问有此理否。《诔》者,哀死而述其行之辞也。上下,谓天地。天曰神,地曰祇。祷者,悔过迁善,以祈神之佑也。无其理则不必祷,既曰有之,则圣人未尝有过,无善可迁。其素行固已合于神明,故曰:"丘之祷久矣。"又《士丧礼》,疾病行祷五祀,盖臣子迫切之至情,有不能自已者,初不请于病者而后祷也。故孔子之于子路,不直拒之,而但告以无所事祷之意。

[注释]①"力"原作"九",据清仿宋大字本改。

子曰:"奢则不孙,俭则固。与其不孙也,宁固。"

孙,去声。○孙,顺也。固,陋也。奢俭俱失中,而奢之害大。○晁氏曰:"不得已而救时之弊也。"

子曰:"君子坦荡荡,小人长戚戚。"

坦,平也。荡荡,宽广貌。程子曰:"君子循①理,故常舒泰②;小人役于物③,故多忧戚④。"○程子曰:"君子坦荡荡,心广体胖。"

[注释]①循:遵循。　②舒泰:舒畅安宁。　③役于物:被外物所奴役。④忧戚:忧伤。

子温而厉,威而不猛,恭而安。

厉,严肃也。人之德性本无不备,而气质所赋,鲜有不偏,惟圣人全体浑然,阴阳合德,故其中和之气见于容貌之间者如此。门人熟察而详记之,亦可见其用心之密矣。抑非知足以知圣人而善言德行者不能也,故程子以为曾子之言。学者所宜反复而玩心①也。

[注释]①玩心:专心致志。

泰 伯 第 八

凡二十一章。

子曰:"泰伯,其可谓至德也已矣!三以天下让,民无得而称焉。"

泰伯,周大王之长子。至德,谓德之至极,无以复加者也。三让,谓固逊①也。无得而称,其逊隐微,无迹可见也。盖大王三子:长泰伯,次仲雍,次季历。大王之时,商道寖衰②,而周日强大。季历又生子昌,有圣德。大王因有翦商③之志,而泰伯不从,大王遂欲传位季历以及昌。泰伯知之,即与仲雍逃之荆蛮。于是大王乃立季历,传国至昌,而三分天下有其二,是为文王。文王崩,子发立,遂克商而有天下,是为武王。夫以泰伯之德,当商、周之际,固足以朝诸侯有天下矣,乃弃不取而又泯其迹焉,则其德之至极为何如哉！盖其心即夷、齐扣马之心,而事之难处有甚焉者,宜夫子之叹息而赞美之也。泰伯不从,事见《春秋传》④。

[注释]①固逊:一心(真心)逊让,再三(坚决)逊让。　②寖衰:渐趋衰落。　③翦商:灭商。　④见《左传·僖公五年》。

子曰:"恭而无礼则劳,慎而无礼则葸,勇而无礼则乱,直而无礼则绞。

葸,丝里反。绞,古卯反。○葸①,畏惧貌。绞,急切也。无礼则无节文②,故有四者之弊。

[注释]①葸(xǐ):畏缩,胆怯。　②节文:制定礼仪,使行之有度。

君子笃于亲,则民兴于仁;故旧不遗,则民不偷。"

君子,谓在上之人也。兴,起也。偷①,薄也。○张子曰:"人道知所先后,则恭不劳、慎不葸、勇不乱、直不绞,民化而德厚矣。"○吴氏曰:"君子以下,当自为一章,乃曾子之言也。"愚按:此一节与上文不相蒙②,而与首篇慎终追远之意相类,吴说近是。

[注释]①偷:偷薄,不厚道。　②相蒙:相关联,相符合。

曾子有疾,召门弟子曰:"启予足！启予手！《诗》云:

'战战兢兢,如临深渊,如履薄冰。'而今而后,吾知免夫!小子!"

夫,音扶。○启,开也。曾子平日以为身体受于父母,不敢毁伤,故于此使弟子开其衾①而视之。《诗·小旻》之篇。战战,恐惧。兢兢,戒谨。临渊,恐坠;履冰,恐陷也。曾子以其所保之全示门人,而言其所以保之之难如此;至于将死,而后知其得免于毁伤也。小子,门人也。语毕而又呼之,以致反复丁宁②之意,其警之也深矣。○程子曰:"君子曰终,小人曰死。君子保其身以没,为终其事也,故曾子以全归为免矣。"尹氏曰:"父母全而生之,子全而归之。曾子临终而启手足,为是故也。非有得于道,能如是乎?"范氏曰:"身体犹不可亏也,况亏其行以辱其亲乎?"

[注释]①衾(qīn):被子。 ②丁宁:叮咛。

曾子有疾,孟敬子问之。

孟敬子,鲁大夫仲孙氏,名捷。问之者,问其疾也。

曾子言曰:"鸟之将死,其鸣也哀;人之将死,其言也善。

言,自言也。鸟畏死,故鸣哀。人穷反本,故言善。此曾子之谦辞,欲敬子知其所言之善而识①之也。

[注释]①识(zhì):记住。

君子所贵乎道者三:动容貌,斯远暴慢矣;正颜色,斯近信矣；出辞气，斯远鄙倍矣。笾豆之事，则有司存。"

远、近，并去声。○贵，犹重也。容貌，举一身而言。暴，粗厉也。慢，放肆也。信，实也。正颜色而近信，则非色庄也。辞，言语。气，声气也。鄙，凡陋也。倍，与背同，谓背理也。笾，竹豆。豆，木豆。言道虽无所不在，然君子所重者，在此三事而已。是皆修身之要、为政之本，学者所当操存①省察，而不可有造次颠沛②之违者也。若夫笾豆之事，器数之末，道之全体固无不该，然其分则有司之守，而非君子之所重矣。○程子曰："动容貌，举一身而言也。周旋中礼，暴慢斯远矣。正颜色则不妄，斯近信矣。出辞气，正由中出，斯远鄙倍。三者正身而不外求，故曰笾豆之事则有司存。"尹氏曰："养于中则见于外，曾子盖以修己为为政之本。若乃器用事物之细，则有司存焉。"

[注释]①操存：持守心志，不使丧失。　②造次颠沛：流离失所，生活困顿。造次，匆忙，仓促。颠沛，困顿挫折。

曾子曰："以能问于不能，以多问于寡；有若无，实若虚，犯而不校，昔者吾友尝从事于斯矣。"

校，计校也。友，马氏以为颜渊是也。颜子之心，惟知义理之无穷，不见物我之有间，故能如此。○谢氏曰："不知有余在己，不足在人；不必得为在己，失为在人，非几于无我者不能也。

曾子曰："可以托六尺之孤,可以寄百里之命,临大节而不可夺也。君子人与？君子人也。"

与,平声。○其才可以辅幼君、摄国政,其节至于死生之际而不可夺,可谓君子矣。与,疑辞。也,决辞。设为问答,所以深著其必然也。○程子曰："节操如是,可谓君子矣。"

曾子曰："士不可以不弘毅,任重而道远。

弘,宽广也。毅,强忍也。非弘不能胜其重,非毅无以致其远。

仁以为己任,不亦重乎？死而后已,不亦远乎？"

仁者,人心之全德,而必欲以身体而力行之,可谓重矣。一息尚存,此志不容少懈,可谓远矣。○程子曰："弘而不毅,则无规矩而难立；毅而不弘,则隘陋①而无以居之。"又曰："弘大刚毅,然后能胜重任而远到。"

[注释]①隘陋:狭隘鄙陋。

子曰："兴于《诗》,

兴,起也。《诗》本性情,有邪有正,其为言既易知,而吟咏之间,抑扬反复,其感人又易入。故学者之初,所以兴起其好善恶恶之心,而不能自已者,必于此而得之。

立于礼,

礼以恭敬辞逊①为本，而有节文度数之详，可以固人肌肤之会，筋骸之束②。故学者之中，所以能卓然自立，而不为事物之所摇夺者，必于此而得之。

[注释]①辞逊：辞让谦逊。　②此句是说礼可以规范制约人的行为举止，见《礼记·礼运》篇。按：肌、肤、筋、骸四者，会聚束合而为人的身体，礼可以规范其行为举止，使其庄敬合宜而远离惰慢邪僻的行为。

成于乐。"

乐有五声十二律，更唱迭和，以为歌舞八音之节，可以养人之性情，而荡涤其邪秽，消融其查滓。故学者之终，所以至于义精仁熟，而自和顺于道德者，必于此而得之，是学之成也。○按《内则》①，十年学幼仪，十三学乐诵《诗》，二十而后学礼。则此三者，非小学传授之次，乃大学终身所得之难易、先后、浅深也。程子曰："天下之英才不为少矣，特以道学不明，故不得有所成就。夫古人之诗，如今之歌曲，虽闾里童稚，皆习闻之而知其说，故能兴起。今虽老师宿儒，尚不能晓其义，况学者乎？是不得兴于《诗》也。古人自洒埽应对，以至冠、昏、丧、祭，莫不有礼。今皆废坏，是以人伦不明，治家无法，是不得立于礼也。古人之乐：声音所以养其耳，采色所以养其目，歌咏所以养其性情，舞蹈所以养其血脉。今皆无之，是不得成于乐也。是以古之成材也易，今之成材也难。"

[注释]①《礼记·内则》。

子曰："民可使由之，不可使知之。"

民可使之由于是理之当然,而不能使之知其所以然也。○程子曰:"圣人设教,非不欲人家喻而户晓也,然不能使之知,但能使之由①之尔。若曰圣人不使民知,则是后世朝四暮三之术也,岂圣人之心乎?"

[注释]①由:从。

子曰:"好勇疾贫,乱也。人而不仁,疾之已甚,乱也。"

好,去声。○好勇而不安分,则必作乱。恶不仁之人而使之无所容,则必致乱。二者之心,善恶虽殊,然其生乱则一也。

子曰:"如有周公之才之美,使骄且吝,其余不足观也已。"

才美,谓智能技艺之美。骄,矜夸。吝,鄙啬也。○程子曰:"此甚言骄吝①之不可也。盖有周公之德,则自无骄吝;若但有周公之才而骄吝焉,亦不足观矣。"又曰:"骄,气盈。吝,气歉。"愚谓骄吝虽有盈歉之殊,然其势常相因。盖骄者吝之枝叶,吝者骄之本根。故尝验之天下之人,未有骄而不吝,吝而不骄者也。

[注释]①骄吝:骄傲而吝啬。

子曰:"三年学,不至于谷,不易得也。"

易,去声。○谷,禄也。至,疑当作志。为学之久,而不求禄,如此之人,不易得也。○杨氏曰:"虽子张之贤,犹以干禄①为问,况其下者乎？然则三年学而不至于谷,宜不易得也。"

[注释]①干禄:求禄位,求仕进。

子曰:"笃信好学,守死善道。

好,去声。○笃,厚而力也。不笃信,则不能好学；然笃信而不好学,则所信或非其正。不守死,则不能以善其道；然守死而不足以善其道,则亦徒死而已。盖守死者笃信之效,善道者好学之功。

危邦不入,乱邦不居。天下有道则见,无道则隐。

见,贤遍反。○君子见危授命,则仕危邦者无可去之义,在外则不入可也。乱邦未危,而刑政纪纲紊①矣,故洁其身而去之。天下,举一世而言。无道,则隐其身而不见也。此惟笃信好学、守死善道者能之。

[注释]①紊:乱。

邦有道,贫且贱焉,耻也；邦无道,富且贵焉,耻也。"

世治而无可行之道,世乱而无能守之节,碌碌庸人,不足以为士矣,可耻之甚也。○晁氏曰:"有学有守,而去就①之义洁,出处之分明,然后为君子之全德也。"

[注释]①去就:出仕或离去(离职)。去,离开。就,担任官职。

子曰:"不在其位,不谋其政。"

程子曰："不在其位,则不任其事也,若君大夫问而告者则有矣。"

子曰："师挚之始,《关雎》之乱,洋洋乎!盈耳哉。"

挚,音至。雎,七余反。○师挚,鲁乐师名挚也。乱,乐之卒章也。《史记》曰:"《关雎》之乱以为风始。"洋洋,美盛意。孔子自卫反鲁而正乐,适师挚在官之初,故乐之美盛如此。

子曰："狂而不直,侗而不愿,悾悾而不信,吾不知之矣。"

侗,音通。悾,音空。○侗,无知貌。愿,谨厚①也。悾悾,无能貌。吾不知之者,甚绝之之辞,亦不屑之教诲也。○苏氏曰:"天之生物,气质不齐。其中材以下,有是德则有是病。有是病必有是德,故马之蹄啮②者必善走,其不善者必驯③。有是病而无是德,则天下之弃才也。"

[注释]①谨厚:谨慎笃厚。　②蹄啮:用蹄踢,用嘴咬。　③驯:驯顺。

子曰："学如不及,犹恐失之。"

言人之为学,既如有所不及矣,而其心犹竦然①,惟恐其或失之,警学者当如是也。○程子曰:"学如不及,犹恐失之,不得放过。才②说姑待明日,便不可也。"

[注释]①竦然:恭敬貌,惊惧貌。　②才:仅仅,只。

子曰:"巍巍乎!舜禹之有天下也,而不与焉。"

与,去声。○巍巍,高大之貌。不与,犹言不相关,言其不以位为乐也。

子曰:"大哉尧之为君也!巍巍乎!唯天为大,唯尧则之。荡荡乎!民无能名焉。

唯,犹独也。则,犹准也。荡荡,广远之称也。言物之高大,莫有过于天者,而独尧之德能与之准。故其德之广远,亦如天之不可以言语形容也。

巍巍乎!其有成功也;焕乎,其有文章!"

成功,事业也。焕,光明之貌。文章,礼乐法度也。尧之德不可名,其可见者此尔。○尹氏曰:"天道之大,无为而成。唯尧则之以治天下,故民无得而名焉。所可名者,其功业文章巍然焕然而已。"

舜有臣五人而天下治。

治,去声。○五人,禹、稷、契、皋陶、伯益。

武王曰:"予有乱臣十人。"

《书·泰誓》之辞。马氏曰:"乱,治也。"十人,谓周公旦、召公奭、太公望、毕公、荣公、太颠、闳夭、散宜生、南宫适,其一人谓文母。刘侍读①以为子无臣母之义,盖邑姜也。九人治外,邑姜治内。或曰:"乱本作乿,古治字也。"

［注释］①刘侍读：即刘敞，字原父（甫），北宋经学家，有《七经小传》。

孔子曰："才难，不其然乎？唐、虞之际，于斯为盛。有妇人焉，九人而已。

称孔子者，上系武王君臣之际，记者谨之。才难，盖古语，而孔子然之也。才者，德之用也。唐、虞，尧、舜有天下之号。际，交会之间。言周室人才之多，惟唐、虞之际，乃盛于此。降自夏、商，皆不能及，然犹但有此数人尔，是才之难得也。

三分天下有其二，以服事殷。周之德，其可谓至德也已矣。"

《春秋传》曰，"文王率商之畔国以事纣"①，盖天下归文王者六州，荆、梁、雍、豫、徐、扬也。惟青、兖、冀，尚属纣耳。范氏曰："文王之德，足以代商。天与之，人归之，乃不取而服事焉，所以为至德也。孔子因武王之言而及文王之德，且与泰伯，皆以至德称之，其指微矣。"或曰："宜断三分以下，别以孔子曰起之，而自为一章。"

［注释］①见《左传·襄公四年》。

子曰："禹，吾无间然矣。菲饮食，而致孝乎鬼神；恶衣服，而致美乎黻冕；卑宫室，而尽力乎沟洫。禹，吾无间然矣。"

间，去声。菲，音匪。黻，音弗。洫，呼域反。间，罅隙①也,谓指其罅隙而非议之也。菲,薄也。致孝鬼神,谓享祀②丰洁。衣服,常服。黻,蔽膝也,以韦为之。冕,冠也,皆祭服也。沟洫,田间水道,以正疆界、备旱潦者也。或丰或俭,各适其宜,所以无罅隙之可议也,故再言以深美之。〇杨氏曰:"薄于自奉,而所勤者民之事,所致饰者宗庙朝廷之礼,所谓有天下而不与也,夫何间然之有。"

[注释]①罅隙:裂缝,缺点,过错。 ②享祀:祭祀。

卷　五

子罕第九

凡三十章。

子罕言利与命与仁。

罕,少也。程子曰:"计利则害义,命之理微①,仁之道大,皆夫子所罕言也。"

[注释]①微:隐微。

达巷党人曰:"大哉孔子!博学而无所成名。"

达巷,党名。其人姓名不传。博学无所成名,盖美其学之博而惜其不成一艺之名也。

子闻之,谓门弟子曰:"吾何执?执御乎?执射乎?吾执御矣。"

执,专执也。射、御皆一艺,而御为人仆,所执尤卑。言欲使我何所执以成名乎?然则吾将执御矣。闻人誉己,承之以谦也。○尹氏曰:"圣人道全而德备,不可以偏长目之也。达巷党人见孔子之大,意其所学者博,而惜其不以一善得名于世,盖慕圣人而不知者也。故孔子曰,欲使我何所执而得为名乎?然则吾将执御矣。"

子曰:"麻冕,礼也;今也纯,俭。吾从众。

麻冕,缁布冠也。纯,丝也。俭,谓省约。缁布冠,以三十升布为之,升八十缕,则其经二千四百缕矣。细密难成,不如用丝之省约。

拜下,礼也;今拜乎上,泰也。虽违众,吾从下。"

臣与君行礼,当拜于堂下。君辞之,乃升成拜。泰,骄慢也。○程子曰:"君子处世,事之无害于义者,从俗可也;害于义,则不可从也。"

子绝四:毋意,毋必,毋固,毋我。

绝,无之尽者。毋,《史记》作"无"是也。意,私意也。必,期必也。固,执滞①也。我,私己也。四者相为终始,起于意,遂于必,留于固,而成于我也。盖意必常在事前,固我常在事后,至于我又生意,则物欲牵引,循环不穷矣。○程子曰:"此毋字,非禁止之辞。圣人绝此四者,何用禁止。"张子曰:"四者有一焉,则与天地不相似。"杨氏曰:

"非知足以知圣人,详视而默识之,不足以记此。"

[注释]①执滞:固执,拘泥,执著。

子畏于匡。

畏者,有戒心之谓。匡,地名。《史记》云:"阳虎曾暴于匡,夫子貌似阳虎,故匡人围之。"

曰:"文王既没,文不在兹乎?

道之显者谓之文,盖礼乐制度之谓。不曰道而曰文,亦谦辞也。兹,此也,孔子自谓。

天之将丧斯文也,后死者不得与于斯文也;天之未丧斯文也,匡人其如予何?"

丧、与,皆去声。○马氏曰:"文王既没,故孔子自谓后死者。言天若欲丧此文,则必不使我得与于此文;今我既得与于此文,则是天未欲丧此文也。天既未欲丧此文,则匡人其奈我何?言必不能违天害己也。"

大宰问于子贡曰:"夫子圣者与?何其多能也?"

大,音泰。与,平声。○孔氏曰:"大宰,官名。或吴或宋,未可知也。"与者,疑辞。大宰盖以多能为圣也。

子贡曰:"固天纵之将圣,又多能也。"

纵,犹肆也,言不为限量也。将,殆也,谦若不敢知之辞。圣无不通,多能乃其余事,故言又以兼之。

子闻之,曰:"大宰知我乎!吾少也贱,故多能鄙事。君子多乎哉?不多也。"

言由少贱故多能,而所能者鄙事尔,非以圣而无不通也。且多能非所以率人,故又言君子不必多能以晓之。

牢曰:"子云,'吾不试,故艺'。"

牢,孔子弟子,姓琴,字子开,一字子张。试,用也。言由不为世用,故得以习于艺而通之。○吴氏曰:"弟子记夫子此言之时,子牢因言昔之所闻有如此者。其意相近,故并记之。"

子曰:"吾有知乎哉?无知也。有鄙夫问于我,空空如也,我叩其两端而竭焉。"

叩,音口。○孔子谦言己无知识,但其告人,虽于至愚,不敢不尽耳。叩,发动也。两端,犹言两头。言终始、本末、上下、精粗,无所不尽。○程子曰:"圣人之教人,俯就①之若此,犹恐众人以为高远而不亲也。圣人之道,必降而自卑,不如此则人不亲,贤人之言,则引而自高,不如此则道不尊。观于孔子、孟子,则可见矣。"尹氏曰:"圣人之言,上下兼尽。即其近,众人皆可与知;极其至,则虽圣人亦无以加焉,是之谓两端。如答樊迟之问仁知,两端竭尽,无余蕴矣。若夫语上而遗下,语理而遗物,则岂圣人之言哉？"

[注释]①俯就：降格相从，屈尊而从。

子曰："凤鸟不至，河不出图，吾已矣夫！"

夫，音扶。○凤，灵鸟，舜时来仪①，文王时鸣于岐山。河图，河中龙马负图，伏羲时出，皆圣王之瑞②也。已，止也。○张子曰："凤至图出，文明之祥。伏羲、舜、文之瑞不至，则夫子之文章，知其已矣。"

[注释]①《尚书·益稷》："箫《韶》九成，凤凰来仪。"仪，有容仪。 ②瑞：祥瑞。

子见齐衰者、冕衣裳者与瞽者，见之，虽少必作；过之，必趋。

齐，音咨。衰，七雷反。少，去声。○齐衰①，丧服。冕，冠也。衣，上服。裳，下服。冕而衣裳，贵者之盛服也。瞽，无目者。作，起也。趋，疾行也。或曰："少，当作坐。"○范氏曰："圣人之心，哀有丧，尊有爵，矜不成人。其作与趋，盖有不期然而然者。"尹氏曰："此圣人之诚心，内外一者也。"

[注释]①齐衰（zī cuī）：五服（丧服）之一，仅次于斩衰。

颜渊喟然叹曰："仰之弥高，钻之弥坚；瞻之在前，忽焉在后。

喟，苦位反。钻，祖官反。○喟，叹声。仰弥高，不可及。钻弥坚,不可入。在前在后,恍惚不可为象。此颜渊深知夫子之道,无穷尽、无方体,而叹之也。

夫子循循然善诱人,博我以文,约我以礼。

循循,有次序貌。诱,引进也。博文约礼①,教之序也。言夫子道虽高妙,而教人有序也。侯氏②曰:"博我以文,致知格物也。约我以礼,克己复礼也。"程子曰:"此颜子称圣人最切当处,圣人教人,惟此二事而已。"

[注释]①博文约礼:广求学问,恪守礼法。 ②侯氏:侯仲良,字师圣,一作希圣。程颐弟子,宋代经学家,有《论语说》。

欲罢不能,既竭吾才,如有所立卓尔。虽欲从之,末由也已。"

卓,立貌。末,无也。此颜子自言其学之所至也。盖悦之深而力之尽,所见益亲,而又无所用其力也。吴氏曰:"所谓卓尔,亦在乎日用行事之间,非所谓窈冥昏默者。"程子曰:"到此地位,功夫尤难,直①是峻绝②,又大段著力不得。"杨氏曰:"自可欲之谓善,充而至于大,力行之积也。大而化之,则非力行所及矣,此颜子所以未达一间也。"○程子曰:"此颜子所以为深知孔子而善学之者也。"胡氏曰:"无上事而喟然叹,此颜子学既有得,故述其先难之故、后得之由,而归功于圣人也。高坚前后,语道体也。仰钻瞻忽,未领其要也。惟夫子循循善诱,先博我以文,使我知古今,达事变;然后约我以礼,使我尊所间,行所知。如行者之赴家,食者之求饱,是以欲罢而不能,尽心尽力,不少休废。然后见夫子所立之卓然,虽欲从之,末由也已。是盖不怠所从,必欲至乎卓立之地也。抑斯叹也,其在请事斯语之后,三月不违之时乎?"

[注释]①直:仅,只是。　②峻绝:陡峭,高绝,高超。

子疾病,子路使门人为臣。

夫子时已去位,无家臣。子路欲以家臣治其丧,其意实尊圣人,而未知所以尊也。

病间,曰:"久矣哉!由之行诈也,无臣而为有臣。吾谁欺?欺天乎?

间,如字。○病间,少差①也。病时不知,既差乃知其事,故言我之不当有家臣,人皆知之,不可欺也。而为有臣,则是欺天而已。人而欺天,莫大之罪。引以自归,其责子路深矣。

[注释]①少差:稍微好转。

且予与其死于臣之手也,无宁死于二三子之手乎?且予纵不得大葬,予死于道路乎?"

无宁,宁也。大葬,谓君臣礼葬。死于道路,谓弃而不葬。又晓①之以不必然之故。○范氏曰:"曾子将死,起而易箦②。曰:'吾得正而毙焉,斯已矣。'子路欲尊夫子,而不知无臣之不可为有臣,是以陷于行诈,罪至欺天。君子之于言动，虽微不可不谨。夫子深惩子路，所以警学者也。"杨氏曰："非知至而意诚，则用智自私，不知行其所无事，往往自陷于行诈欺天而莫之知也。其子路之谓乎？"

[注释]①"晓"原作"既"，据清仿宋大字本改。　②易箦：更换床席，指人将死。

子贡曰："有美玉于斯，韫椟而藏诸？求善贾而沽诸？"子曰："沽之哉！沽之哉！我待贾者也。"

韫，纡粉反。椟，徒木反。贾，音嫁。○韫，藏也。椟，匮也。沽，卖也。子贡以孔子有道不仕，故设此二端以问也。孔子言固当卖之，但当待贾，而不当求之耳。○范氏曰："君子未尝不欲仕也，又恶不由其道。士之待礼，犹玉之待贾也。若伊尹之耕于野，伯夷、太公之居于海滨，世无成汤文王，则终焉而已，必不枉道以从人，衒①玉而求售也。"

[注释]①衒：夸耀，自夸。衒玉自售，比喻自我夸耀其才以求任用。

子欲居九夷。

东方之夷有九种。欲居之者，亦乘桴浮海①之意。

[注释]①见《论语·公冶长》。

或曰："陋，如之何！"子曰："君子居之，何陋之有？"

君子所居则化①，何陋②之有？

[注释]①化:教化,感化,文化。 ②陋:文化闭塞。

子曰:"吾自卫反鲁,然后乐正,《雅》、《颂》各得其所。"

鲁哀公十一年①冬,孔子自卫反鲁。是时周礼在鲁,然《诗》乐亦颇残阙失次。孔子周流四方,参互考订,以知其说。晚知道终不行,故归而正之。

[注释]①公元前484年。

子曰:"出则事公卿,入则事父兄,丧事不敢不勉,不为酒困,何有于我哉?"

说见第七篇①,然此则其事愈卑而意愈切矣。

[注释]①《论语·述而》。

子在川上,曰:"逝者如斯夫!不舍昼夜。"

夫,音扶。舍,上声。○天地之化,往者过,来者续,无一息之停,乃道体之本然也。然其可指而易见者,莫如川流。故于此发以示人,欲学者时时省察,而无毫发之间断也。○程子曰:"此道体也。天运而不已,日往则月来,寒往则暑来,水流而不息,物生而不穷,皆与道为体,运乎昼夜,未尝已也。是以君子法之,自强不息。及其至也,纯亦不已焉。"又曰:"自汉以来,儒者皆不识此义。此见圣人之心,纯亦不已也。纯亦不已,乃天德也。有天德,便可语王道,其要只在谨独①。"愚按:自此至篇终,皆勉人进学不已之辞。

[注释]①谨独：慎独。独处时谨慎不苟。

子曰："吾未见好德如好色者也。"

好，去声。○谢氏曰："好好色，恶①恶臭，诚也。好德如好色，斯诚好德矣，然民鲜②能之。"《史记》："孔子居卫，灵公与夫人同车，使孔子为次乘，招摇市过之。"③孔子丑④之，故有是言。

[注释]①恶：厌恶。 ②鲜：少，少有。 ③《史记·孔子世家》。 ④丑：以之为丑。

子曰："譬如为山，未成一篑，止，吾止也；譬如平地，虽覆一篑，进，吾往也。"

篑，求位反。覆，芳服反。○篑，土笼也。《书》曰："为山九仞，功亏一篑。"①夫子之言，盖出于此。言山成而但少一篑，其止者，吾自止耳；平地而方覆②一篑，其进者，吾自往耳。盖学者自强不息，则积少成多；中道而止，则前功尽弃。其止其往，皆在我而不在人也。

[注释]①见《尚书·旅獒》。 ②覆：倾倒。

子曰："语之而不惰者，其回也与！"

语，去声。与，平声。○惰，懈怠也。范氏曰："颜子闻夫子之言，而心解力行①，造次颠沛未尝违之。如万物得时雨之润，发荣滋长，何有于惰，此群弟子所不及也。"

[注释]①心解力行：心中领会，竭力而行。

子谓颜渊,曰:"惜乎! 吾见其进也,未见其止也。"

进止二字,说见上章。颜子既死而孔子惜之,言其方进而未已也。

子曰;"苗而不秀者有矣夫! 秀而不实者有矣夫!"

夫,音扶。○谷之始生曰苗,吐华曰秀,成谷曰实。盖学而不至于成,有如此者,是以君子贵自勉也。

子曰:"后生可畏,焉知来者之不如今也? 四十、五十而无闻焉,斯亦不足畏也已。"

焉知之焉,于虔反。○孔子言后生年富力强,足以积学而有待,其势可畏,安知其将来不如我之今日乎? 然或不能自勉,至于老而无闻,则不足畏矣。言此以警人,使及时勉学也。曾子曰"五十而不以善闻,则不闻矣"①,盖述此意。○尹氏曰:"少而不勉,老而无闻,则亦已矣。自少而进者,安知其不至于极乎? 是可畏也。"

[注释]①见《大戴礼记·曾子立事》。

子曰:"法语之言,能无从乎? 改之为贵。巽与之言,能无说乎? 绎之为贵。说而不绎,从而不改,吾末如之何也已矣。"

法语者,正言之也。巽言者,婉而导之也。绎,寻其绪也。法言人所敬惮,故必从;然不改,则面从而已。巽言无所乖忤①,故必说;然不绎②,则又不足以知其微意之所在也。○杨氏曰:"法言,若孟子论行王政之类是也。巽言,若其论好货好色之类是也。语之而未达,拒之而不受,犹之可也。其或喻焉,则尚庶几③其能改绎矣。从且说矣,而不改绎焉,则是终不改绎也已,虽圣人其如之何哉?"

[注释]①乖忤:乖戾忤逆。　②绎:寻绎。找出头绪,探究其微意。③庶几:差不多。

子曰:"主忠信,毋友不如己者,过则勿惮改。"

重出而逸其半①。

[注释]①见《论语·学而》。

子曰:"三军可夺帅也,匹夫不可夺志也。"

侯氏曰:"三军之勇在人,匹夫之志在己。故帅可夺而志不可夺,如可夺,则亦不足谓之志矣。"

子曰:"衣敝缊袍,与衣狐貉者立,而不耻者,其由也与?

衣,去声。缊,纡粉反。貉,胡各反。与,平声。○敝,坏也。缊,枲著①也。袍,衣有著者也,盖衣之贱者。狐貉,以狐貉之皮为裘,衣之贵者。子路之志如此,则能不以贫富动其心,而可以进于道矣,故夫子称之。

[注释]①枲(xǐ)著:以麻衬于袍内。

'不忮不求,何用不臧?'"

忮①,之豉反。○忮,害也。求,贪也。臧,善也。言能不忮不求,则何为不善乎?此《卫风·雄雉》②之诗,孔子引之,以美子路也。吕氏曰:"贫与富交,强者必忮,弱者必求。"

[注释]①忮:音"zhì"。 ②今本《诗经》在《邶风》,按古人以《邶》、《鄘》、《卫》合称《卫风》,故有此说。

子路终身诵之。子曰:"是道也,何足以臧?"

终身诵之,则自喜其能,而不复求进于道矣,故夫子复言此以警之。○谢氏曰:"耻恶衣恶食,学者之大病。善心不存,盖由于此。子路之志如此,其过人远矣。然以众人而能此,则可以为善矣;子路之贤,宜不止此。而终身诵之,则非所以进于日新也,故激而进之。"

子曰:"岁寒,然后知松柏之后彫也。"

范氏曰:"小人之在治世,或与君子无异。惟临利害、遇事变,然后君子之所守可见也。"○谢氏曰:"士穷见节义,世乱识忠臣。欲学者必周于德。"

子曰:"知者不惑,仁者不忧,勇者不惧。"

明足以烛①理,故不惑;理足以胜私,故不忧;气足以配道义,故不惧。此学之序也。

[注释]①烛:洞察。

子曰:"可与共学,未可与适道;可与适道,未可与立;可与立,未可与权。"

可与者,言其可与共为此事也。程子曰:"可与共学,知所以求之也。可与适道,知所往也。可与立者,笃志①固执而不变也。权,称锤也,所以称物而知轻重者也。可与权,谓能权轻重,使合义也。"○杨氏曰:"知为己,则可与共学矣。学足以明善,然后可与适道。信道笃,然后可与立。知时措之宜,然后可与权②。"洪氏曰:"《易》九卦,终于《巽》以行权。权者,圣人之大用。未能立而言权,犹人未能立而欲行,鲜不仆矣。"程子曰:"汉儒以反经合道为权,故有权变权术之论,皆非也。权只是经也。自汉以下,无人识权字。"愚按:先儒误以此章连下文偏其反而为一章,故有反经合道之说。程子非之,是矣。然以孟子嫂溺援之以手③之义推之,则权与经亦当有辨。

[注释]①笃志:专心致志,一心一意。　②权:权变。　③见《孟子·离娄上》。

"唐棣之华,偏其反而。岂不尔思?室是远而。"

棣,大计反。○唐棣,郁李也。偏,《晋书》作翩。然则反亦当与翻同,言华之摇动也。而,语助也。此逸诗①也,于六义属兴。上两句无意义,但以起下两句之辞耳。其所谓尔,亦不知其何所指也。

[注释]①逸诗:今本《诗经》不见之诗。

子曰:"未之思也,夫何远之有?"

夫,音扶。○夫子借其言而反之,盖前篇"仁远乎哉"之意。○程子曰:"圣人未尝言易以骄人之志,亦未尝言难以阻人之进。但曰未之思也,夫何远之有?此言极有涵蓄,意思深远。"

乡党第十

杨氏曰:"圣人之所谓道者,不离乎日用之间也。故夫子之平日,一动一静,门人皆审视而详记之。"尹氏曰:"甚矣孔门诸子之嗜学①也!于圣人之容色言动,无不谨书而备录之,以贻②后世。今读其书,即其事,宛然如圣人之在目也。虽然,圣人岂拘拘③而为之者哉?盖盛德之至,动容周旋,自中乎礼耳。学者欲潜心于圣人,宜于此求焉。"旧说凡一章,今分为十七④节。

[注释]①嗜学:好学。 ②贻:遗留。 ③拘拘:拘泥的样子。 ④按本篇实有十八节(章),其中"入太庙,每事问"一节,朱熹认为与《八佾》篇重出,故称十七节。

孔子于乡党,恂恂如也,似不能言者。

恂,相伦反。○恂恂,信实之貌。似不能言者,谦卑逊顺。不以贤知先人也。乡党,父兄宗族之所在,故孔子居之,其容貌辞气如此。

其在宗庙朝廷,便便言,唯谨尔。

朝,直遥反,下同。便,旁连反。○便便,辩也。宗庙,礼法之所在;朝廷,政事之所出;言不可以不明辨。故必详问而极言之,但谨而不放尔。○此一节,记孔子在乡党、宗庙、朝廷言貌之不同。

朝,与下大夫言,侃侃如也;与上大夫言,誾誾如也。

侃,苦旦反。誾①,鱼巾反。○此君未视朝时也。《王制》②,诸侯上大夫卿,下大夫五人。许氏《说文》③:"侃侃,刚直也。誾誾,和悦而诤也。"

[注释]①誾(yín):和悦地争辩。 ②《礼记·王制》。 ③许慎《说文解字》。

君在,踧踖如也,与与如也。

踧,子六反。踖,子亦反。与,平声,或如字。○君在,视朝也。踧踖①,恭敬不宁之貌。与与②,威仪中适之貌。张子曰:"与与,不忘向君也。"亦通。○此一节,记孔子在朝廷事上接下之不同也。

[注释]①踧踖(cù jí):恭敬不安的样子。 ②与与:威仪合度貌。

君召使摈,色勃如也,足躩如也。

摈,必刃反。躩,驱若反。○摈①,主国之君所使出接宾者。勃,变色貌。躩②,盘辟③貌。皆敬君命故也。

[注释]①摈:通"傧",迎接宾客,又指接引宾客的人。 ②躩(jué):快步行走。躩如,走得很快的样子。 ③盘辟:盘旋进退。古代行礼时的动作仪

态。

揖所与立，左右手。衣前后，襜如也。

襜，亦占反。○所与立，谓同为摈者也。摈用命数之半，如上公九命①，则用五人，以次传命。揖左人，则左其手；揖右人，则右其手。襜②，整貌。

[注释]①九命：周代官爵的九个等级。据《周礼·春官·典命》、《礼记·王制》，九命包括：伯为上公九命，王的三公八命，侯伯七命，王的卿六命，子男五命，王的大夫及公的孤四命，公、侯、伯的卿三命，公、侯、伯的大夫及子男的卿再命（即二命），公、侯、伯的士及子男的大夫一命。子男之士不命。②襜：音"chān"。襜如：衣裳摆动而不乱。

趋进，翼如也。

疾趋而进，张拱①端好，如鸟舒翼。

[注释]①张拱：张臂拱手以为礼。

宾退，必复命曰："宾不顾矣。"

纾君敬也。○此一节，记孔子为君摈相之容。

入公门，鞠躬如也，如不容。

鞠躬，曲身也。公门高大而若不容，敬之至也。

立不中门，行不履阈。

阈，于逼反。○中门，中于门也。谓当枨阈之间，君出入处也①。阈,门限也。礼:士大夫出入君门,由阘右,不践阈。谢氏曰:"立中门则当尊,行履阈则不恪。"

[注释]①古代门两边立长木,谓之枨(chéng);中央竖短木,谓之阘(niè)。门以向堂为正,东为阘右,西为阘左。东西各有中。进出之法,主由阘右,宾由阘左。礼,士大夫(臣)出入君门由阘右,君出入始中门。不在门中间立,不把脚踏在门槛上。阈,门槛。

过位,色勃如也,足躩如也,其言似不足者。

位,君之虚位。谓门屏之间,人君宁立之处,所谓宁也。君虽不在,过之必敬,不敢以虚位而慢之也。言似不足,不敢肆也。

摄齐升堂,鞠躬如也,屏气似不息者。

齐,音咨。○摄,抠也。齐,衣下缝也。礼:将升堂,两手抠衣,使去地尺,恐蹑之而倾跌失容也。屏,藏也。息,鼻息出入者也。近至尊,气容肃也。

出,降一等,逞颜色,怡怡如也。没阶趋,翼如也。复其位,踧踖如也。

陆氏曰:"趋下本无进字,俗本有之,误也。"○等,阶之级也。逞,放也。渐远所尊,舒气解颜。怡怡,和悦也。没阶,下尽阶也。趋,走就位也。复位踧踖,敬之余也。此一节,记孔子在朝之容。

执圭,鞠躬如也,如不胜。上如揖,下如授。勃如战色,足缩缩,如有循。

胜,平声。缩,色六反。○圭,诸侯命圭。聘问邻国,则使大夫执以通信。如不胜,执主器,执轻如不克,敬谨之至也。上如揖,下如授,谓执圭平衡,手与心齐,高不过揖,卑不过授也。战色,战而色惧也。蹜蹜①,举足促狭也。如有循,《记》②所谓举前曳踵。言行不离地,如缘物也。

[注释]①蹜蹜(sù):小步快走。 ②《礼记·玉藻》。

享礼,有容色。

享,献也。既聘而享,用圭璧,有庭实。有容色,和也。《仪礼》曰:"发气满容。"

私觌,愉愉如也。

私觌,以私礼见也。愉愉,则又和矣。○此一节,记孔子为君聘于邻国之礼也。晁氏曰:"孔子,定公九年仕鲁,至十三年适齐,其间绝无朝聘往来之事。疑使摈执圭两条,但孔子尝言其礼当如此尔。"

君子不以绀緅饰。

绀,古暗反。緅,侧由反。○君子,谓孔子。绀,深青扬赤色,齐服①也。緅,绛色。三年之丧,以饰练服也。饰,领缘也。

[注释]①齐服:斋戒、祭祀时穿的衣服。 ②练服:厚缯或粗布之服,古

礼亲丧周年祭礼时所穿。

红紫不以为亵服。

红紫,间色不正,且近于妇人女子之服也。亵服①,私居服也。言此则不以为朝祭之服可知。

[注释]①亵(xiè)服:古人居家时穿的便服。

当暑,袗绤绤,必表而出之。

袗,单也。葛之精者曰绤,粗者曰绤。表而出之,谓先著里衣,表绤绤而出之于外,欲其不见体也。《诗》所谓"蒙彼绉绤"①是也。

[注释]①见《诗经·鄘风·君子偕老》。

缁衣羔裘,素衣麑裘,黄衣狐裘。

麑,研奚反。○缁,黑色。羔裘,用黑羊皮。麑,鹿子,色白。狐,色黄。衣以裼裘①,欲其相称。

[注释]①裼(tì)裘:古行礼时,袒外衣而露裼衣,且不尽覆其裘,谓之裼裘。非盛礼时,以此为敬。

亵裘长,短右袂。

长,欲其温。短右袂①,所以便作事。

[注释]①袂:袖子。

必有寝衣,长一身有半。

长,去声。○齐主于敬,不可解衣而寝,又不可著明衣而寝,故别有寝衣①,其半盖以覆足。程子曰:"此错简,当在齐必有明衣布之下。"愚谓如此,则此条与明衣变食,既得以类相从;而亵裘狐貉,亦得以类相从矣。

[注释]①寝衣:犹被子,一说睡衣。

狐貉之厚以居。

狐貉,毛深温厚,私居取其适体。

去丧,无所不佩。

去,上声。○君子无故,玉不去身。觿砺①之属,亦皆佩也。

[注释]①觿(xi)砺:泛指所佩饰物。觿:解结的工具,也用为佩饰。砺:砺石。

非帷裳,必杀之。

杀,去声。○朝祭之服,裳用正幅如帷,要有襞积①,而旁无杀缝②。其余若深衣,要半下,齐倍要,则无襞积而有杀缝矣。

[注释]①襞积(bì jī):亦作襞绩、襞襀。指古代衣袍上的褶裥。"襞"是指衣服折叠,"积"是指聚集。 ②杀缝:裁剪缝合之缝。

羔裘玄冠不以吊。

丧主素,吉主玄。吊必变服,所以哀死。

吉月,必朝服而朝。

吉月,月朔①也。孔子在鲁致仕时如此。○此一节,记孔子衣服之制。苏氏曰:"此孔氏遗书,杂记曲礼②,非特孔子事也。"

[注释]①月朔:月初一。 ②《礼记·曲礼》有此类礼节。

齐,必有明衣,布。

齐①,侧皆反。○齐,必沐浴,浴竟,即著明衣,所以明洁其体也,以布为之。此下脱前章寝衣一简。

[注释]①齐:通"斋",斋戒。

齐,必变食,居必迁坐。

变食,谓不饮酒、不茹①荤。迁坐,易常处也。○此一节,记孔子谨齐之事。杨氏曰:"齐所以交神,故致洁变常以尽敬。"

[注释]①茹:吃。

食不厌精,脍不厌细。

食,音嗣。○食,饭也。精,凿①也。牛羊与鱼之腥,聂而切之为脍。食精则能养人,脍粗则能害人。不厌,言以是为善,非谓必欲如是也。

[注释]①凿(zuò):通"鑿",精米。

食饐而餲,鱼馁而肉败,不食。色恶,不食。臭恶,不食。失饪,不食。不时,不食。

食饐之食,音嗣。饐①,于冀反。餲②,乌迈反。饪,而甚反。○饐,饭伤热湿也。餲,味变也。鱼烂曰馁。肉腐曰败。色恶臭恶,未败而色臭变也。饪,烹调生熟之节也。不时,五谷不成,果实未熟之类。此数者皆足以伤人,故不食。

[注释]①饐(yì):食物因经久而变味。 ②餲(ài):食物经久变味。

割不正,不食。不得其酱,不食。

割肉不方正者不食,造次不离于正也。汉陆续之母①,切肉未尝不方,断葱以寸为度,盖其质美,与此暗合也。食肉用酱,各有所宜,不得则不食,恶其不备也。此二者,无害于人,但不以嗜味而苟食耳。

[注释]①陆续之母:陆续,汉代吴人,其母治家有法。

肉虽多,不使胜食气。惟酒无量,不及乱。

食,音嗣。量,去声。○食以谷为主,故不使肉胜食气。酒以为人合欢,故不为量,但以醉为节而不及乱耳。程子曰:"不及乱者,非惟不使乱志,虽血气亦不可使乱,但浃洽而已可也。"

沽酒市脯不食。

沽、市,皆买也。恐不精洁,或伤人也。与不尝康子之药①同意。

[注释]①见《论语·乡党》。

不撤姜食。

姜,通神明,去秽恶,故不撤。

不多食。

适可而止,无贪心也。

祭于公,不宿肉。祭肉不出三日。出三日,不食之矣。

助祭于公,所得胙肉,归即颁赐。不俟经宿者,不留神惠也。家之祭肉,则不过三日,皆以分赐。盖过三日,则肉必败,而人不食之,是亵鬼神之余也。但比君所赐胙,可少缓耳。

食不语,寝不言。

答述曰语。自言曰言。范氏曰:"圣人存心不他,当食而食,当寝而寝,言语非其时也。"杨氏曰:"肺为气主而声出焉,寝食则气窒而不通,语言恐伤之也。"亦通。

虽疏食菜羹,瓜祭,必齐如也。

食,音嗣。陆氏曰:"《鲁论》瓜作必。"○古人饮食,每种各出少许,置之豆间之地①,以祭先代始为饮食之人,不忘本也。齐,严敬貌。孔子虽薄物必祭,其祭必敬,圣人之诚也。○此一节,记孔子饮食之节。谢氏曰:"圣人饮食如此,非极口腹之欲,盖养气体,不以伤生,当如此。然圣人之所不食,穷口腹者或反食之,欲心胜而不暇择也。"

[注释]①豆间之地:笾豆之间。豆,古代祭祀时盛祭品的器具。

席不正,不坐。

谢氏曰:"圣人心安于正,故于位之不正者,虽小不处。"

乡人饮酒,杖者出,斯出矣。

杖者,老人也。六十杖于乡,未出不敢先,既出不敢后。

乡人傩,朝服而立于阼阶。

傩,乃多反。○傩,所以逐疫,《周礼》方相氏掌之。阼阶,东阶也。傩虽古礼而近于戏,亦必朝服而临之者,无所不用其诚敬也。或曰:"恐其惊先祖五祀之神,欲其依己而安也。"○此一节,记孔子居乡之事。

问人于他邦,再拜而送之。

拜送使者,如亲见之,敬也。

康子馈药,拜而受之。曰:"丘未达,不敢尝。"

范氏曰:"凡赐食,必尝以拜。药未达则不敢尝。受而不饮,则虚人之赐,故告之如此。然则可饮而饮,不可饮而不饮,皆在其中矣。杨氏曰:"大夫有赐,拜而受之,礼也。未达不敢尝,谨疾也。必告之,直也。"○此一节,记孔子与人交之诚意。

厩焚。子退朝,曰:"伤人乎?"不问马。

非不爱马,然恐伤人之意多,故未暇问。盖贵人贱畜,理当如此。

君赐食,必正席先尝之;君赐腥,必熟而荐之;君赐生,必畜之。

食恐或馂余①,故不以荐②。正席先尝,如对君也。言先尝,则余当以颁赐矣。腥,生肉。熟而荐之祖考,荣君赐也。畜之者,仁君之惠,无故不敢杀也。

[注释]①馂余:吃剩的食物。　②荐:进献祭品。

侍食于君,君祭,先饭。

饭,扶晚反。○《周礼》,"王日一举,膳夫授祭,品尝食,王乃食"①。故侍食者,君祭,则己不祭而先饭。若为君尝食然,不敢当客礼也。

[注释]①见《周礼·天官·膳夫》。

疾,君视之,东首,加朝服,拖绅。

首，去声。拖，徒我反。○东首，以受生气也。病卧不能著衣束带，又不可以亵服①见君，故加朝服于身，又引大带于上也。

[注释]①亵服：古人家居时穿的便服。

君命召，不俟驾行矣。

急趋君命，行出而驾车随之。○此一节，记孔子事君之礼。

入太庙，每事问。

重出①。

[注释]①重出《八佾》篇。

朋友死，无所归。曰："于我殡。"

朋友以义合，死无所归，不得不殡。

朋友之馈，虽车马，非祭肉，不拜。

朋友有通财之义，故虽车马之重不拜。祭肉则拜者，敬其祖考，同于己亲也。○此一节，记孔子交朋友之义。

寝不尸，居不容。

尸，谓偃卧似死人也。居，居家。容，容仪。范氏曰："寝不尸，非恶其类于死也。惰慢①之气不设于身体，虽舒布其四体,而亦未尝肆耳。居不容,非惰也。但不若奉祭祀、见宾客而已,申申②夭夭③是也。"

[注释]①惰慢:懈怠不敬。 ②申申:舒适安闲的样子。 ③夭夭:体貌安舒或容色和悦的样子。

见齐衰者,虽狎,必变。见冕者与瞽者,虽亵,必以貌。

狎,谓素亲狎。亵,谓燕见①。貌,谓礼貌。余见前篇。

[注释]①燕见:私见,闲时会见。

凶服者式之。式负版者。

式,车前横木。有所敬,则俯而凭之。负版,持邦国图籍者。式此二者,哀有丧,重民数也。人惟万物之灵,而王者之所天也,故《周礼》"献民数于王,王拜受之"①。况其下者,敢不敬乎?

[注释]①见《周礼·秋官·小司寇》。

有盛馔,必变色而作。

敬主人之礼,非以其馔①也。

[注释]①馔:食物,多指美食。

迅雷风烈,必变。

迅,疾也。烈,猛也。必变者,所以敬天之怒。《记》

曰:"若有疾风、迅雷、甚雨则必变,虽夜必兴,衣服冠而坐。"①○此一节,记孔子容貌之变。

[注释]①见《礼记·玉藻》。

升车,必正立执绥。

绥,挽以上车之索也。范氏曰:"正立执绥,则心体无不正,而诚意肃恭①矣。盖君子庄敬无所不在,升车则见于此也。"

[注释]①肃恭:端严恭敬。

车中,不内顾,不疾言,不亲指。

内顾,回视也。《礼》曰:"顾不过毂。"①三者皆失容,且惑人。○此一节,记孔子升车之容。

[注释]①见《礼记·曲礼》。

色斯举矣,翔而后集。

言鸟见人之颜色不善,则飞去,回翔审视而后下止。人之见几①而作,审择所处,亦当如此。然此上下,必有阙文矣。

[注释]①几:隐微,不明显。指事物的苗头或征兆。

曰:"山梁雌雉,时哉!时哉!"子路共之,三嗅而作。

共,九用反,又居勇反。嗅,许又反。○邢氏①曰:

"梁,桥也。时哉,言雉之饮啄得其时。子路不达,以为时物而共具之。孔子不食,三嗅其气而起。"晁氏曰:"《石经》'嗅'作戛,谓雉鸣也。"刘聘君曰:"嗅,当作狊,古阒反。张两翅也。见《尔雅》。"愚按:如后两说,则共字当为拱执之义。然此必有阙文,不可强为之说。姑记所闻,以俟知者。

[**注释**]①邢氏:邢昺,字叔明,北宋经学家,有《论语注疏》。

卷　六

先进第十一

此篇多评弟子贤否。凡二十五①章。胡氏曰:"此篇记闵子骞言行者四,而其一直称闵子,疑闵氏门人所记也。"

[注释]①按:"五"原"七",据清仿宋大字本及正文改。

子曰:"先进于礼乐,野人也;后进于礼乐,君子也。

先进后进,犹言前辈后辈。野人,谓郊外之民。君子,谓贤士大夫也。程子曰:"先进于礼乐,文质得宜,今反谓之质朴,而以为野人。后进之于礼乐,文过其质,今反谓之彬彬,而以为君子。盖周末文胜,故时人之言如此,不自知其过于文也。"

如用之,则吾从先进。"

用之,谓用礼乐。孔子既述时人之言,又自言其如此,盖欲损过以就中也。

子曰:"从我于陈、蔡者,皆不及门也。"

从,去声。○孔子尝厄①于陈、蔡之间,弟子多从之者,此时皆不在门。故孔子思之,盖不忘其相从于患难之中也。

[注释]①厄:穷困,困境,使遭受困境。

德行:颜渊,闵子骞,冉伯牛,仲弓。言语:宰我,子贡。政事:冉有,季路。文学:子游,子夏。

行,去声。○弟子因孔子之言,记此十人,而并目其所长,分为四科。孔子教人各因其材,于此可见。○程子曰:"四科乃从夫子于陈、蔡者尔,门人之贤者固不止此。曾子传道而不与焉,故知十哲世俗论也。"

子曰:"回也非助我者也,于吾言无所不说。"

说,音悦。○助我,若子夏之起予,因疑问而有以相长①也。颜子于圣人之言,默识心通,无所疑问。故夫子云然,其辞若有憾焉,其实乃深喜之。○胡氏曰:"夫子之于回,岂真以助我望之。盖圣人之谦德,又以深赞颜氏云尔。"

[注释]①相长:彼此相互促进。

子曰:"孝哉闵子骞!人不间于其父母昆弟之言。"

间,去声。○胡氏曰:"父母兄弟称其孝友,人皆信之无异辞者,盖其孝友之实,有以积于中而著于外,故夫子叹而美之。"

南容三复白圭,孔子以其兄之子妻之。

三、妻,并去声。○《诗·大雅·抑》之篇曰:"白圭之玷,尚可磨也;斯言之玷,不可为也。"南容一日三复此言,事见《家语》①,盖深有意于谨言也。此邦有道所以不废,邦无道所以免祸,故孔子以兄子妻之。○范氏曰:"言者行之表,行者言之实,未有易其言而能谨于行者。南容欲谨其言如此,则必能谨其行矣。"

[注释]①见王肃《孔子家语》之《弟子行》与《七十二弟子解》。

季康子问:"弟子孰为好学?"孔子对曰:"有颜回者好学,不幸短命死矣!今也则亡。"

好,去声。○范氏曰:"哀公、康子问同而对有详略者,臣之告君,不可不尽。若康子者,必待其能问乃告之,此教诲之道也。"

颜渊死,颜路请子之车以为之椁。

颜路,渊之父,名无繇。少孔子六岁,孔子始教而受学焉。椁,外棺也。请为椁,欲卖车以买椁也。

子曰："才不才，亦各言其子也。鲤也死，有棺而无椁。吾不徒行以为之椁。以吾从大夫之后，不可徒行也。"

鲤，孔子之子伯鱼也，先孔子卒。言鲤之才虽不及颜渊，然已与颜路以父视之，则皆子也。孔子时已致仕①，尚从大夫之列，言后，谦辞。○胡氏曰："孔子遇旧馆人之丧，尝脱骖以赙之矣。②今乃不许颜路之请，何邪？葬可以无椁，骖可以脱而复求，大夫不可以徒行，命车③不可以与人而鬻诸市也。且为所识穷乏者得我，而勉强以副其意，岂诚心与直道哉？或者以为君子行礼，视吾之有无而已。夫君子之用财，视义之可否，岂独视有无而已哉？"

[注释]①致仕：辞官。　②见《礼记·檀弓上》。脱骖以赙之，即解下骖马以助治丧之用。　③命车：天子（朝廷）所赐之车。《礼记·王制》："有圭璧金璋，不粥于市；命服命车，不粥于市。"粥，通"鬻"，卖。

颜渊死。子曰："噫！天丧予！天丧予！"

丧，去声。○噫，伤痛声。悼道无传，若天丧己也。

颜渊死，子哭之恸。从者曰："子恸矣。"

从，去声。○恸，哀过也。

曰："有恸乎？

哀伤之至，不自知也。

非夫人之为恸而谁为！"

夫,音扶。为,去声。○夫人,谓颜渊。言其死可惜,哭之宜恸,非他人之比也。○胡氏曰:"痛惜之至,施当其可,皆情性之正也。"

颜渊死,门人欲厚葬之,子曰:"不可。"

丧具称家之有无,贫而厚葬,不循理也。故夫子止之。

门人厚葬之。

盖颜路听①之。

[注释]①听:允许。

子曰:"回也视予犹父也,予不得视犹子也。非我也,夫二三子也。"

叹不得如葬鲤之得宜,以责门人也。

季路问事鬼神。子曰:"未能事人,焉能事鬼?"敢问死。曰:"未知生,焉知死?"

焉,于虔反。○问事鬼神,盖求所以奉祭祀之意。而死者人之所必有,不可不知,皆切问也。然非诚敬足以事人,则必不能事神;非原始而知所以生,则必不能反终而知所以死。盖幽明①始终,初无二理,但学之有序,不可躐等,故夫子告之如此。○程子曰:"昼夜者,死生之道也。知生之道,则知死之道;尽事人之道,则尽事鬼之道。死生人鬼,一而二,二而一者也。或言夫子不告子路,不知此乃所以深告之也。"

[**注释**]①幽明:有形与无形,昼与夜,阴与阳,阴间与阳间,生与死,人与鬼神。

闵子侍侧,訚訚如也;子路,行行如也;冉有、子贡,侃侃如也。子乐。

訚、侃,音义见前篇。行,胡浪反。乐,音洛。○行行,刚强之貌。子乐者,乐得英材而教育之。

"若由也,不得其死然。"

尹氏曰:"子路刚强,有不得其死之理,故因以戒之。其后子路卒死于卫孔悝之难。"洪氏曰:"《汉书》引此句,上有曰字。"或云:"上文乐字,即曰字之误。"

鲁人为长府。

长府,藏名。藏货财曰府。为,盖改作之。

闵子骞曰:"仍旧贯,如之何?何必改作?"

仍,因也。贯,事也。王氏①曰:"改作,劳民伤财。在于得已,则不如仍旧贯之善。"

[**注释**]①王氏:王安石,字介甫,著有《论语通》。

子曰:"夫人不言,言必有中。"

夫,音扶。中,去声。○言不妄发,发必当理,惟有德者能之。

子曰:"由之瑟奚为于丘之门?"

程子曰:"言其声之不和,与己不同也。"《家语》①云:"子路鼓瑟,有北鄙杀伐之声。"盖其气质刚勇,而不足于中和,故其发于声者如此。

[注释]①《孔子家语·辩乐解》。

门人不敬子路。子曰:"由也升堂矣,未入于室也。"

门人以夫子之言,遂不敬子路,故夫子释之。升堂入室,喻入道之次第。言子路之学,已造乎正大高明之域,特未深入精微①之奥耳,未可以一事之失而遽忽之也。

[注释]①精微:精深微妙。

子贡问:"师与商也孰贤?"子曰:"师也过,商也不及。"

子张才高意广,而好为苟难①,故常过中。子夏笃信②谨守③,而规模狭隘,故常不及。

[注释]①苟难:轻易犯难,随便犯难。 ②笃信:笃实可信。 ③谨守:敬慎守持。

曰:"然则师愈与?"

与,平声。○愈,犹胜也。

子曰:"过犹不及。"

道以中庸为至。贤知之过,虽若胜于愚不肖之不及,然其失中则一也。○尹氏曰:"中庸之为德也,其至矣乎!夫过与不及,均也。差之毫厘,缪以千里。故圣人之教,抑其过,引其不及,归于中道而已。"

季氏富于周公,而求也为之聚敛而附益之。

为,去声。○周公以王室至亲,有大功,位冢宰①,其富宜矣。季氏以诸侯之卿,而富过之,非攘夺其君、刻剥其民,何以得此?冉有为季氏宰,又为之急赋税以益其富。

[注释]①冢宰:周官名,又称太宰、天官,为群臣之首。

子曰:"非吾徒也。小子鸣鼓而攻之,可也。"

非吾徒,绝之也。小子鸣鼓而攻之,使门人声其罪以责之也。圣人之恶党恶而害民也如此。然师严而友亲,故已绝之,而犹使门人正之,又见其爱人之无已也。○范氏曰:"冉有以政事之才,施于季氏,故为不善至于如此。由其心术不明,不能反求诸身,而以仕为急故也。"

柴也愚,

柴,孔子弟子,姓高,字子羔。愚者,知不足而厚有余。《家语》记其"足不履影,启蛰不杀,方长不折。执亲之丧,泣血三年,未尝见齿。避难而行,不径不窦"①。可以见其为人矣。

[注释]①见《孔子家语·弟子行》。启蛰：指春天。方长：树木正在生长。径，小路。窦，洞穴。径、窦，指旁门邪道。

参也鲁，

鲁，钝也。程子曰："参也竟以鲁得之。"又曰："曾子之学，诚笃而已。圣门学者，聪明才辩，不为不多，而卒传其道，乃质鲁①之人尔。故学以诚实为贵也。"尹氏曰："曾子之才鲁，故其学也确②，所以能深造乎道也。"

[注释]①质鲁：质朴鲁钝。　②确：实在，坚固。

师也辟，

辟，婢亦反。○辟，便辟①也。谓习于容止，少诚实也。

[注释]①便辟(pì)：谄媚逢迎，善于言辩。

由也喭。

喭，五旦反。○喭，粗俗也。传称喭者，谓俗论也。○杨氏曰："四者性之偏，语之使知自励也。"吴氏曰："此章之首，脱'子曰'二字。"或疑下章子曰，当在此章之首，而通为一章。

子曰："回也其庶乎，屡空。

庶，近也，言近道也。屡空，数至空匮①也。不以贫窭动心而求富，故屡至于空匮也。言其近道，又能安贫也。

[注释]①空匮:穷乏,财力不足。

赐不受命,而货殖焉,亿则屡中。"

中,去声。○命,谓天命。货殖,货财生殖也。亿,意度①也。言子贡不如颜子之安贫乐道,然其才识之明,亦能料事而多中也。程子曰:"子贡之货殖,非若后人之丰财,但此心未忘耳。然此亦子贡少时事,至闻性与天道,则不为此矣。"○范氏曰:"屡空者,箪食瓢饮屡绝而不改其乐也。天下之物,岂有可动其中者哉?贫富在天,而子贡以货殖为心,则是不能安受天命矣。其言而多中者亿而已,非穷理乐天者也。夫子尝曰'赐不幸言而中,是使赐多言也',圣人之不贵言也如是。"

[注释]①意度:推测。

子张问善人之道。子曰:"不践迹,亦不入于室。"

善人,质美而未学者也。程子曰:"践迹,如言循途守辙①。善人虽不必践旧迹而自不为恶,然亦不能入圣人之室也。"○张子曰:"善人欲仁而未志于学者也。欲仁,故虽不践成法,亦不蹈于恶,有诸己也。由不学,故无自而入圣人之室也。"

[注释]①循途守辙:遵守规矩。

子曰:"论笃是与,君子者乎?色庄者乎?"

与,如字。○言但以其言论笃实而与之,则未知其为君子者乎？为色庄者乎？言不可以言貌取人也。

子路问："闻斯行诸？"子曰："有父兄在,如之何其闻斯行之？"冉有问："闻斯行诸？"子曰："闻斯行之。"公西华曰："由也问闻斯行诸,子曰'有父兄在';求也问闻斯行诸,子曰'闻斯行之'。赤也惑,敢问。"子曰："求也退,故进之；由也兼人,故退之。"

兼人,谓胜人也。张敬夫曰："闻义固当勇为,然有父兄在,则有不可得而专者。若不禀命而行,则反伤于义矣。子路有闻,未之能行,唯恐有闻。则于所当为,不患其不能为矣；特患为之之意或过,而于所当禀命者有阙耳。若冉求之资禀失之弱,不患其不禀命也；患其于所当为者逡巡①畏缩,而为之不勇耳。圣人一进之,一退之,所以约之于义理之中,而使之无过不及之患也。"

[**注释**]①逡巡(qūn xún)：因有所顾虑而徘徊不前。

子畏于匡,颜渊后。子曰："吾以女为死矣。"曰："子在,回何敢死？"

女,音汝。○后,谓相失在后。何敢死,谓不赴斗而必死也。胡氏曰："先王之制,民生于三,事之如一。惟其所在,则致死焉。况颜渊之于孔子,恩义兼尽,又非他人之为师弟子者而已。即夫子不幸而遇难,回必捐生以赴之矣。捐生以赴之,幸而不死,则必上告天子、下告方伯,请讨以复雠,不但已也。夫子而在,则回何为而不爱其死,以犯匡人之锋乎?"

季子然问:"仲由、冉求可谓大臣与?"

与,平声。○子然,季氏子弟。自多其家得臣二子,故问之。

子曰:"吾以子为异之问,曾由与求之问。

异,非常也。曾,犹乃也。轻二子以抑季然也。

所谓大臣者:以道事君,不可则止。

以道事君者,不从君之欲。不可则止者,必行己之志。

今由与求也,可谓具臣矣。"

具臣,谓备臣数而已。

曰:"然则从之者与?"

与,平声。○意二子既非大臣,则从季氏之所为而已。

子曰:"弑父与君,亦不从也。"

言二子虽不足于大臣之道,然君臣之义则闻之熟矣,弑逆①大故必不从之。盖深许二子以死难不可夺之节,而又以阴折季氏不臣之心也。○尹氏曰:"季氏专权僭窃,二子仕其家而不能正也,知其不可而不能止也,可谓具臣矣。是时季氏已有无君之心,故自多其得人。意其可使从己也,故曰弑父与君亦不从也,其庶乎二子可免矣。"

[注释]①弑逆:弑君杀父,犯上作乱。

子路使子羔为费宰。

子路为季氏宰而举之也。

子曰:"贼夫人之子。"

夫,音扶,下同。○贼,害也。言子羔质美而未学,遽①使治民,适以害之。

[注释]①遽:匆忙,仓促。

子路曰:"有民人焉,有社稷焉。何必读书,然后为学?"

言治民事神皆所以为学。

子曰:"是故恶夫佞者。"

恶,去声。○治民事神,固学者事,然必学之已成,然后可仕以行其学。若初未尝学,而使之即仕以为学,其不至于慢神而虐民者几希①矣。子路之言,非其本意,但理屈辞穷,而取辨于口以御人耳。故夫子不斥其非,而特恶其佞也。○范氏曰:"古者学而后入政。未闻以政学者也。盖道之本在于修身,而后及于治人,其说具于方册。读而知之,然后能行。何可以不读书也?子路乃欲使子羔以政为学,失先后本末之序矣。不知其过而以口给御人,故夫子恶其佞也。"

[注释]①几希:不多,无几,甚少。

子路、曾皙、冉有、公西华侍坐。

坐,才卧反。○皙,曾参父,名点。

子曰:"以吾一日长乎尔,毋吾以也。

长,上声。○言我虽年少长于女,然女勿以我长而难言。盖诱之尽言以观其志,而圣人和气谦德,于此亦可见矣。

居则曰:'不吾知也!'如或知尔,则何以哉?"

言女平居,则言人不知我。如或有人知女,则女将何以为用也?

子路率尔而对曰:"千乘之国,摄乎大国之间,加之以师旅,因之以饥馑;由也为之,比及三年,可使有勇,且知方也。"夫子哂之。

乘,去声。饥,音机。馑,音仅。比,必二反,下同。哂,诗忍反。○率尔,轻遽①之貌。摄,管束也。二千五百人为师,五百人为旅。因,仍也。谷不熟曰饥,菜不熟曰馑。方,向也,谓向义也。民向义,则能亲其上,死其长矣。哂②,微笑也。

[注释]①轻遽:轻率,不慎重。 ②哂:讥笑。

"求！尔何如？"对曰："方六七十，如五六十，求也为之，比及三年，可使足民。如其礼乐，以俟君子。"

求，尔何如，孔子问也，下放此。方六七十里，小国也。如，犹或也。五六十里，则又小矣。足，富足也。俟君子，言非己所能。冉有谦退，又以子路见哂，故其辞益逊。

"赤！尔何如？"对曰："非曰能之，愿学焉。宗庙之事，如会同，端章甫，愿为小相焉。"

相，去声。○公西华志于礼乐之事，嫌以君子自居。故将言己志而先为逊辞，言未能而愿学也。宗庙之事，谓祭祀。诸侯时见曰会，众覜曰同。端，玄端服②。章甫，礼冠。相，赞③君之礼者。言小，亦谦辞。

[注释]①众覜：周代诸侯朝见周王礼制的一种。周制，周王十二年一巡守，如因故不巡守，则六服诸侯往朝。朝毕，周王为坛合众诸侯以命政，称为众覜。　②玄端服：古代一种黑色礼服。祭祀、朝觐等重要场合穿戴。　③赞：辅助。

"点！尔何如？"鼓瑟希，铿尔，舍瑟而作。对曰："异乎三子者之撰。"子曰："何伤乎？亦各言其志也。"曰："莫春者，春服既成。冠者五六人，童子六七人，浴乎沂，风乎舞雩，咏而归。"夫子喟然叹曰："吾与点也！"

铿，苦耕反。舍，上声。撰，士免反。莫、冠，并去声。沂，鱼依反。雩音于。○四子侍坐，以齿为序，则点当次对。以方鼓瑟，故孔子先问求、赤而后及点也。希，间歇也。作,起也。撰,具也。春服,单袷之衣。浴,盥濯也,今上巳①祓除②是也。沂,水名,在鲁城南,地志以为有温泉焉,理或然也。风,乘凉也。舞雩,祭天祷雨之处,有坛墠③树木也。咏,歌也。曾点之学,盖有以见夫人欲尽处,天理流行,随处充满,无少欠阙。故其动静之际,从容如此。而其言志,则又不过即其所居之位,乐其日用之常,初无舍己为人之意。而其胸次悠然,直与天地万物上下同流,各得其所之妙,隐然自见于言外。视三子之规规于事为之末者,其气象不侔④矣,故夫子叹息而深许之。而门人记其本末独加详焉,盖亦有以识此矣。

[注释]①上巳:上巳节,古代以三月上旬巳日为上巳,魏晋后改为三月三。　②祓除:除灾去邪之祭。上巳节祓除在水边举行。　③坛墠:古代祭祀的场所。筑土曰坛,除地曰墠。　④侔:相当,相等。

三子者出,曾晳后。曾晳曰:"夫三子者之言何如?"子曰:"亦各言其志也已矣。"

夫,音扶。

曰:"夫子何哂由也?"

点以子路之志,乃所优为,而夫子哂之,故请其说。

曰:"为国以礼,其言不让,是故哂之。"

夫子盖许其能,特哂其不逊。

"唯求则非邦也与?""安见方六七十如五六十而非邦也者?"

与,平声,下同。○曾点以冉求亦欲为国而不见哂,故微问之。而夫子之答无贬辞,盖亦许之。

"唯赤则非邦也与?""宗庙会同,非诸侯而何?赤也为之小,孰能为之大?"

此亦曾晳问而夫子答也。孰能为之大,言无能出其右者,亦许之之辞。○程子曰:"古之学者,优柔厌饫①,有先后之序。如子路、冉有、公西赤言志如此,夫子许之。亦以此自是实事。后之学者好高,如人游心千里之外,然自身却只在此。"又曰:"孔子与点,盖与圣人之志同,便是尧、舜气象也。诚异三子者之撰,特行有不掩焉耳,此所谓狂也。子路等所见者小,子路只为不达为国以礼道理,是以哂之。若达,却便是这气象也。"又曰:"三子皆欲得国而治之,故夫子不取。曾点,狂者也,未必能为圣人之事,而能知夫子之志。故曰浴乎沂,风乎舞雩,咏而归,言乐而得其所也。孔子之志,在于老者安之,朋友信之,少者怀之,使万物莫不遂其性。曾点知之,故孔子喟然叹曰'吾与点也。'"又曰:"曾点、漆雕开,已见大意。"

[注释]①优柔厌饫:比喻为学之从容求索,深入体味。

颜渊第十二

凡二十四章。

颜渊问仁。子曰:"克己复礼为仁。一日克己复礼,天下归仁焉。为仁由己,而由人乎哉?"

仁者,本心之全德。克,胜也。己,谓身之私欲也。复,反也。礼者,天理之节文也。为仁者,所以全其心之德也。盖心之全德,莫非天理,而亦不能不坏于人欲。故为仁者必有以胜私欲而复于礼,则事皆天理,而本心之德复全于我矣。归,犹与也。又言一日克己复礼,则天下之人皆与其仁,极言其效之甚速而至大也。又言为仁由己而非他人所能预,又见其机①之在我而无难也。日日克之,不以为难,则私欲净尽,天理流行,而仁不可胜用矣。程子曰:"非礼处便是私意。既是私意,如何得仁?须是②克尽己私,皆归于礼,方始是仁。"又曰:"克己复礼,则事事皆仁,故曰天下归仁。"谢氏曰:"克己须从性偏难克处克将去。"

[注释]①机:枢机,关键。　②须是:必须,定要。

颜渊曰:"请问其目。"子曰:"非礼勿视,非礼勿听,非礼勿言,非礼勿动。"颜渊曰:"回虽不敏,请事斯语矣。"

目,条件也。颜渊闻夫子之言,则于天理人欲之际,已判然矣,故不复有所疑问,而直请其条目也。非礼者,己之私也。勿者,禁止之辞。是人心之所以为主,而胜私复礼之机也。私胜①,则动容周旋无不中礼,而日用之间,莫非天理之流行矣。事,如事事之事。请事斯语,颜子默识其理,又自知其力有以胜之,故直以为己任而不疑也。○

程子曰:"颜渊问克己复礼之目,子曰,'非礼勿视,非礼勿听,非礼勿言,非礼勿动',四者身之用也。由乎中而应乎外,制于外所以养其中也。颜渊事斯语,所以进于圣人。后之学圣人者,宜服膺②而勿失也,因箴以自警。其《视箴》③曰:'心兮本虚,应物无迹。操之有要,视为之则。蔽交于前,其中则迁。制之于外,以安其内。克己复礼,久而诚矣。'其《听箴》曰:'人有秉彝④,本乎天性。知诱物化,遂亡其正。卓彼先觉,知止有定。闲邪存诚⑤,非礼勿听。'其《言箴》曰:'人心之动,因言以宣。发禁躁妄⑥,内斯静专。矧是枢机,兴戎出好,吉凶荣辱,惟其所召。⑦伤易则诞,伤烦则支,己肆物忤,出悖来违。非法不道,钦哉训辞!⑧'其《动箴》曰'哲人知几,诚之于思;志士励行,守之于为。顺理则裕,从欲惟危;造次克念,战兢自持。习与性成,圣贤同归。'"⑨愚按:此章问答,乃传授心法切要之言。非至明不能察其几,非至健不能致其决。故惟颜子得闻之,而凡学者亦不可以不勉也。程子之箴,发明亲切,学者尤宜深玩。

[注释]①胜(shēng):尽。 ②服膺:铭记在心,衷心信服。 ③程颐因"非礼勿视,非礼勿听,非礼勿言,非礼勿动"而作"程子四箴",即《视箴》、《听箴》、《言箴》、《动箴》。 ④秉彝:秉持常道,即美好的秉性。 ⑤闲邪存诚:防止邪恶,保存真诚。 ⑥发禁躁妄:平息躁动与妄念。 ⑦此句是说言辞很关键,能引起战争,也能带来和平,吉凶荣辱都是言语所致。矧,齿根,齿龈,此指言语。 ⑧意为说话过于简单,就显得荒诞,而过于繁杂,又会支离破碎。人若太放肆,事物必与他抵触。说违背天道的话,回应你的话也必然违背。不说不符合天道礼法的话,这是训教之言啊。 ⑨意为哲人因真诚的思考,故知道玄妙精深;有志之士激励品行,以守为原则。顺理而做就从容宽

裕，依从私欲就会面临危险；颠沛流离时能保持善念，做每一件事都能战战兢兢。习惯和天性就会一起成就，回归到圣贤境界。

仲弓问仁。子曰："出门如见大宾，使民如承大祭。己所不欲，勿施于人。在邦无怨，在家无怨。"仲弓曰："雍虽不敏，请事斯语矣。"

敬以持己，恕以及物，则私意无所容而心德全矣。内外无怨，亦以其效言之，使以自考也。〇程子曰："孔子言仁，只说出门如见大宾，使民如承大祭。看其气象，便须心广体胖，动容周旋中礼。惟谨独，便是守之之法。"或问："出门使民之时，如此可也；未出门使民之时，如之何？"曰："此俨若①思时也，有诸中而后见于外。观其出门使民之时，其敬如此，则前乎此者敬可知矣。非因出门使民，然后有此敬也。"愚按：克己复礼，乾道也；主敬行恕，坤道也。颜、冉之学，其高下浅深，于此可见。然学者诚能从事于敬恕之间而有得焉，亦将无己之可克矣。

[注释]①俨若：恭敬貌。

司马牛问仁。

司马牛，孔子弟子，名犁，向魋之弟。

子曰："仁者其言也讱。"

讱，音刃。〇讱①，忍也，难也。仁者心存而不放，故其言若有所忍而不易发，盖其德之一端也。夫子以牛多言而躁,故告之以此。使其于此而谨之,则所以为仁之方,不外是矣。

[注释]①讱:言语迟缓,话不轻易出口。

曰:"其言也讱,斯谓之仁已乎?"子曰:"为之难,言之得无讱乎?"

牛意仁道至大,不但①如夫子之所言,故夫子又告之以此。盖心常存,故事不苟,事不苟,故其言自有不得而易者,非强闭之而不出也。杨氏曰:"观此及下章再问之语,牛之易其言可知。"○程子曰:"虽为司马牛多言故及此,然圣人之言,亦止此为是。"愚谓牛之为人如此,若不告之以其病之所切,而泛以为仁之大概语之,则以彼之躁,必不能深思以去其病,而终无自以入德矣。故其告之如此。盖圣人之言,虽有高下大小之不同,然其切于学者之身,而皆为入德之要,则又初不异也。读者其致思焉。

[注释]①不但:不只,不仅。 ②致思:集中心思。

司马牛问君子。子曰:"君子不忧不惧。"

向魋作乱,牛常忧惧。故夫子告之以此

曰:"不忧不惧,斯谓之君子已乎?"子曰:"内省不疚,夫何忧何惧?"

夫,音扶。○牛之再问,犹前章之意,故复告之以此。疚,病也。言由其平日所为无愧于心,故能内省不疚,而自无忧惧，未可遽以为易而忽之也。○晁氏曰："不忧不惧，由乎德全而无疵。故无入而不自得，非实有忧惧而强排遣之也。"

司马牛忧曰："人皆有兄弟，我独亡。"

牛有兄弟而云然者，忧其为乱而将死也。

子夏曰："商闻之矣：

盖闻之夫子。

死生有命，富贵在天。

命禀于有生之初，非今所能移；天莫之为而为，非我所能必，但当顺受而已。

君子敬而无失，与人恭而有礼。四海之内，皆兄弟也。君子何患乎无兄弟也？"

既安于命，又当修其在己者。故又言苟能持己以敬而不间断，接人以恭而有节文，则天下之人皆爱敬之，如兄弟矣。盖子夏欲以宽牛之忧，故为是不得已之辞，读者不以辞害意①可也。○胡氏曰："子夏四海皆兄弟之言，特以广司马牛之意，意圆而语滞者也，惟圣人则无此病矣。且子夏知此而以哭子丧明，则以蔽于爱而昧于理，是以不能践其言尔。"

[注释]①以辞害意：因拘泥于辞义而误会或曲解作者的原意。

子张问明。子曰:"浸润之谮,肤受之愬,不行焉。可谓明也已矣。浸润之谮肤受之愬不行焉,可谓远也已矣。"

谮,庄荫反。愬,苏路反。○浸润,如水之浸灌滋润,渐渍而不骤也。谮,毁人之行也。肤受,谓肌肤所受,利害切身。如《易》所谓"剥床以肤,切近灾"①者也。愬,愬己之冤也。毁人者渐渍而不骤,则听者不觉其入,而信之深矣。愬冤者急迫而切身,则听者不及致详,而发之暴矣。二者难察而能察之,则可见其心之明,而不蔽于近矣。此亦必因子张之失而告之,故其辞繁而不杀②,以致丁宁之意云。○杨氏曰:"骤而语之,与利害不切于身者,不行焉,有不待明者能之也。故浸润之谮、肤受之愬不行,然后谓之明,而又谓之远。远则明之至也。《书》曰:'视远惟明。'③"

[注释]①见《周易·剥卦》。意指处境迫近灾祸。 ②杀:减少,简。③见《尚书·太甲中》。

子贡问政。子曰:"足食。足兵。民信之矣。"

言仓廪实而武备修,然后教化行,而民信于我,不离叛也。

子贡曰:"必不得已而去,于斯三者何先?"曰:"去兵。"

去,上声,下同。言食足而信孚①,则无兵而守固矣。

[注释]①孚:诚信。

子贡曰:"必不得已而去,于斯二者何先?"曰:"去食。自古皆有死,民无信不立。"

民无食必死,然死者人之所必不免。无信则虽生而无以自立,不若死之为安。故宁死而不失信于民,使民亦宁死而不失信于我也。○程子曰:"孔门弟子善问,直穷到底,如此章者。非子贡不能问,非圣人不能答也。"愚谓以人情而言,则兵食足而后吾之信可以孚于民。以民德而言,则信本人之所固有,非兵食所得而先也。是以为政者,当身率其民而以死守之,不以危急而可弃也。

棘子成曰:"君子质而已矣,何以文为?"

棘子成,卫大夫。疾时人文胜,故为此言。

子贡曰:"惜乎!夫子之说,君子也。驷不及舌。

言子成之言,乃君子之意。然言出于舌,则驷马不能追之,又惜其失言也。

文犹质也,质犹文也。虎豹之鞟犹犬羊之鞟。"

鞟,其郭反。○鞟,皮去毛者也。言文质等耳,不可相无。若必尽去其文而独存其质,则君子小人无以辨矣。夫棘子成矫①当时之弊,固失之过;而子贡矫子成之弊,又无本末轻重之差,胥②失之矣。

[注释]①矫:矫正,纠正。 ②胥:全,都。

哀公问于有若曰:"年饥,用不足,如之何?"

称有若者,君臣之辞。用,谓国用。公意盖欲加赋以足用也。

有若对曰:"盍彻乎?"

彻,通也,均也。周制:一夫受田百亩,而与同沟共井之人通力合作,计亩均收。大率民得其九,公取其一,故谓之彻。鲁自宣公税亩,又逐亩什取其一,则为什而取二矣。故有若请但专行彻法,欲公节用以厚民也。

曰:"二,吾犹不足,如之何其彻也?"

二,即所谓什二也。公以有若不喻其旨,故言此以示加赋之意。

对曰:"百姓足,君孰与不足?百姓不足,君孰与足?"

民富,则君不至独贫;民贫,则君不能独富。有若深言君民一体之意,以止公之厚敛,为人上者所宜深念也。○杨氏曰:"仁政必自经界始。经界正,而后井地均、谷禄平,而军国之需皆量是以为出焉。故一彻而百度举矣,上下宁忧不足乎?以二犹不足而教之彻,疑若迂矣。然什一,天下之中正。多则桀①,寡则貉②,不可改也。后世不究其本而惟末之图,故征敛无艺,费出无经,而上下困矣。又恶知盍彻之当务而不为迂乎?"

[注释]①桀:夏桀,横征重赋。 ②貉:同"貊",古代部族,相传轻赋敛。

可参见《尚书大传》、《孟子·告子下》、扬雄《法言·先知》等。

子张问崇德、辨惑。子曰:"主忠信,徙义,崇德也。

主忠信,则本立,徙义,则日新。

爱之欲其生,恶之欲其死。既欲其生,又欲其死,是惑也。

恶,去声。〇爱恶,人之常情也。然人之生死有命,非可得而欲也。以爱恶而欲其生死,则惑矣。既欲其生,又欲其死,则惑之甚也。

'诚不以富,亦只以异。'"

此《诗·小雅·我行其野》之辞也。旧说:夫子引之,以明欲其生死者不能使之生死。如此诗所言,不足以致富而适足以取异也。程子曰:"此错简,当在第十六篇齐景公有马千驷之上。因此下文亦有齐景公字而误也。"〇杨氏曰:"堂堂乎①张也,难与并为仁矣。则非诚善补过不蔽于私者,故告之如此。"

[注释]①堂堂乎:形容仪表壮伟,气派十足的样子。

齐景公问政于孔子。

齐景公,名杵臼。鲁昭公末年,孔子适齐。

孔子对曰:"君君,臣臣,父父,子子。"

此人道之大经,政事之根本也。是时景公失政,而大夫陈氏厚施于国。景公又多内嬖①,而不立太子。其君臣父子之间,皆失其道,故夫子告之以此。

[注释]①内嬖:君主宠爱,君主宠爱的妇人。

公曰:"善哉!信如君不君,臣不臣,父不父,子不子,虽有粟,吾得而食诸?"

景公善孔子之言而不能用,其后果以继嗣不定,启陈氏弑君篡国之祸。○杨氏曰:"君之所以君,臣之所以臣,父之所以父,子之所以子,是必有道矣。景公知善夫子之言,而不知反求其所以然,盖悦而不绎①者。齐之所以卒于乱也。"

[注释]①绎:寻绎,探究根源。

子曰:"片言可以折狱者,其由也与?"

折,之舌反。与,平声。○片言,半言。折,断也。子路忠信明决,故言出而人信服之,不待其辞之毕也。

子路无宿诺。

宿,留也,犹宿怨之宿。急于践言,不留其诺也。记者因夫子之言而记此,以见子路之所以取信于人者,由其养之有素也。○尹氏曰:"小邾射以句绎奔鲁,曰:'使季路要我,吾无盟矣。'①千乘之国,不信其盟,而信子路之一言,其见信于人可知矣。一言而折狱者,信在言前,人自信之故也。不留诺,所以全其信也。"

[注释]①见《左传·哀公十四年》。

子曰:"听讼,吾犹人也,必也使无讼乎!"

范氏曰:"听讼者,治其末,塞其流也。正其本,清其源,则无讼矣。"〇杨氏曰:"子路片言可以折狱,而不知以礼逊为国,则未能使民无讼者也。故又记孔子之言,以见圣人不以听讼为难,而以使民无讼为贵。"

子张问政。子曰:"居之无倦,行之以忠。"

居,谓存诸心。无倦,则始终如一。行,谓发于事。以忠,则表里如一。〇程子曰:"子张少仁。无诚心爱民,则必倦而不尽心,故告之以此。"

子曰:"博学于文,约之以礼,亦可以弗畔矣夫!"
重出①。

[注释]①重出《雍也》篇。

子曰:"君子成人之美,不成人之恶。小人反是。"

成者,诱掖奖劝①以成其事也。君子小人,所存既有厚薄之殊,而其所好又有善恶之异。故其用心不同如此。

[注释]①诱掖奖劝:引导扶持,奖励劝勉。

季康子问政于孔子。孔子对曰:"政者,正也。子帅以正,孰敢不正?"

范氏曰:"未有己不正而能正人者。"○胡氏曰:"鲁自中叶,政由大夫,家臣效尤①,据邑背叛,不正甚矣。故孔子以是告之,欲康子以正自克,而改三家②之故。惜乎康子之溺于利欲而不能也。"

[注释]①效尤:仿效坏的行为。　②三家:指孟孙氏、叔孙氏、季孙氏。

季康子患盗,问于孔子。孔子对曰:"苟子之不欲,虽赏之不窃。"

言子不贪欲,则虽赏民使之为盗,民亦知耻而不窃。○胡氏曰:"季氏窃柄,康子夺嫡,民之为盗,固其所也。盍亦反其本耶?孔子以不欲启之,其旨深矣。"夺嫡事见《春秋传》①。

[注释]①见《左传·哀公三年》。

季康子问政于孔子曰:"如杀无道,以就有道,何如?"孔子对曰:"子为政,焉用杀?子欲善,而民善矣。君子之德风,小人之德草。草上之风,必偃。"

焉,于虔反。○为政者,民所视效,何以杀为?欲善则民善矣。上,一作尚,加也。偃,仆也。○尹氏曰:"杀之为言,岂为人上之语哉?以身教者从,以言教者讼,而况于杀乎?"

子张问:"士何如斯可谓之达矣?"

达者,德孚于人而行无不得之谓。

子曰:"何哉,尔所谓达者?"

子张务外,夫子盖已知其发问之意。故反诘之,将以发其病而药之也。

子张对曰:"在邦必闻,在家必闻。"

言名誉著闻也。

子曰:"是闻也,非达也。

闻与达相似而不同,乃诚伪之所以分,学者不可不审也。故夫子既明辨之,下文又详言之。

夫达也者,质直而好义,察言而观色,虑以下人。在邦必达,在家必达。

夫,音扶,下同。好、下,皆去声。○内主忠信。而所行合宜,审于接物而卑以自牧①,皆自修于内,不求人知之事。然德修于己而人信之,则所行自无窒碍②矣。

[**注释**]①自牧:自我修养。《周易·谦卦》:"谦谦君子,卑以自牧也。"②窒碍:障碍,阻碍。

夫闻也者,色取仁而行违,居之不疑。在邦必闻,在家必闻。"

行,去声。○善其颜色以取于仁,而行实背之,又自以为是而无所忌惮。此不务实而专务求名者,故虚誉虽隆而实德则病矣。○程子曰:"学者须是务实,不要近名。有意近名,大本已失。更学何事?为名而学,则是伪也。今之学者,大抵为名。为名与为利虽清浊不同,然其利心则一也。"尹氏曰:"子张之学,病在乎不务实。故孔子告之,皆笃实之事,充乎内而发乎外者也。当时门人亲受圣人之教,而差失有如此者,况后世乎?"

樊迟从游于舞雩之下,曰:"敢问崇德、修慝、辨惑。"

慝,吐得反。○胡氏曰:"慝之字从心从匿,盖恶之匿于心者。修者,治而去之。"

子曰:"善哉问!

善其切于为己。

先事后得,非崇德与?攻其恶,无攻人之恶,非修慝与?一朝之忿,忘其身,以及其亲,非惑与?"

与,平声。○先事后得,犹言先难后获也。为所当为而不计其功,则德日积而不自知矣。专于治己而不责人,则己之恶无所匿矣。知一朝之忿①为甚微,而祸及其亲为甚大,则有以辨惑而惩其忿矣。樊迟粗鄙近利,故告之以此,三者皆所以救其失也。○范氏曰:"先事后得,上义而下利也。人惟有利欲之心,故德不崇。惟不自省己过而知人之过,故慝不修。感物而易动者莫如忿,忘其身以及其亲,惑之甚者也。惑之甚者必起于细微,能辨之于早,则不至于大惑矣。故惩忿所以辨惑也。"

[注释]①忿:愤怒,怨恨。

樊迟问仁。子曰:"爱人。"问知。子曰:"知人。"

上知,去声,下如字。○爱人,仁之施。知人,知之务。

樊迟未达。

曾氏①曰:"迟之意,盖以爱欲其周,而知有所择,故疑二者之相悖尔。"

[注释]①曾氏:曾几,字吉甫,自号茶山居士,南宋诗人,有《经说》。

子曰:"举直错诸枉,能使枉者直。"

举直错枉者,知也。使枉者直,则仁矣。如此,则二者不惟不相悖而反相为用矣。

樊迟退,见子夏。曰:"乡也吾见于夫子而问知,子曰,'举直错诸枉,能使枉者直',何谓也?"

乡①,去声。见,贤遍反。○迟以夫子之言,专为知者之事。又未达所以能使枉者直之理。

[注释]①乡:从前,过去,刚刚。

子夏曰:"富哉言乎!

叹其所包者广,不止言知。

舜有天下,选于众,举皋陶,不仁者远矣。汤有天下,选于众,举伊尹,不仁者远矣。"

选,息恋反。陶,音遥。远,如字。○伊尹,汤之相也。不仁者远,言人皆化而为仁,不见有不仁者,若其远去尔,所谓使枉者直也。子夏盖有以知夫子之兼仁知而言矣。○程子曰:"圣人之语,因人而变化。虽若有浅近者,而其包含无所不尽,观于此章可见矣。非若他人之言,语近则遗远,语远则不知近也。"尹氏曰:"学者之问也,不独欲闻其说,又必欲知其方;不独欲知其方,又必欲为其事。如樊迟之问仁知也,夫子告之尽矣。樊迟未达,故又问焉,而犹未知其何以为之也。及退而问诸子夏,然后有以知之。使其未喻,则必将复问矣。既问于师,又辨诸友,当时学者之务实也如是。"

子贡问友。子曰:"忠告而善道之,不可则止,无自辱焉。"

告,工毒反。道,去声。○友所以辅仁,故尽其心以告之,善其说以道之。然以义合者也,故不可则止。若以数①而见疏,则自辱矣。

[注释]①数:多次,屡次。

曾子曰:"君子以文会友,以友辅仁。"

讲学以会友,则道益明;取善以辅仁,则德日进。

卷　七

子路第十三

凡三十章。

子路问政。子曰:"先之,劳之。"

劳,如字。○苏氏曰:"凡民之行,以身先之,则不令而行。凡民之事,以身劳之,则虽勤不怨。"

请益。曰:"无倦。"

无,古本作毋。○吴氏曰:"勇者喜于有为而不能持久,故以此告之。"○程子曰:"子路问政,孔子既告之矣。及请益,则曰'无倦'而已。未尝复有所告,姑使之深思也。"

仲弓为季氏宰,问政。子曰:"先有司,赦小过,举贤才。"

有司，众职也。宰兼众职，然事必先之于彼，而后考其成功，则己不劳而事毕举矣。过，失误也。大者于事或有所害，不得不惩；小者赦之，则刑不滥而人心悦矣。贤，有德者。才，有能者。举而用之，则有司皆得其人而政益修矣。

曰："焉知贤才而举之？"曰："举尔所知。尔所不知，人其舍诸？"

焉，于虔反。舍，上声。○仲弓虑无以尽知一时之贤才，故孔子告之以此。程子曰："人各亲其亲，然后不独亲其亲。仲弓曰'焉知贤才而举之'、子曰'举尔所知，尔所不知，人其舍诸'便见仲弓与圣人用心之大小。推此义，则一心可以兴邦，一心可以丧邦，只在公私之间尔。"○范氏曰："不先有司，则君行臣职矣；不赦小过，则下无全人矣；不举贤才，则百职废矣。失此三者，不可以为季氏宰，况天下乎？"

子路曰："卫君待子而为政，子将奚先？"

卫君，谓出公辄①也。是时鲁哀公之十年，孔子自楚反乎卫。

[注释]①出公辄：姬辄，卫灵公之孙，蒯聩之子。

子曰："必也正名乎！"

是时出公不父其父而祢①其祖，名实紊矣，故孔子以正名为先。谢氏曰："正名虽为卫君而言，然为政之道，皆当以此为先。"

[注释]①祢：父庙。古代在宗庙中立牌位的亡父的称呼。

子路曰："有是哉，子之迂也！奚其正？"

迂，谓远于事情，言非今日之急务也。

子曰："野哉由也！君子于其所不知，盖阙如也。

野，谓鄙俗。责其不能阙疑，而率尔妄对也。

名不正，则言不顺；言不顺，则事不成；

杨氏曰："名不当其实，则言不顺。言不顺，则无以考实而事不成。"

事不成，则礼乐不兴；礼乐不兴，则刑罚不中；刑罚不中，则民无所措手足。

中，去声。○范氏曰："事得其序之谓礼，物得其和之谓乐。事不成则无序而不和，故礼乐不兴。礼乐不兴，则施之政事皆失其道，故刑罚不中。"

故君子名之必可言也，言之必可行也。君子于其言，无所苟而已矣。"

程子曰："名实相须①。一事苟，则其余皆苟矣。"○胡氏曰："卫世子蒯聩耻其母南子之淫乱，欲杀之不果而出奔。灵公欲立公子郢，郢辞。公卒，夫人立之，又辞。乃立蒯聩之子辄，以拒蒯聩。夫蒯聩欲杀母，得罪于父，而辄据国以拒父，皆无父之人也，其不可有国也明矣。夫子为政，而以正名为先。必将具其事之本末，告诸天王②，请于方伯，命公子郢而立之。则人伦正，天理得，名正言顺而事成矣。夫子告之之详如此，而子路终不喻也。故事辄不去，卒死其难。徒知食焉不避其难之为义，而不知食辄之食为非义也。"

[注释]①相须：互相依存，互相配合。　②天王：周王。

樊迟请学稼，子曰："吾不如老农。"请学为圃。曰："吾不如老圃。"

种五谷曰稼，种蔬菜曰圃。

樊迟出。子曰："小人哉，樊须也！

小人，谓细民，孟子所谓小人之事者也。

上好礼，则民莫敢不敬；上好义，则民莫敢不服；上好信，则民莫敢不用情。夫如是，则四方之民襁负其子而至矣，焉用稼？"

好，去声。夫，音扶。襁，居丈反。焉，于虔反。○礼、义、信，大人之事也。好义，则事合宜。情，诚实也。敬服用情，盖各以其类而应也。襁，织缕为之，以约小儿于背者。○杨氏曰:"樊须游圣人之门,而问稼圃,志则陋矣,辞而辟之可也。待其出而后言其非,何也? 盖于其问也,自谓农圃之不如,则拒之者至矣。须之学疑不及此,而不能问。不能以三隅反矣,故不复。及其既出,则惧其终不喻也,求老农老圃而学焉,则其失愈远矣。故复言之,使知前所言者意有在也。"

子曰:"诵《诗》三百,授之以政,不达;使于四方,不能专对;虽多,亦奚以为?"

使,去声。○专,独也。《诗》本人情,该① 物理,可以验风俗之盛衰,见政治之得失。其言温厚和平,长于风谕②。故诵之者,必达于政而能言也。○程子曰:"穷经将以致用也。世之诵《诗》者,果能从政而专对乎? 然则其所学者,章句之末耳,此学者之大患也。"

[注释]①该:具备,包括。　②风谕:以委婉的言辞劝告开导。

子曰:"其身正,不令而行;其不正,虽令不从。"
子曰:"鲁卫之政,兄弟也。"

鲁,周公之后。卫,康叔之后。本兄弟之国,而是时衰乱,政亦相似,故孔子叹之。

子谓卫公子荆:"善居室。始有,曰:'苟合矣。'少有,曰:'苟完矣。'富有,曰:'苟美矣。'"

公子荆，卫大夫。苟，聊且粗略之意。合，聚也。完，备也。言其循序而有节，不以欲速尽美累其心。○杨氏曰："务为全美，则累物①而骄吝②之心生。公子荆皆曰苟而已，则不以外物为心，其欲易足故也。"

[注释]①累物：为物所累。　②骄吝：骄傲，吝啬。

子适卫，冉有仆。

仆，御车也。

子曰："庶矣哉！"

庶，众也。

冉有曰："既庶矣。又何加焉？"曰："富之。"

庶而不富，则民生不遂，故制田里，薄赋敛以富之。

曰："既富矣，又何加焉？"曰："教之。"

富而不教，则近于禽兽。故必立学校，明礼义以教之。○胡氏曰："天生斯民，立之司牧①，而寄以三事。然自三代之后，能举此职者，百无一二。汉之文明，唐之太宗，亦云庶且富矣，西京之教无闻焉。明帝尊师重傅，临雍②拜老，宗戚子弟莫不受学；唐太宗大召名儒，增广生员，教亦至矣，然而未知所以教也。三代之教，天子公卿躬行于上，言行政事皆可师法，彼二君者其能然乎？"

[注释]①司牧：君主，官吏；管理，统治。　②雍：辟雍。

子曰:"苟有用我者。朞月而已可也,三年有成。"

朞月,谓周一岁之月也。可者,仅辞,言纲纪布也。有成,治功成也。○尹氏曰:"孔子叹当时莫能用己也,故云然。"愚按:《史记》,此盖为卫灵公不能用而发。

子曰:"善人为邦百年,亦可以胜残去杀矣。诚哉是言也!"

胜,平声。去,上声。○为邦百年,言相继而久也。胜残,化残暴之人,使不为恶也。去杀,谓民化于善,可以不用刑杀也。盖古有是言,而夫子称之。程子曰:"汉自高、惠至于文、景,黎民醇厚,几致刑措①,庶乎其近之矣。"○尹氏曰:"胜残去杀,不为恶而已,善人之功如是。若夫圣人,则不待百年,其化亦不止此。"

[注释]①刑措:放置刑法而不用。

子曰:"如有王者,必世而后仁。"

王者谓圣人受命而兴也。三十年为一世。仁,谓教化浃也。程子曰:"周自文武至于成王,而后礼乐兴,即其效也。"○或问:"三年、必世,迟速不同,何也?"程子曰:"三年有成,谓法度纪纲有成而化行也。渐民以仁,摩民以义,使之浃①于肌肤,沦②于骨髓,而礼乐可兴,所谓仁也。此非积久,何以能致?"

[注释]①浃:浸润,周遍。 ②沦:沉入,沉没。

子曰："苟正其身矣，于从政乎何有？不能正其身，如正人何？"

冉子退朝。子曰："何晏也？"对曰："有政。"子曰："其事也。如有政，虽不吾以，吾其与闻之。"

朝，音潮。与，去声。〇冉有时为季氏宰。朝，季氏之私朝也。晏，晚也。政，国政。事，家事。以，用也。礼：大夫虽不治事，犹得与闻国政。是时季氏专鲁，其于国政，盖有不与同列议于公朝，而独与家臣谋于私室者。故夫子为不知者而言，此必季氏之家事耳。若是国政，我尝为大夫，虽不见用，犹当与闻。今既不闻，则是非国政也。语意与魏征献陵之对略相似。其所以正名分，抑季氏，而教冉有之意深矣。

定公问："一言而可以兴邦，有诸？"孔子对曰："言不可以若是其几也。

几，期也。《诗》曰："如几如式。"① 言一言之间，未可以如此而必期其效。

[注释]①见《诗经·小雅·楚茨》。

人之言曰：'为君难，为臣不易。'

易，去声。〇当时有此言也。

如知为君之难也，不几乎一言而兴邦乎？"

因此言而知为君之难，则必战战兢兢，临深履薄，而无一事之敢忽。然则此言也,岂不可以必期于兴邦乎？为定公言,故不及臣也。

曰:"一言而丧邦,有诸？"孔子对曰:"言不可以若是其几也。人之言曰:'予无乐乎为君,唯其言而莫予违也。'

丧,去声,下同。乐,音洛。○言他无所乐,惟乐此耳。

如其善而莫之违也,不亦善乎？如不善而莫之违也,不几乎一言而丧邦乎？"

范氏曰:"言不善而莫之违,则忠言不至于耳。君日骄而臣日谄,未有不丧邦者也。"○谢氏曰:"知为君之难,则必敬谨①以持之。惟其言而莫予违,则谗谄面谀之人至矣。邦未必遽兴丧也,而兴丧之源分于此。然此非识微之君子,何足以知之？"

[注释]①敬谨:恭谨。

叶公问政。

音义并见第七篇。

子曰:"近者说,远者来。"

说,音悦。○被其泽则悦,闻其风则来。然必近者悦,而后远者来也。

子夏为莒父宰,问政。子曰:"无欲速,无见小利。欲速,则不达;见小利,则大事不成。"

父,音甫。○莒父,鲁邑名。欲事之速成,则急遽无序,而反不达。见小者之为利,则所就者小,而所失者大矣。程子曰:"子张问政,子曰:'居之无倦,行之以忠。'子夏问政,子曰:'无欲速,无见小利。'子张常过高而未仁,子夏之病常在近小,故各以切己之事告之。"

叶公语孔子曰:"吾党有直躬者,其父攘羊,而子证之。"

语,去声。○直躬,直身而行者。有因而盗曰攘。

孔子曰:"吾党之直者异于是。父为子隐,子为父隐,直在其中矣。"

为,去声。○父子相隐,天理人情之至也。故不求为直,而直在其中。○谢氏曰:"顺理为直。父不为子隐,子不为父隐,于理顺邪?瞽瞍杀人,舜窃负而逃,遵①海滨而处。当是时,爱亲之心胜,其于直不直,何暇计哉?"

[注释]①遵:循,沿着。

樊迟问仁。子曰:"居处恭,执事敬,与人忠。虽之夷狄,不可弃也。"

恭主容,敬主事。恭见于外,敬主乎中。之夷狄不可弃,勉其固守而勿失也。○程子曰:"此是彻上彻下①语。圣人初无二语也,充之则睟面盎背②;推而达之,则笃恭而天下平矣。"胡氏曰："樊迟问仁者三：此最先，先难次之，爱人其最后乎？"

[注释]①彻上彻下：贯通上下。　②睟面盎背：指德性表现于外，而有温润之貌，敦厚之态。指有德者的仪态。

子贡问曰："何如斯可谓之士矣？"子曰："行己有耻，使于四方，不辱君命，可谓士矣。"

使，去声。○此其志有所不为，而其材足以有为者也。子贡能言，故以使事告之。盖为使之难，不独贵于能言而已。

曰："敢问其次。"曰："宗族称孝焉，乡党称弟焉。"

弟，去声。○此本立而材不足者，故为其次。

曰："敢问其次。"曰："言必信，行必果，硁硁然小人哉！抑亦可以为次矣。"

行，去声。硁，苦耕反。○果，必行也。硁，小石之坚确者。小人，言其识量之浅狭也。此其本末皆无足观，然亦不害其为自守也，故圣人犹有取焉，下此则市井之人，不复可为士矣。

曰："今之从政者何如？"子曰："噫！斗筲之人，何足算也。"

筲，所交反。算，亦作算，悉乱反。○今之从政者，盖如鲁三家之属。噫,心不平声。斗,量名,容十升。筲,竹器,容斗二升。斗筲之人,言鄙细也。算,数也。子贡之问每下,故夫子以是警之。○程子曰:"子贡之意,盖欲为皎皎①之行,闻于人者。夫子告之,皆笃实自得之事。"

[注释]①皎皎:洁白,明亮,显耀。

子曰:"不得中行而与之,必也狂狷乎！狂者进取,狷者有所不为也。"

狷,音绢。○行,道也。狂者,志极高而行不掩。狷者,知未及而守有余。盖圣人本欲得中道之人而教之,然既不可得,而徒得谨厚①之人,则未必能自振拔②而有为也。故不若得此狂狷之人,犹可因其志节,而激厉裁抑③之以进于道,非与其终于此而已也。○孟子曰:"孔子岂不欲中道哉?不可必得,故思其次也。如琴张、曾晳、牧皮④者,孔子之所谓狂也。其志嘐嘐⑤然,曰:'古之人!古之人!'夷考其行而不掩焉者也。狂者又不可得,欲得不屑不洁⑥之士而与之,是狷也,是又其次也。"

[注释]①谨厚:谨慎笃厚。 ②振拔:振奋自拔。 ③裁抑:制止,遏止,抑损。 ④牧皮:春秋时期鲁国人,事孔子,以狂妄著称。 ⑤嘐嘐(xiāo):形容志大而言夸。 ⑥不屑不洁:不屑于那些贱污行不洁者,即有所不为的意思。

子曰:"南人有言曰:'人而无恒,不可以作巫医。'善夫!"

恒，胡登反。夫，音扶。○南人，南国之人。恒，常久也。巫，所以交鬼神。医，所以寄死生。故虽贱役，而犹不可以无常，孔子称其言而善之。

"不恒其德，或承之羞。"

此《易·恒卦》九三爻辞。承，进也。

子曰："不占而已矣。"

复加"子曰"，以别《易》文也，其义未详。杨氏曰："君子于《易》苟玩①其占，则知无常之取羞矣。其为无常也，盖亦不占而已矣。"意亦略通。

[注释]①玩：研究，琢磨。

子曰："君子和而不同，小人同而不和。"

和者，无乖戾①之心。同者，有阿比②之意。○尹氏曰："君子尚义，故有不同。小人尚利，安得而和？"

[注释]①乖戾：乖悖违戾，抵触不一致。　②阿比：偏袒勾结，攀阿比附。

子贡问曰："乡人皆好之，何如？"子曰："未可也。""乡人皆恶之，何如？"子曰："未可也。不如乡人之善者好之，其不善者恶之。"

好、恶，并去声。○一乡之人，宜有公论矣，然其间亦各以类自为好恶也。故善者好之而恶者不恶，则必其有苟合①之行。恶者恶之而善者不好,则必其无可好之实。

[注释]①苟合:无原则地附和。

子曰:"君子易事而难说也:说之不以道,不说也;及其使人也,器之。小人难事而易说也:说之虽不以道,说也;及其使人也,求备焉。"

易,去声。说,音悦。○器之,谓随其材器而使之也。君子之心公而恕,小人之心私而刻①。天理人欲之间,每相反而已矣。

[注释]①刻:刻薄,苛刻,苛备。

子曰:"君子泰而不骄,小人骄而不泰。"

君子循理,故安舒而不矜肆①。小人逞欲,故反是。

[注释]①矜肆:骄矜放纵。

子曰:"刚毅、木讷,近仁。"

程子曰:"木者,质朴。讷者,迟钝。四者,质之近乎仁者也。"杨氏曰:"刚毅则不屈于物欲,木讷则不至于外驰,故近仁。"

子路问曰:"何如斯可谓之士矣?"子曰:"切切、偲偲、怡怡如也,可谓士矣。朋友切切、偲偲,兄弟怡怡。"

胡氏曰:"切切,恳到①也。偲偲,详勉②也。怡怡,和悦也。皆子路所不足，故告之。又恐其混于所施，则兄弟有贼恩之祸，朋友有善柔之损③，故又别而言之。"

[注释]①恳到：恳至。　②详勉：详细地告诫勉励。　③朋友以义，兄弟尚恩，若混而施之，则兄弟可能会有贼恩之祸，朋友会有善柔之损。贼，害也。善柔，阿谀奉承。

子曰："善人教民七年，亦可以即戎矣。"

教民者，教之孝悌忠信之行，务农讲武之法。即，就也。戎，兵也。民知亲其上，死其长，故可以即戎。○程子曰："七年云者，圣人度其时可矣。如云期月、三年、百年、一世、大国五年、小国七年之类，皆当思其作为如何乃有益。"

子曰："以不教民战，是谓弃之。"

以，用也。言用不教之民以战，必有败亡之祸，是弃其民也。

宪问第十四

胡氏曰："此篇疑原宪所记。"凡四十七章。

宪问耻。子曰："邦有道，谷；邦无道，谷，耻也。"

宪，原思名。谷，禄也。邦有道不能有为，邦无道不能独善，而但知食禄，皆可耻也。宪之狷介①，其于邦无道谷之可耻，固知之矣；至于邦有道谷之可耻，则未必知也。

故夫子因其问而并言之，以广其志，使知所以自勉，而进于有为也。

[注释]①狷介：正直孤傲，洁身自好。

"克、伐、怨、欲不行焉，可以为仁矣？"

此亦原宪以其所能而问也。克，好胜。伐，自矜。怨，忿恨。欲，贪欲。

子曰："可以为难矣，仁则吾不知也。"

有是四者而能制之，使不得行，可谓难矣。仁则天理浑然，自无四者之累，不行不足以言之也。○程子曰："人而无克、伐、怨、欲，惟仁者能之。有之而能制其情使不行，斯亦难能也。谓之仁则未也。此圣人开示①之深，惜乎宪之不能再问也。"或曰："四者不行，固不得为仁矣。然亦岂非所谓克己之事，求仁之方乎？"曰："克去己私以复乎礼，则私欲不留，而天理之本然者得矣。若但制而不行，则是未有拔去病根之意，而容其潜藏隐伏于胸中也。岂克己求仁之谓哉？学者察于二者之间，则其所以求仁之功，益亲切而无渗漏②矣。"

[注释]①开示：指明。佛门中，高僧大德为弟子及信众说法，亦称为开示。　②渗漏：缝隙，破绽，遗漏。

子曰："士而怀居，不足以为士矣。"

居，谓意所便安处也。

子曰:"邦有道,危言危行;邦无道,危行言孙。"

行、孙,并去声。○危,高峻也。孙,卑顺也。尹氏曰:"君子之持身不可变也,至于言则有时而不敢尽,以避祸也。然则为国者使士言孙,岂不殆哉?"

子曰:"有德者必有言,有言者不必有德;仁者必有勇,勇者不必有仁。"

有德者,和顺积中,英华发外。能言者,或便佞①口给②而已。仁者,心无私累,见义必为。勇者,或血气之强而已。○尹氏曰:"有德者必有言,徒能言者未必有德也。仁者志必勇,徒能勇者未必有仁也。"

[注释]①便佞:能言善辩;用花言巧语逢迎人。　②口给:口辩;口才敏捷,善于辩论。

南宫适问于孔子曰:"羿善射,奡荡舟,俱不得其死然;禹稷躬稼,而有天下。"夫子不答,南宫适出。子曰:"君子哉若人!尚德哉若人!"

适①,古活反。羿,音诣。奡②,五报反。荡,土浪反。○南宫适,即南容也。羿,有穷之君,善射,灭夏后相而篡其位。其臣寒浞又杀羿而代之。奡,《春秋传》作"浇",浞之子也,力能陆地行舟,后为夏后少康所诛。禹平水土暨稷播种,身亲稼穑之事。禹受舜禅而有天下,稷之后至周武王亦有天下。适之意盖以羿奡比当世之有权力者,而以禹稷比孔子也。故孔子不答。然适之言如此,可谓君子之人,而有尚德之心矣,不可以不与。故俟其出而赞美之。

[注释]①适:音"kuò"。　②奡:音"ào"。

子曰:"君子而不仁者有矣夫,未有小人而仁者也。"

夫,音扶。○谢氏曰:"君子志于仁矣,然毫忽①之间,心不在焉,则未免为不仁也。"

[注释]①毫忽:极微弱的一点。

子曰:"爱之,能勿劳乎? 忠焉,能勿诲乎?"

苏氏曰:"爱而勿劳,禽犊①之爱也;忠而勿诲,妇寺②之忠也。爱而知劳之,则其为爱也深矣;忠而知诲之,则其为忠也大矣。"

[注释]①禽犊:禽与犊。指鸟兽疼爱幼仔,比喻父母溺爱子女。　②妇寺:宫中的妇女近试、宦官。

子曰:"为命:裨谌草创之,世叔讨论之,行人子羽修饰之,东里子产润色之。"

裨,婢之反。谌,时林反。○裨谌以下四人,皆郑大夫。草,略也。创,造也,谓造为草稿也。世叔,游吉也,《春秋传》作子太叔。讨,寻究也。论,讲议也。行人,掌使之官。子羽,公孙挥也。修饰,谓增损之。东里地名,子产所居也。润色,谓加以文采也。郑国之为辞命,必更此四贤之手而成,详审精密,各尽所长。是以应对诸侯,鲜有败事。孔子言此,盖善之也。

或问子产。子曰:"惠人也。"

子产之政,不专于宽,然其心则一以爱人为主。故孔子以为惠人,盖举其重而言也。

问子西。曰:"彼哉!彼哉!"

子西,楚公子申,能逊楚国,立昭王,而改纪其政,亦贤大夫也。然不能革其僭王之号。昭王欲用孔子,又沮止①之。其后卒召白公②以致祸乱,则其为人可知矣。彼哉者,外之之辞。

[注释]①沮止:阻止,遏止。 ②白公:即白公胜,芈姓,熊氏。春秋末楚大夫,楚平王之孙,太子建之子。

问管仲。曰:"人也。夺伯氏骈邑三百,饭疏食,没齿无怨言。"

人也,犹言此人也。伯氏,齐大夫。骈邑,地名。齿,年也。盖桓公夺伯氏之邑以与管仲,伯氏自知己罪,而心服管仲之功,故穷约以终身而无怨言。荀卿所谓"与之书社三百,而富人莫之敢拒"①者,即此事也。○或问:"管仲、子产孰优?"曰:"管仲之德,不胜其才。子产之才,不胜其德。然于圣人之学,则概乎其未有闻也。"

[注释]①见《荀子·仲尼》。

子曰："贫而无怨难，富而无骄易。"

易，去声。○处贫难，处富易，人之常情。然人当勉其难，而不可忽其易也。

子曰："孟公绰为赵魏老则优，不可以为滕薛大夫。"

公绰，鲁大夫。赵魏，晋卿之家。老，家臣之长。大家势重，而无诸侯之事；家老望尊，而无官守之责。优，有余也。滕薛，二国名。大夫，任国政者。滕薛国小政繁，大夫位高责重。然则公绰盖廉静寡欲，而短于才者也。○胡氏①曰："知之弗豫①，枉其才而用之，则为弃人矣。此君子所以患不知人也。言此，则孔子之用人可知矣。"

[注释]①胡氏，清仿宋大字本作"杨氏"。　①豫：预先，事先准备。

子路问成人。子曰："若臧武仲之知，公绰之不欲，卞庄子之勇，冉求之艺，文之以礼乐，亦可以为成人矣。"

知，去声。○成人，犹言全人。武仲，鲁大夫，名纥。庄子，鲁卞邑大夫。言兼此四子之长，则知足以穷理，廉足以养心，勇足以力行，艺足以泛应①，而又节之以礼，和之以乐，使德成于内，而文见乎外。则材全德备，浑然不见一善成名之迹；中正和乐，粹然②无复偏倚驳杂③之蔽，而其为人也亦成矣。然亦之为言，非其至者，盖就子路之所可及而语之也。若论其至，则非圣人之尽人道，不足以语此。

[注释]①泛应：多方应酬。　②粹然：纯正貌。　③驳杂：混杂不纯。

曰:"今之成人者何必然？见利思义,见危授命,久要不忘平生之言,亦可以为成人矣。"

复加"曰"字者,既答而复言也。授命,言不爱其生,持以与人也。久要,旧约也。平生,平日也。有是忠信之实,则虽其才知礼乐有所未备,亦可以为成人之次也。○程子曰:"知之明,信之笃,行之果,天下之达德也。若孔子所谓成人,亦不出此三者。武仲,知也;公绰,仁也;卞庄子,勇也;冉求,艺也。须是合此四人之能,文之以礼乐,亦可以为成人矣。然而论其大成,则不止于此。若今之成人,有忠信而不及于礼乐,则又其次者也。"又曰:"臧武仲之知,非正也。若文之以礼乐,则无不正矣。"又曰:"语成人之名,非圣人孰能之？孟子曰:'惟圣人然后可以践形。'①如此方可以称成人之名。"○胡氏曰:"今之成人以下,乃子路之言。盖不复闻斯行之之勇,而有终身诵之之固矣。未详是否？"

[注释]①见《孟子·尽心上》。

子问公叔文子于公明贾曰:"信乎夫子不言、不笑、不取乎？"

公叔文子,卫大夫公孙拔也。公明姓,贾名,亦卫人。文子为人,其详不可知,然必廉静①之士,故当时以三者称之。

[注释]①廉静:秉性谦逊沉静。

公明贾对曰:"以告者过也。夫子时然后言,人不厌其言;乐然后笑,人不厌其笑;义然后取,人不厌其取。"子曰:"其然,岂其然乎?"

厌者,苦其多而恶之之辞。事适其可,则人不厌,而不觉其有是矣。是以称之或过,而以为不言、不笑、不取也。然此言也,非礼义充溢于中,得时措之宜者不能。文子虽贤,疑未及此,但君子与人为善,不欲正言其非也。故曰"其然岂其然乎",盖疑之也。

子曰:"臧武仲以防求为后于鲁,虽曰不要君,吾不信也。"

要,平声。○防,地名,武仲所封邑也。要,有挟而求也。武仲得罪奔邾,自邾如防,使请立后而避邑。以示若不得请,则将据邑以叛,是要君也。范氏曰:"要君者无上,罪之大者也。武仲之邑,受之于君。得罪出奔,则立后在君,非己所得专也。而据邑以请,由其好知而不好学也。"杨氏曰:"武仲卑辞请后,其迹非要君者,而意实要之。夫子之言,亦《春秋》诛意①之法也。"

[注释]①诛意:诛心。

子曰:"晋文公谲而不正,齐桓公正而不谲。"

谲,古穴反。○晋文公,名重耳。齐桓公,名小白。谲,诡也。二公皆诸侯盟主,攘夷狄以尊周室者也。虽其以力假仁①,心皆不正,然桓公伐楚,仗义执言,不由诡道,犹为彼善于此。文公则伐卫以致楚,而阴谋以取胜,其谲甚矣。二君他事亦多类此,故夫子言此以发其隐。

[注释]①以力假仁:凭借武力却假托仁义。

子路曰:"桓公杀公子纠,召忽死之,管仲不死。"曰:"未仁乎?"

纠,居黝反。召,音邵。○按《春秋传》,齐襄公无道,鲍叔牙奉公子小白奔莒。及无知弑襄公,管夷吾召忽奉公子纠奔鲁。鲁人纳之,未克,而小白入,是为桓公。使鲁杀子纠而请管召,召忽死之,管仲请囚。鲍叔牙言于桓公以为相。子路疑管仲忘君事雠,忍心害理,不得为仁也。

子曰:"桓公九合诸侯,不以兵车,管仲之力也。如其仁!如其仁!"

九,《春秋传》作"纠",督也,古字通用。不以兵车,言不假威力也。如其仁,言谁如其仁者,又再言以深许之。盖管仲虽未得为仁人,而其利泽及人,则有仁之功矣。

子贡曰:"管仲非仁者与?桓公杀公子纠,不能死,又相之。"

与,平声。相,去声。○子贡意不死犹可,相之则已甚矣。

子曰:"管仲相桓公,霸诸侯,一匡天下,民到于今受其赐。微管仲,吾其被发左衽矣。

被,皮寄反。衽,而审反。○霸,与伯同,长也。匡,正也。尊周室,攘夷狄,皆所以正天下也。微,无也。衽,衣衿也。被发左衽,夷狄之俗也。

岂若匹夫匹妇之为谅也,自经于沟渎而莫之知也。"

谅,小信也。经,缢也。莫之知,人不知也。《后汉书》引此文,莫字上有人字。○程子曰:"桓公,兄也。子纠,弟也。仲私于所事,辅之以争国,非义也。桓公杀之虽过,而纠之死实当。仲始与之同谋,遂与之同死,可也;知辅之争为不义,将自免以图后功亦可也。故圣人不责其死而称其功。若使桓弟而纠兄,管仲所辅者正,桓夺其国而杀之,则管仲之与桓,不可同世之雠也。若计其后功而与其事桓,圣人之言,无乃害义之甚,启万世反复不忠之乱乎?如唐之王珪、魏徵,不死建成之难,而从太宗,可谓害于义矣。后虽有功,何足赎哉?"愚谓管仲有功而无罪,故圣人独称其功;王、魏先有罪而后有功,则不以相掩可也。

公叔文子之臣大夫僎,与文子同升诸公。

僎,士免反。○臣,家臣。公,公朝。谓荐之与己同进为公朝之臣也。

子闻之曰:"可以为文矣。"

文者,顺理而成章之谓。谥法亦有所谓锡民爵位曰文者。○洪氏曰:"家臣之贱而引之使与己并,有三善焉:知人,一也;忘己,二也;事君,三也。"

子言卫灵公之无道也,康子曰:"夫如是,奚而不丧?"

夫,音扶。丧,去声。○丧,失位也。

孔子曰:"仲叔圉治宾客,祝鮀治宗庙,王孙贾治军旅。夫如是,奚其丧?"

仲叔圉,即孔文子也。三人皆卫臣,虽未必贤,而其才可用。灵公用之,又各当其才。○尹氏曰:"卫灵公之无道宜丧也,而能用此三人,犹足以保其国,而况有道之君,能用天下之贤才者乎?《诗》曰:'无竞维人,四方其训之。'①"

[注释]①见《诗经·大雅·抑》。

子曰:"其言之不怍,则为之也难。"

大言不惭,则无必为之志,而不自度其能否矣。欲践其言,岂不难哉?

陈成子弑简公。

成子,齐大夫,名恒。简公,齐君,名壬。事在《春秋》哀公十四年。

孔子沐浴而朝,告于哀公曰:"陈恒弑其君,请讨之。"

朝,音潮。○是时孔子致仕居鲁,沐浴齐戒以告君,重其事而不敢忽也。臣弑其君,人伦之大变,天理所不容,人人得而诛之,况邻国乎?故夫子虽已告老,而犹请哀公讨之。

公曰:"告夫三子!"

夫,音扶,下"告夫"同。○三子,三家也。时政在三家,哀公不得自专,故使孔子告之。

孔子曰:"以吾从大夫之后,不敢不告也。君曰'告夫三子'者。"

孔子出而自言如此。意谓弑君之贼,法所必讨。大夫谋国,义所当告。君乃不能自命三子,而使我告之邪?

之三子告,不可。孔子曰:"以吾从大夫之后,不敢不告也。"

以君命往告,而三子鲁之强臣,素有无君之心,实与陈氏声势相倚,故沮其谋。而夫子复以此应之,其所以警之者深矣。○程子曰:"《左氏》记孔子之言曰:'陈恒弑其君,民之不予者半。以鲁之众,加齐之半,可克也。'此非孔子之言。诚若此言,是以力不以义也。若孔子之志,必将正名其罪,上告天子,下告方伯,而率与国以讨之。至于所以胜齐者,孔子之余事也,岂计鲁人之众寡哉?当是时,天下之乱极矣,因是足以正之,周室其复兴乎?鲁之君臣,终不从之,可胜惜哉!"胡氏曰:"《春秋》之法,弑君之贼,人得而讨之。仲尼此举,先发后闻可也。"

子路问事君。子曰:"勿欺也,而犯之。"

犯,谓犯颜谏争。○范氏曰:"犯非子路之所难也,而以不欺为难。故夫子教以先勿欺而后犯也。"

子曰:"君子上达,小人下达。"

君子循天理,故日进乎高明;小人殉①人欲,故日究乎污下。

[注释]①殉:贪求。

子曰:"古之学者为己,今之学者为人。"

为,去声。○程子曰:"为己,欲得之于己也。为人,欲见知于人也。"程子曰:"古之学者为己,其终至于成物。今之学者为人,其终至于丧己。"愚按:圣贤论学者用心得失之际,其说多矣,然未有如此言之切而要者。于此明辨而日省之,则庶乎其不昧于所从矣。

蘧伯玉使人于孔子。

使,去声,下同。○蘧伯玉,卫大夫,名瑗。孔子居卫,尝主于其家。既而反鲁,故伯玉使人来也。

孔子与之坐而问焉，曰："夫子何为？"对曰："夫子欲寡其过而未能也。"使者出。子曰："使乎！使乎！"

与之坐，敬其主以及其使也。夫子，指伯玉也。言其但欲寡过而犹未能，则其省身克己，常若不及之意可见矣。使者之言愈自卑约，而其主之贤益彰，亦可谓深知君子之心，而善于辞令者矣。故夫子再言使乎以重美之。按庄周称"伯玉行年五十而知四十九年之非"①。又曰："伯玉行年六十而六十化。"②盖其进德之功，老而不倦。是以践履笃实，光辉宣著。不惟使者知之，而夫子亦信之也。

[注释]①见《淮南子·原道训》。　②见《庄子·则阳》。

子曰："不在其位，不谋其政。"

重出①。

[注释]①重出《泰伯》。

曾子曰："君子思不出其位。"

此《艮卦》之象辞也。曾子盖尝称之，记者因上章之语而类记之也。○范氏曰："物各止其所，而天下之理得矣。故君子所思不出其位，而君臣、上下、大小，皆得其职也。"

子曰："君子耻其言而过其行。"

行，去声。○耻者，不敢尽之意。过者，欲有余之辞。

子曰:"君子道者三,我无能焉:仁者不忧,知者不惑,勇者不惧。"

知,去声。自责以勉人也。

子贡曰:"夫子自道也。"

道,言也。自道,犹云谦辞。○尹氏曰:"成德以仁为先,进学以知为先。故夫子之言,其序有不同者以此。"

子贡方人。子曰:"赐也贤乎哉?夫我则不暇。"

夫,音扶。○方,比也。乎哉,疑辞。比方人物而较其短长,虽亦穷理之事。然专务为此,则心驰于外,而所以自治者疏矣。故褒之而疑其辞,复自贬以深抑之。○谢氏曰:"圣人责人,辞不迫切而意已独至如此。"

子曰:"不患人之不己知,患其不能也。"

凡章指同而文不异者,一言而重出也。文小异者,屡言而各出也。此章凡四见,而文皆有异。则圣人于此一事,盖屡言之,其丁宁之意亦可见矣。

子曰:"不逆诈,不亿不信。抑亦先觉者,是贤乎!"

逆,未至而迎之也。亿①,未见而意之也。诈,谓人欺己。不信,谓人疑己。抑,反语辞。言虽不逆不亿,而于人之情伪,自然先觉,乃为贤也。○杨氏曰:"君子一于诚而已,然未有诚而不明者。故虽不逆诈、不亿不信,而常先觉也。若夫不逆不亿而卒为小人所罔②焉,斯亦不足观也已。"

[注释]①亿:推测。　②罔:欺骗。

微生亩谓孔子曰:"丘何为是栖栖者与? 无乃为佞乎?"

与,平声。○微生,姓,亩,名也。亩名呼夫子而辞甚倨①,盖有齿德而隐者。栖栖,依依②也。为佞,言其务为口给以悦人也。

[注释]①倨:傲慢。　②栖栖、依依:皇皇不安、留恋不舍的样子。

孔子曰:"非敢为佞也,疾固也。"

疾,恶也。固,执一而不通也。圣人之于达尊,礼恭而言直如此,其警之亦深矣。

子曰:"骥不称其力,称其德也。"

骥,善马之名。德,谓调良①也。○尹氏曰:"骥虽有力,其称在德。人有才而无德,则亦奚足尚哉?"

[注释]①调良:驯服善良。

或曰:"以德报怨,何如?"

或人所称,今见《老子》书①。德,谓恩惠也。

[注释]①见《老子》六十三章有:"报怨以德。"

子曰:"何以报德?

言于其所怨,既以德报之矣;则人之有德于我者,又将何以报之乎?

以直报怨,以德报德。"

于其所怨者,爱憎取舍,一以至公而无私,所谓直也。于其所德者,则必以德报之,不可忘也。○或人之言,可谓厚矣。然以圣人之言观之,则见其出于有意之私,而怨德之报皆不得其平也。必如夫子之言,然后二者之报各得其所。然怨有不雠①,而德无不报,则又未尝不厚也。此章之言,明白简约,而其指意曲折反复。如造化之简易易知,而微妙无穷,学者所宜详玩也。

[注释]①雠:相当,相匹配。

子曰:"莫我知也夫!"

夫,音扶。○夫子自叹,以发子贡之问也。

子贡曰:"何为其莫知子也?"子曰:"不怨天,不尤人。下学而上达。知我者其天乎!"

不得于天而不怨天,不合于人而不尤人,但知下学而自然上达。此但自言其反己自修,循序渐进耳,无以甚异于人而致其知也。然深味其语意,则见其中自有人不及知而天独知之之妙。盖在孔门,惟子贡之智几足以及此,故特语以发之。惜乎其犹有所未达也!○程子曰:"不怨天,不尤人,在理当如此。"又曰:"下学上达,意在言表。"又曰:"学者须守下学上达之语,乃学之要。盖凡下学人事,便是上达天理。然习而不察,则亦不能以上达矣。"

公伯寮愬子路于季孙。子服景伯以告,曰:"夫子固有惑志于公伯寮,吾力犹能肆诸市朝。"

朝,音潮。○公伯寮,鲁人。子服氏,景谥,伯字,鲁大夫子服何也。夫子,指季孙。言其有疑于寮之言也。肆,陈尸也。言欲诛寮。

子曰:"道之将行也与?命也。道之将废也与?命也。公伯寮其如命何!"

与,平声。○谢氏曰:"虽寮之愬行,亦命也。其实寮无如之何。"愚谓言此以晓景伯,安子路,而警伯寮耳。圣人于利害之际,则不待决于命而后泰然也。

子曰:"贤者辟世,

辟,去声,下同。○天下无道而隐,若伯夷、太公是也。

其次辟地,

去乱国,适治邦。

其次辟色,

礼貌衰而去。

其次辟言。"

有违言而后去也。○程子曰:"四者虽以大小次第言之,然非有优劣也,所遇不同耳。"

子曰:"作者七人矣。"

李氏①曰:"作,起也。言起而隐去者,今七人矣。不可知其谁何。必求其人以实之,则凿矣。"

[注释]①李氏:李郁,字光祖,杨时弟子,世称西山先生,有《论孟遗稿》。

子路宿于石门。晨门曰:"奚自?"子路曰:"自孔氏。"曰:"是知其不可而为之者与?"

与,平声。○石门,地名。晨门,掌晨启门,盖贤人隐于抱关①者也。自,从也,问其何所从来也。胡氏曰:"晨门知世之不可而不为,故以是讥孔子。然不知圣人之视天下,无不可为之时也。"

[注释]①抱关:守关。抱关者,一般指职位卑下的人。

子击磬于卫。有荷蒉而过孔氏之门者,曰:"有心哉!击磬乎!"

荷,去声。○磬,乐器。荷,担也。蒉,草器也。此荷蒉者,亦隐士也。圣人之心未尝忘天下,此人闻其磬声而知之,则亦非常人矣。

既而曰："鄙哉！硁硁乎！莫己知也，斯已而已矣。深则厉，浅则揭。"

硁，苦耕反。莫己之己，音纪，余音以。揭，起例反。○硁硁，石声，亦专确①之意。以衣涉水曰厉，摄衣涉水曰揭。此两句，《卫风·匏有苦叶》之诗也。讥孔子人不知己而不止，不能适浅深之宜。

[注释]①专确：专一，坚定。

子曰："果哉！末之难矣。"

果哉，叹其果于忘世也。末，无也。圣人心同天地，视天下犹一家，中国犹一人，不能一日忘也。故闻荷蒉之言，而叹其果于忘世。且言人之出处，若但如此，则亦无所难矣。

子张曰："《书》云：'高宗谅阴，三年不言。'何谓也？"

高宗，商王武丁也。谅阴，天子居丧之名，未详其义。

子曰："何必高宗，古之人皆然。君薨，百官总己以听于冢宰三年。"

言君薨，则诸侯亦然。总己，谓总摄①己职。冢宰，太宰也。百官听于冢宰，故君得以三年不言也。○胡氏曰："位有贵贱，而生于父母无以异者。故三年之丧，自天子达。子张非疑此也，殆以为人君三年不言，则臣下无所禀令，祸乱或由以起也。孔子告以听于冢宰，则祸乱非所忧矣。"

[注释]①总摄：主宰，主持，总管。

子曰："上好礼，则民易使也。"

好、易，皆去声。○谢氏曰"礼达而分定，故民易使。"

子路问君子。子曰："修己以敬。"曰："如斯而已乎？"曰："修己以安人。"曰："如斯而已乎？"曰："修己以安百姓。修己以安百姓，尧舜其犹病诸！"

修己以敬，夫子之言至矣尽矣。而子路少之，故再以其充积之盛，自然及物者告之，无他道也。人者，对己而言。百姓，则尽乎人矣。尧、舜犹病，言不可以有加于此。以抑子路，使反求诸近也。盖圣人之心无穷，世虽极治，然岂能必知四海之内，果无一物不得其所哉？故尧、舜犹以安百姓为病。若曰吾治已足，则非所以为圣人矣。○程子曰："君子修己以安百姓，笃恭而天下平。惟上下一于恭敬，则天地自位，万物自育，气无不和，而四灵①毕至矣。此体信达顺②之道，聪明睿知皆由是出，以此事天飨帝。"

[注释]①四灵：古代传说中的四大神（灵）兽：麟、凤、龟、龙。一说指传说中的苍帝、黄帝、白帝、黑帝四神帝，也有认为指青龙、白虎、朱雀、玄武。②体信达顺：体现诚信，以达到和顺的境界。

原壤夷俟。子曰："幼而不孙弟，长而无述焉，老而不死,是为贼!"以杖叩其胫。

孙、弟,并去声。长,上声。叩,音口。胫,其定反。○原壤,孔子之故人。母死而歌,盖老氏之流,自放于礼法之外者。夷,蹲踞也。俟,待也。言见孔子来而蹲踞以待之也。述,犹称也。贼者,害人之名。以其自幼至长,无一善状,而久生于世,徒足以败常乱俗,则是贼而已矣。胫,足骨也。孔子既责之,而因以所曳之杖,微击其胫,若使勿蹲踞然。

阙党童子将命。或问之曰:"益者与?"

与,平声。○阙党,党名。童子,未冠者之称。将命,谓传宾主之言。或人疑此童子学有进益,故孔子使之传命以宠异之也。

子曰:"吾见其居于位也,见其与先生并行也。非求益者也,欲速成者也。"

礼,童子当隅坐随行。孔子言吾见此童子,不循此礼。非能求益,但欲速成尔。故使之给使令之役,观长少之序,习揖逊之容。盖所以抑而教之,非宠而异之也。

卷　　八

卫灵公第十五

凡四十一章。

卫灵公问陈于孔子。孔子对曰:"俎豆之事,则尝闻之矣;军旅之事,未之学也。"明日遂行。

陈,去声。〇陈①,谓军师行伍之列。俎豆,礼器。尹氏曰:"卫灵公,无道之君也,复有志于战伐之事,故答以未学而去之。"

[注释]①陈:音"zhèn",同"阵"。

在陈绝粮,从者病,莫能兴。

从,去声。〇孔子去卫适陈。兴,起也

子路愠见曰:"君子亦有穷乎?"子曰:"君子固穷,小人穷斯滥矣。"

见,贤遍反。○何氏曰:"滥,溢也。言君子固有穷时,不若小人穷则放溢①为非。"程子曰:"固穷者,固守其穷。"亦通。○愚谓圣人当行而行,无所顾虑。处困而亨,无所怨悔。于此可见,学者宜深味之。

[注释]①放溢:放纵,泛滥。

子曰:"赐也,女以予为多学而识之者与?"

女,音汝。识,音志。与,平声,下同。○子贡之学,多而能识矣。夫子欲其知所本也,故问以发之。

对曰:"然,非与?"

方信而忽疑,盖其积学功至,而亦将有得也。

曰:"非也,予一以贯之。"

说见第四篇。然彼以行言,而此以知言也。○谢氏曰:"圣人之道大矣,人不能遍观而尽识,宜其以为多学而识之也。然圣人岂务博者哉?如天之于众形,匪物物刻而雕之也。故曰:'予一以贯之。''德辐如毛,毛犹有伦。上天之载,无声无臭。'①至矣!"尹氏曰:"孔子之于曾子,不待其问而直告之以此,曾子复深谕之曰'唯'。若子贡则先发其疑而后告之,而子贡终亦不能如曾子之唯也。二子所学之浅深,于此可见。"愚按:夫子之于子贡,屡有以发之,而他人不与焉。则颜曾以下诸子所学之浅深,又可见矣。

[注释]见《礼记·中庸》。

子曰:"由! 知德者鲜矣。"

鲜,上声。由,呼子路之名而告之也。德,谓义理之得于己者。非己有之,不能知其意味之实也。○自第一章至此,疑皆一时之言。此章盖为愠见发也。

子曰:"无为而治者,其舜也与? 夫何为哉,恭己正南面而已矣。"

与,平声。夫,音扶。○无为而治者,圣人德盛而民化,不待其有所作为也。独称舜者,绍①尧之后,而又得人以任众职,故尤不见其有为之迹也。恭己②者,圣人敬德之容。既无所为,则人之所见如此而已。

[注释]①绍:继续,接续。 ②恭己:恭谨以律己。

子张问行。

犹问达之意也。

子曰:"言忠信,行笃敬,虽蛮貊之邦行矣;言不忠信,行不笃敬,虽州里行乎哉?"

行笃、行不之行,去声。貊,亡百反。○子张意在得行于外,故夫子反于身而言之,犹答干禄问达之意也。笃,厚也。蛮,南蛮。貊,北狄。二千五百家为州。

立,则见其参于前也;在舆,则见其倚于衡也。夫然后行。"

参,七南反。夫,音扶。○其者,指忠信笃敬而言。参,读如毋往参焉之参,言与我相参也。衡,轭也。言其于忠信笃敬念念不忘,随其所在,常若有见,虽欲顷刻离之而不可得。然后一言一行,自然不离于忠信笃敬,而蛮貊可行也。

子张书诸绅。

绅,大带之垂者。书之,欲其不忘也。○程子曰:"学要鞭辟近里,著己而已。博学而笃志,切问而近思;言忠信,行笃敬;立则见其参于前,在舆则见其倚于衡;只此是学。质美者明得尽,查滓①便浑化②,却与天地同体。其次惟庄敬以持养之,及其至则一也。"

[注释]①查滓:物品提出精华后剩下的东西。理学家亦以指人欲私念。②浑化:浑然化一,融为一体。

子曰:"直哉史鱼! 邦有道,如矢;邦无道,如矢。

史,官名。鱼,卫大夫,名鳅。如矢,言直也。史鱼自以不能进贤退不肖,既死犹以尸谏,故夫子称其直。事见《家语》①。

[注释]①见《孔子家语·困誓》。

君子哉蘧伯玉! 邦有道,则仕;邦无道,则可卷而怀之。"

伯玉出处,合于圣人之道,故曰君子。卷,收也。怀,藏也。如于孙林父、宁殖①放弑之谋,不对而出,亦其事也。○杨氏曰:"史鱼之直,未尽君子之道。若蘧伯玉,然后可免于乱世。若史鱼之如矢,则虽欲卷而怀之,有不可得也。"

[注释]①孙林父、宁殖:春秋时卫国卿大夫,曾经合力驱逐卫献公。

子曰:"可与言而不与之言,失人;不可与言而与之言,失言。知者不失人,亦不失言。"

知,去声。

子曰:"志士仁人,无求生以害仁,有杀身以成仁。"

志士,有志之士。仁人,则成德之人也。理当死而求生,则于其心有不安矣,是害其心之德也。当死而死,则心安而德全矣。○程子曰:"实理得之于心自别。实理者,实见得是,实见得非也。古人有捐躯陨命者,若不实见得,恶能如此?须是实见得生不重于义,生不安于死也。故有杀身以成仁者,只是成就一个是而已。"

子贡问为仁。子曰:"工欲善其事,必先利其器。居是邦也,事其大夫之贤者,友其士之仁者。"

贤以事言,仁以德言。夫子尝谓子贡悦不若己者,故以是告之。欲其有所严惮切磋以成其德也。○程子曰:

"子贡问为仁,非问仁也,故孔子告之以为仁之资而已。"

[注释]①严惮:畏惧,害怕。

颜渊问为邦。

颜子王佐之才,故问治天下之道。曰为邦者,谦辞。

子曰:"行夏之时,

夏时,谓以斗柄初昏建寅之月为岁首也。天开于子,地辟于丑,人生于寅,故斗柄建此三辰之月,皆可以为岁首。而三代迭用之,夏以寅为人正,商以丑为地正,周以子为天正也。然时以作事,则岁月自当以人为纪。故孔子尝曰,"吾得夏时焉",而说者以为谓夏小正之属。盖取其时之正与其令之善,而于此又以告颜子也。

乘殷之辂,

辂,音路,亦作路。○商辂,木辂也。辂者,大车之名。古者以木为车而已,至商而有辂之名,盖始异其制也。周人饰以金玉,则过侈而易败,不若商辂之朴素浑坚①而等威已辨,为质而得其中也。

[注释]①浑坚:浑朴坚固。

服周之冕,

周冕有五,祭服之冠也。冠上有覆,前后有旒。黄帝以来,盖已有之,而制度仪等,至周始备。然其为物小,而加于众体之上,故虽华而不为靡,虽费而不及奢。夫子取之,盖亦以为文而得其中也。

乐则《韶》舞。

取其尽善尽美。

放郑声,远佞人。郑声淫,佞人殆。"

远,去声。○放,谓禁绝之。郑声,郑国之音。佞人,卑谄①辩给②之人。殆,危也。○程子曰:"问政多矣,惟颜渊告之以此。盖三代之制,皆因时损益,及其久也,不能无弊。周衰,圣人不作,故孔子斟酌先王之礼,立万世常行之道,发此以为之兆尔。由是求之,则余皆可考也。"张子曰:"礼乐,治之法也。放郑声,远佞人,法外意也。一日不谨,则法坏矣。虞、夏君臣更相饬戒③,意盖如此。"又曰:"法立而能守,则德可久,业可大。郑声佞人,能使人丧其所守,故放远之。"尹氏曰:"此所谓百王不易之大法。孔子之作《春秋》,盖此意也。孔颜虽不得行之于时,然其为治之法,可得而见矣。"

[注释]①卑谄:低声下气,谄媚奉承。 ②辩给:能言善辩。 ③饬戒:教诲告诫。

子曰:"人无远虑,必有近忧。"

苏氏曰:"人之所履者,容足之外,皆为无用之地,而不可废也。故虑不在千里之外,则患在几席之下矣。"

子曰:"已矣乎! 吾未见好德如好色者也。"

好,去声。○已矣乎,叹其终不得而见也。

子曰:"臧文仲其窃位者与? 知柳下惠之贤,而不与立也。"

者与之与,平声。○窃位,言不称其位而有愧于心,如盗得而阴据之也。柳下惠,鲁大夫展获,字禽,食邑柳下,谥曰惠。与立,谓与之并立于朝。范氏曰:"臧文仲为政于鲁,若不知贤,是不明也;知而不举,是蔽贤也。不明之罪小,蔽贤之罪大。故孔子以为不仁,又以为窃位。"

子曰:"躬自厚而薄责于人,则远怨矣。"

远,去声。○责己厚,故身益修;责人薄,故人易从。所以人不得而怨之。

子曰:"不曰'如之何如之何'者,吾末如之何也已矣。"

如之何如之何者,熟思而审处之辞也。不如是而妄行,虽圣人亦无如之何矣。

子曰:"群居终日,言不及义,好行小慧,难矣哉!"

好,去声。○小慧,私智也。言不及义,则放辟邪侈①之心滋。好行小慧,则行险侥幸②之机熟。难矣哉者,言其无以入德,而将有患害也。

[注释]①放辟邪侈:毫无约束,肆意作恶。放、侈:放纵;辟、邪:不正派,

不正当。　②行险侥幸：冒险行事以求得意外的成功。

子曰："君子义以为质，礼以行之，孙以出之，信以成之。君子哉！"

孙，去声。○义者制事之本，故以为质干。而行之必有节文，出之必以退逊，成之必在诚实，乃君子之道也。○程子曰："义以为质，如质干然。礼行此，孙出此，信成此。此四句只是一事，以义为本。"又曰："'敬以直内，则义以方外。''义以为质，则礼以行之，孙以出之，信以成之。'"

子曰："君子病无能焉，不病人之不己知也。"

子曰："君子疾没世而名不称焉。"

范氏曰："君子学以为己，不求人知。然没世而名不称焉，则无为善之实可知矣。"

子曰："君子求诸己，小人求诸人。"

谢氏曰："君子无不反求诸己，小人反是。此君子小人所以分也。"○杨氏曰："君子虽不病人之不己知，然亦疾没世而名不称也。虽疾没世而名不称，然所以求者，亦反诸己而已。小人求诸人，故违道干①誉，无所不至。三者文不相蒙，而义实相足，亦记言者之意。"

[注释]①干：求。　②相蒙：相关联，相符合。

子曰:"君子矜而不争,群而不党。"

庄以持己曰矜。然无乖戾之心,故不争。和以处众曰群。然无阿比之意,故不党。

子曰:"君子不以言举人,不以人废言。"

子贡问曰:"有一言而可以终身行之者乎?"子曰:"其恕乎!己所不欲,勿施于人。"

推己及物,其施不穷,故可以终身行之。○尹氏曰:"学贵于知要。子贡之问,可谓知要矣。孔子告以求仁之方也。推而极之,虽圣人之无我,不出乎此。终身行之,不亦宜乎?"

子曰:"吾之于人也,谁毁谁誉?如有所誉者,其有所试矣。

誉,平声。○毁者,称人之恶而损其真。誉者,扬人之善而过其实。夫子无是也。然或有所誉者,则必尝有以试之,而知其将然矣。圣人善善之速,而无所苟如此。若其恶恶,则已缓矣。是以虽有以前知其恶,而终无所毁也。

斯民也,三代之所以直道而行也。"

斯民者,今此之人也。三代,夏、商、周也。直道,无私曲也。言吾之所以无所毁誉者,盖以此民,即三代之时所以善其善、恶其恶而无所私曲之民。故我今亦不得而枉其是非之实也。○尹氏曰："孔子之于人也,岂有意于毁誉之哉？其所以誉之者,盖试而知其美故也。斯民也,三代所以直道而行,岂得容私于其闲哉？"

子曰："吾犹及史之阙文也,有马者借人乘之。今亡矣夫！"

夫,音扶。○杨氏曰："史阙文、马借人,此二事孔子犹及见之。今亡矣夫,悼时之益偷也。"愚谓此必有为而言。盖虽细故,而时变之大者可知矣。○胡氏曰："此章义疑,不可强解。"

子曰："巧言乱德,小不忍则乱大谋。"

巧言,变乱是非,听之使人丧其所守。小不忍,如妇人之仁、匹夫之勇皆是。

子曰："众恶之,必察焉；众好之,必察焉。"

好、恶,并去声。○杨氏曰："惟仁者能好恶人。众好恶之而不察,则或蔽于私矣。"

子曰："人能弘道,非道弘人。"

弘,廓而大之也。人外无道,道外无人。然人心有觉,而道体无为；故人能大其道,道不能大其人也。○张子曰："心能尽性,人能弘道也；性不知检其心,非道弘人也。"

子曰:"过而不改,是谓过矣。"

过而能改,则复于无过。惟不改则其过遂成,而将不及改矣。

子曰:"吾尝终日不食,终夜不寝,以思,

句。

无益,

句。

如学也。"

此为思而不学者言之。盖劳心以必求,不如逊志①而自得也。李氏曰:"夫子非思而不学者,特垂语以教人尔。"

[注释]①逊志:虚心谦让;顺心,迎合心意。

子曰:"君子谋道不谋食。耕也,馁在其中矣;学也,禄在其中矣。君子忧道不忧贫。"

馁,奴罪反。○耕所以谋食,而未必得食。学所以谋道,而禄在其中。然其学也,忧不得乎道而已;非为忧贫之故,而欲为是以得禄也。○尹氏曰:"君子治其本而不恤①其末,岂以在外者为忧乐哉?"

[注释]①恤:担忧,忧虑。

子曰:"知及之,仁不能守之;虽得之,必失之。

知,去声。○知足以知此理,而私欲间之,则无以有之于身矣。

知及之,仁能守之。不庄以莅之,则民不敬。

莅,临也。谓临民也。知此理而无私欲以间之,则所知者在我而不失矣。然犹有不庄者,盖气习①之偏,或有厚于内而不严于外者,是以民不见其可畏而慢易②之。下句放③此。

[注释]①气习:气质,习性。　②慢易:怠慢,轻慢。　③放:通"仿"。

知及之,仁能守之,庄以莅之。动之不以礼,未善也。"

动之,动民也。犹曰鼓舞而作兴之云尔。礼,谓义理之节文。○愚谓学至于仁,则善有诸己而大本立矣。莅之不庄,动之不以礼,乃其气禀学问之小疵,然亦非尽善之道也。故夫子历言之,使知德愈全则责愈备,不可以为小节而忽之也。

子曰:"君子不可小知,而可大受也;小人不可大受,而可小知也。"

此言观人之法。知,我知之也。受,彼所受也。盖君子于细事未必可观,而材德足以任重;小人虽器量浅狭,而未必无一长可取。

子曰:"民之于仁也,甚于水火。水火,吾见蹈而死者矣,未见蹈仁而死者也。"

民之于水火,所赖以生,不可一日无。其于仁也亦然。但水火外物,而仁在己。无水火,不过害人之身,而不仁则失其心。是仁有甚于水火,而尤不可以一日无也。况水火或有时而杀人,仁则未尝杀人,亦何惮而不为哉?李氏曰:"此夫子勉人为仁之语。"下章放此。

子曰:"当仁不让于师。"

当仁,以仁为己任也。虽师亦无所逊,言当勇往而必为也。盖仁者,人所自有而自为之,非有争也,何逊之有?○程子曰:"为仁在己,无所与逊。若善名为①外,则不可不逊。"

[**注释**]①"为",清仿宋大字本作"在"。

子曰:"君子贞而不谅。"

贞,正而固也。谅,则不择是非而必于信。

子曰:"事君,敬其事而后其食。"

后,与后获之后同。食,禄也。君子之仕也,有官守者修其职,有言责者尽其忠。皆以敬吾之事而已,不可先有求禄之心也。

子曰:"有教无类。"

人性皆善,而其类有善恶之殊者,气习之染也。故君子有教,则人皆可以复于善,而不当复论其类之恶矣。

子曰:"道不同,不相为谋。"

为,去声。○不同,如善恶邪正之异。

子曰:"辞达而已矣。"

辞,取达意而止,不以富丽为工。

师冕见,及阶,子曰:"阶也。"及席,子曰:"席也。"皆坐,子告之曰:"某在斯,某在斯。"

见,贤遍反。○师,乐师,瞽者。○冕,名。再言某在斯,历举在坐之人以诏之。

师冕出。子张问曰:"与师言之道与?"

与,平声。○圣门学者,于夫子之一言一动,无不存心省察如此。

子曰:"然。固相师之道也。"

相,去声。○相,助也。古者瞽必有相,其道如此。盖圣人于此,非作意而为之,但尽其道而已。○尹氏曰:"圣人处己为人,其心一致,无不尽其诚故也。有志于学者,求圣人之心,于斯亦可见矣。"范氏曰:"圣人不侮鳏寡,不虐无告①,可见于此。推之天下,无一物不得其所矣。"

[**注释**]①无告:有疾苦而无处诉说,又指有疾苦而无处诉说的人。

季氏第十六

洪氏曰:"此篇或以为《齐论》。"凡十四章。

季氏将伐颛臾。

颛,音专。臾,音俞。○颛臾,国名。鲁附庸也。

冉有、季路见于孔子曰:"季氏将有事于颛臾。"

见,贤遍反。○按《左传》、《史记》,二子仕季氏不同时。此云尔者,疑子路尝从孔子自卫反鲁,再仕季氏,不久而复之卫也。

孔子曰:"求!无乃尔是过与?

与,平声。○冉求为季氏聚敛,尤用事。故夫子独责之。

夫颛臾,昔者先王以为东蒙主,且在邦域之中矣,是社稷之臣也。何以伐为?"

夫,音扶。○东蒙,山名。先王封颛臾于此山之下,使主其祭,在鲁地七百里之中。社稷,犹云公家。是时四分鲁国,季氏取其二,孟孙、叔孙各有其一。独附庸之国尚为公臣,季氏又欲取以自益。故孔子言颛臾乃先王封国,则不可伐；在邦域之中，则不必伐；是社稷之臣，则非季氏所当伐也。此事理之至当，不易之定体，而一言尽其曲折如此，非圣人不能也。

冉有曰："夫子欲之，吾二臣者皆不欲也。"

夫子，指季孙。冉有实与谋，以孔子非之，故归咎于季氏。

孔子曰："求！周任有言曰：'陈力就列，不能者止。'危而不持，颠而不扶，则将焉用彼相矣？

任，平声。焉，于虔反。相，去声，下同。○周任，古之良史。陈，布也。列，位也。相，瞽者之相也。言二子不欲则当谏，谏而不听，则当去也。

且尔言过矣。虎兕出于柙，龟玉毁于椟中，是谁之过与？"

兕，徐履反。柙，户甲反。椟，音独。与，平声。○兕，野牛也。柙，槛也。椟，匮也。言在柙而逸，在椟而毁，典守①者不得辞其过。明二子居其位而不去，则季氏之恶，己不得不任其责也。

[注释]①典守：主管，保管，看管。

冉有曰："今夫颛臾，固而近于费。今不取，后世必为子孙忧。"

夫,音扶。○固,谓城郭完固。费,季氏之私邑。此则冉求之饰辞,然亦可见其实与季氏之谋矣。

孔子曰:"求!君子疾夫舍曰欲之,而必为之辞。

夫,音扶。舍,上声。○欲之,谓贪其利。

丘也闻有国有家者,不患寡而患不均,不患贫而患不安。盖均无贫,和无寡,安无倾。

寡,谓民少。贫,谓财乏。均,谓各得其分。安,谓上下相安。季氏之欲取颛臾,患寡与贫耳。然是时季氏据国,而鲁公无民,则不均矣。君弱臣强,互生嫌隙①,则不安矣。均则不患于贫而和,和则不患于寡而安,安则不相疑忌,而无倾覆②之患。

[注释]①嫌隙:因猜疑或不满而产生的隔阂与仇怨。 ②倾覆:颠覆,覆灭。

夫如是,故远人不服,则修文德以来之。既来之,则安之。

夫,音扶。○内治修,然后远人服。有不服,则修德以来之,亦不当勤①兵于远。

[注释]①勤:劳,辛苦。

今由与求也,相夫子,远人不服而不能来也;邦分崩离析而不能守也。

子路虽不与谋，而素不能辅之以义，亦不得为无罪，故并责之。远人，谓颛臾。分崩离析，谓四分公室，家臣屡叛。

而谋动干戈于邦内。吾恐季孙之忧，不在颛臾，而在萧墙之内也。"

干，楯也。戈，戟也。萧墙，屏也。言不均不和，内变将作。其后哀公果欲以越伐鲁而去季氏。○谢氏曰："当是时，三家强，公室弱，冉求又欲伐颛臾以附益之。夫子所以深罪之，为其瘠①鲁以肥三家也。"洪氏曰："二子仕于季氏，凡季氏所欲为，必以告于夫子。则因夫子之言而救止者，宜亦多矣。伐颛臾之事，不见于经传，其以夫子之言而止也与？"

[注释]①瘠：瘦，贫，薄。此为使动用法，即使鲁瘠。

孔子曰："天下有道，则礼乐征伐自天子出；天下无道，则礼乐征伐自诸侯出。自诸侯出，盖十世希不失矣；自大夫出，五世希不失矣；陪臣执国命，三世希不失矣。

先王之制，诸侯不得变礼乐，专征伐。陪臣，家臣也。逆理愈甚，则其失之愈速。大约世数，不过如此。

天下有道，则政不在大夫。

言不得专政。

天下有道，则庶人不议。"

上无失政，则下无私议。非钳其口使不敢言也。○此章通论天下之势。

孔子曰："禄之去公室，五世矣；政逮于大夫，四世矣；故夫三桓之子孙，微矣。"

夫，音扶。○鲁自文公薨，公子遂杀子赤，立宣公，而君失其政。历成、襄、昭、定，凡五公。逮，及也。自季武子始专国政，历悼、平、桓子，凡四世，而为家臣阳虎所执。三桓，三家，皆桓公之后。此以前章之说推之，而知其当然也。○此章专论鲁事，疑与前章皆定公时语。苏氏曰："礼乐征伐自诸侯出，宜诸侯之强也，而鲁以失政。政逮于大夫，宜大夫之强也，而三桓以微。何也？强生于安，安生于上下之分定。今诸侯大夫皆陵①其上，则无以令其下矣。故皆不久而失之也。"

[注释]①陵：侵犯，欺侮。

孔子曰："益者三友，损者三友。友直，友谅，友多闻，益矣。友便辟，友善柔，友便佞，损矣。"

便，平声。辟，婢亦反。○友直，则闻其过。友谅，则进于诚。友多闻，则进于明。便，习熟也。便辟，谓习于威仪而不直。善柔，谓工于媚悦而不谅。便佞，谓习于口语，而无闻见之实。三者损益，正相反也。○尹氏曰："自天子至于庶人，未有不须友以成者。而其损益有如是者，可不谨哉?"

孔子曰:"益者三乐,损者三乐。乐节礼乐,乐道人之善,乐多贤友,益矣。乐骄乐,乐佚游,乐宴乐,损矣。"

乐,五教反。礼乐之乐,音岳。骄乐宴乐之乐,音洛。○节,谓辨其制度声容之节。骄乐,则侈肆而不知节。佚游,则惰慢而恶闻善。宴乐,则淫溺而狎小人。三者损益,亦相反也。○尹氏曰:"君子之于好乐,可不谨哉?"

孔子曰:"侍于君子有三愆:言未及之而言谓之躁,言及之而不言谓之隐,未见颜色而言谓之瞽。"

君子,有德位之通称。愆,过也。瞽,无目,不能察言观色。○尹氏曰:"时然后言,则无三者之过矣。"

孔子曰:"君子有三戒:少之时,血气未定,戒之在色;及其壮也,血气方刚,戒之在斗;及其老也,血气既衰,戒之在得。"

血气,形之所待以生者,血阴而气阳也。得,贪得也。随时知戒,以理胜之,则不为血气所使也。○范氏曰:"圣人同于人者血气也,异于人者志气也。血气有时而衰,志气则无时而衰也。少未定、壮而刚、老而衰者,血气也。戒于色、戒于斗、戒于得者,志气也。君子养其志气,故不为血气所动,是以年弥高而德弥邵①也。"

[注释]①邵:美好。

孔子曰："君子有三畏：畏天命，畏大人，畏圣人之言。

畏者，严惮之意也。天命者，天所赋之正理也。知其可畏，则其戒谨恐惧，自有不能已者。而付畀①之重，可以不失矣。大人圣言，皆天命所当畏。知畏天命，则不得不畏之矣。

[注释]①付畀：委托，托付；授予，交给。

小人不知天命而不畏也，狎大人，侮圣人之言。"

侮，戏玩也。不知天命，故不识义理，而无所忌惮如此。○尹氏曰："三畏者，修己之诚当然也。小人不务修身诚己，则何畏之有？"

孔子曰："生而知之者，上也；学而知之者，次也；困而学之，又其次也；困而不学，民斯为下矣。"

困，谓有所不通。言人之气质不同，大约有此四等。○杨氏曰："生知学知以至困学，虽其质不同，然及其知之一也。故君子惟学之为贵。困而不学，然后为下。"

孔子曰："君子有九思：视思明，听思聪，色思温，貌思恭，言思忠，事思敬，疑思问，忿思难，见得思义。"

难，去声。○视无所蔽，则明无不见。听无所壅，则聪无不闻。色，见于面者。貌，举身而言。思问，则疑不蓄。思难，则忿必惩。思义，则得不苟。○程子曰："九思各专其一。"谢氏曰："未至于从容中道，无时而不自省察也。

虽有不存焉者寡矣，此之谓思诚。"

孔子曰："见善如不及，见不善如探汤。吾见其人矣，吾闻其语矣。

探，吐南反。〇真知善恶而诚好恶之，颜、曾、闵、冉之徒，盖能之矣。语，盖古语也。

隐居以求其志，行义以达其道。吾闻其语矣，未见其人也。"

求其志，守其所达之道也。达其道，行其所求之志也。盖惟伊尹、太公之流，可以当之。当时若颜子，亦庶乎此。然隐而未见，又不幸而蚤①死，故夫子云然。

[注释]①蚤：通"早"。

齐景公有马千驷，死之日，民无德而称焉。伯夷、叔齐饿于首阳之下，民到于今称之。

驷，四马也。首阳，山名。

其斯之谓与？

与，平声。〇胡氏曰："程子以为第十二篇错简'诚不以富，亦只以异'①，当在此章之首。今详文势，似当在此句之上。言人之所称，不在于富，而在于异也。"愚谓此说近是，而章首当有孔子曰字，盖阙文耳。大抵此书后十篇多阙误。

[注释]①见于《诗经・小雅・我行其野》。

陈亢问于伯鱼曰:"子亦有异闻乎?"

亢,音刚。○亢以私意窥圣人,疑必阴厚其子

对曰:"未也。尝独立,鲤趋而过庭。曰:'学《诗》乎?'对曰:'未也。''不学《诗》,无以言。'鲤退而学《诗》。

事理通达,而心气和平,故能言。

他日又独立,鲤趋而过庭。曰:'学礼乎?'对曰:'未也。''不学礼,无以立。'鲤退而学礼。

品节详明,而德性坚定,故能立。

闻斯二者。"

当独立之时,所闻不过如此,其无异闻可知。

陈亢退而喜曰:"问一得三,闻《诗》,闻礼,又闻君子之远其子也。"

远,去声。○尹氏曰:"孔子之教其子,无异于门人,故陈亢以为远其子。"

邦君之妻,君称之曰夫人,夫人自称曰小童;邦人称之曰君夫人,称诸异邦曰寡小君;异邦人称之亦曰君夫人。

寡,寡德,谦辞。○吴氏曰:"凡《语》中所载如此类者,

不知何谓。或古有之,或夫子尝言之,不可考也。"

卷　九

阳货第十七

凡二十六章。

阳货欲见孔子,孔子不见,归孔子豚。孔子时其亡也,而往拜之,遇诸涂。

归,如字,一作馈。○阳货,季氏家臣,名虎。尝囚季桓子而专国政。欲令孔子来见己,而孔子不往。货以礼,大夫有赐于士,不得受于其家,则往拜其门。故瞰①孔子之亡而归之豚,欲令孔子来拜而见之也。

[注释]①瞰:远望,窥望。

谓孔子曰:"来!予与尔言。"曰:"怀其宝而迷其邦,可谓仁乎?"曰:"不可。""好从事而亟失时,可谓知乎?"曰:"不可。""日月逝矣,岁不我与。"孔子曰:"诺。吾将仕矣。"

好、亟、知，并去声。○怀宝迷邦，谓怀藏道德，不救国之迷乱。亟，数也。失时，谓不及事几①之会。将者，且然而未必之辞。货语皆讥孔子而讽使速仕。孔子固未尝如此，而亦非不欲仕也，但不仕于货耳。故直据理答之，不复与辩，若不谕其意者。○阳货之欲见孔子，虽其善意，然不过欲使助己为乱耳。故孔子不见者，义也。其往拜者，礼也。必时其亡而往者，欲其称也。遇诸涂②而不避者，不终绝也。随问而对者，理之直也。对而不辩者，言之孙而亦无所诎也。杨氏曰："扬雄谓孔子于阳货也，敬所不敬，为诎③身以信道。非知孔子者。盖道外无身，身外无道。身诎矣而可以信道，吾未之信也。"

[注释]①事几：事情，事体，事情的苗头。　②涂：道路。　③诎：弯曲，屈服。

子曰："性相近也，习相远也。"

此所谓性，兼气质而言者也。气质之性，固有美恶之不同矣。然以其初而言，则皆不甚相远也。但习于善则善，习于恶则恶，于是始相远耳。○程子曰："此言气质之性。非言性之本也。若言其本，则性即是理，理无不善，孟子之言性善是也。何相近之有哉？"

子曰："唯上知与下愚不移。"

知，去声。○此承上章而言。人之气质相近之中，又有美恶一定，而非习之所能移者。○程子曰："人性本善，有不可移者何也？语其性则皆善也，语其才则有下愚之不移。所谓下愚有二焉：自暴自弃①也。人苟以善自治，则无不可移，虽昏愚②之至，皆可渐磨而进也。惟自暴者拒之以不信，自弃者绝之以不为，虽圣人与居，不能化而入也，仲尼之所谓下愚也。然其质非必昏且愚也，往往强戾③而才力有过人者，商辛④是也。圣人以其自绝于善，谓之下愚，然考其归则诚愚也。"或曰："此与上章当合为一，子曰二字，盖衍文耳。"

[注释]①自暴自弃：自甘堕落，不求进取。暴，糟蹋、损害。弃，鄙弃、抛弃。　②昏愚：糊涂而愚蠢。　③强戾：强横凶暴。　④商辛：即商纣王帝辛。

子之武城，闻弦歌之声。

弦，琴瑟也。时子游为武城宰，以礼乐为教，故邑人皆弦歌也。

夫子莞尔而笑，曰："割鸡焉用牛刀？"

莞，华版反。焉，于虔反。○莞尔，小笑貌，盖喜之也。因言其治小邑，何必用此大道也。

子游对曰："昔者偃也闻诸夫子曰：'君子学道则爱人，小人学道则易使也。'"

易，去声。○君子小人，以位言之。子游所称，盖夫子之常言。言君子小人，皆不可以不学。故武城虽小，亦必教以礼乐。

子曰："二三子！偃之言是也。前言戏之耳。"

嘉子游之笃信，又以解门人之惑也。○治有大小，而其治之必用礼乐，则其为道一也。但众人多不能用，而子游独行之。故夫子骤闻而深喜之，因反其言以戏之。而子游以正对，故复是其言，而自实其戏也。

公山弗扰以费畔，召，子欲往。

弗扰，季氏宰。与阳货共执桓子，据邑以叛。

子路不说，曰："末之也已，何必公山氏之之也。"

说，音悦。○末，无也。言道既不行，无所往矣，何必公山氏之往乎？

子曰："夫召我者而岂徒哉？如有用我者，吾其为东周乎？"

夫，音扶。○岂徒哉，言必用我也。为东周，言兴周道于东方。○程子曰："圣人以天下无不可有为之人，亦无不可改过之人，故欲往。然而终不往者，知其必不能改故也。"

子张问仁于孔子。孔子曰："能行五者于天下，为仁矣。"请问之。曰:"恭、宽、信、敏、惠。恭则不侮,宽则得众,信则人任焉,敏则有功,惠则足以使人。"

行是五者,则心存而理得矣。于天下,言无适而不然,犹所谓虽之夷狄不可弃者。五者之目,盖因子张所不足而言耳。任,倚仗也,又言其效如此。○张敬夫曰:"能行此五者于天下,则其心公平而周遍可知矣,然恭其本与?"李氏曰:"此章与六言、六蔽①、五美、四恶②之类,皆与前后文体大不相似。"

[注释]①见本篇第八章。(下文)　②见《尧曰》篇。

佛肸召,子欲往。

佛,音弼。肸,许密反。○佛肸,晋大夫赵氏之中牟宰也。

子路曰:"昔者由也闻诸夫子曰:'亲于其身为不善者,君子不入也。'佛肸以中牟畔,子之往也,如之何!"

子路恐佛肸之浼①夫子,故问此以止夫子之行。亲,犹自也。不入,不入其党也。

[注释]浼(měi):污染。

子曰:"然。有是言也。不曰坚乎,磨而不磷;不曰白乎,涅而不缁。

磷,力刃反。涅,乃结反。○磷,薄也。涅,染皂①物。言人之不善,不能浼己。杨氏曰:"磨不磷,涅不缁②,而后无可无不可。坚白不足,而欲自试于磨涅,其不磷缁也者,几希。"

[注释]①阜:盛,多,大。 ②缁:黑色。

吾岂匏瓜也哉?焉能系而不食?"

焉,于虔反。○匏,瓠也。匏瓜系于一处而不能饮食,人则不如是也。○张敬夫曰:"子路昔者之所闻,君子守身之常法。夫子今日之所言,圣人体道之大权①也。然夫子于公山、佛肸之召皆欲往者,以天下无不可变之人,无不可为之事也。其卒不往者,知其人之终不可变而事之终不可为耳。一则生物之仁,一则知人之智也。"

[注释]①权:权变。

子曰:"由也,女闻六言六蔽矣乎?"对曰:"未也。"

女,音汝,下同。○蔽,遮掩也。

"居!吾语女。

语,去声。○礼:君子问更端①,则起而对。故孔子谕子路,使还坐而告之。

[注释]①更端:另一事,别的事。

好仁不好学,其蔽也愚;好知不好学,其蔽也荡;好信不好学,其蔽也贼;好直不好学,其蔽也绞;好勇不好学,其蔽也乱;好刚不好学,其蔽也狂。"

好、知,并去声。○六言①皆美德,然徒好之而不学以明其理,则各有所蔽②。愚,若可陷可罔之类。荡,谓穷高极广而无所止。贼,谓伤害于物。勇者,刚之发。刚者,勇之体。狂,躁率也。范氏曰:"子路勇于为善,其失之者,未能好学以明之也,故告之以此。曰勇、曰刚、曰信、曰直,又皆所以救其偏也。"

[注释]①六言:仁、知、信、直、勇、刚,又称六美。　②六蔽:愚、荡、贼、绞、乱、狂。

子曰:"小子!何莫学夫《诗》?

夫,音扶。○小子,弟子也。

诗,可以兴,

感发志意。

可以观,

考见得失。

可以群,

和而不流。

可以怨。

怨而不怒。

迩之事父,远之事君。

人伦之道,《诗》无不备,二者举重而言。

多识于鸟兽草木之名。"

其绪余又足以资多识。学《诗》之法,此章尽之。读是经者,所宜尽心也。

子谓伯鱼曰:"女为《周南》、《召南》矣乎?人而不为《周南》、《召南》,其犹正墙面而立也与?"

女,音汝。与,平声。○为,犹学也。《周南》、《召南》,《诗》首篇名。所言皆修身齐家之事。正墙面而立,言即其至近之地,而一物无所见,一步不可行。

子曰:"礼云礼云,玉帛云乎哉?乐云乐云,钟鼓云乎哉?"

敬而将①之以玉帛,则为礼;和而发之以钟鼓,则为乐。遗其本而专事其末,则岂礼乐之谓哉?○程子曰:"礼只是一个序,乐只是一个和。只此两字,含蓄多少义理。天下无一物无礼乐②。且如置此两椅,一不正,便是无序。无序便乖,乖便不和。又如盗贼至为不道,然亦有礼乐。盖必有总属,必相听顺③,乃能为盗。不然,则叛乱无统,不能一日相聚而为盗也。礼乐无处无之,学者须要识得。"

[注释]①将:送,表现为。 ②"乐"原作"义",据清仿宋大字本改。

③听顺:顺从,听从,听任。

子曰:"色厉而内荏,譬诸小人,其犹穿窬之盗也与?"

荏,而审反。与,平声。○厉,威严也。荏,柔弱也。小人,细民也。穿,穿壁。窬,踰墙。言其无实盗名,而常畏人知也。

子曰:"乡原,德之贼也。"

乡者,鄙俗之意。原,与愿同。《荀子》原悫,《注》读作愿是也。乡原,乡人之愿者也。盖其同流合污以媚于世,故在乡人之中,独以愿称。夫子以其似德非德,而反乱乎德,故以为德之贼而深恶之。详见《孟子》末篇①。

[注释]①《孟子·尽心下》。

子曰:"道听而涂说,德之弃也。"

虽闻善言,不为己有,是自弃其德也。○王氏①曰:"君子多识前言往行以畜其德,道听涂说,则弃之矣。"

[注释]①王氏:王安石,字介甫,著有《论语通》。

子曰:"鄙夫可与事君也与哉?

与,平声。○鄙夫,庸恶陋劣之称。

其未得之也,患得之;既得之,患失之。

何氏曰:"患得之,谓患不能得之。"

苟患失之，无所不至矣。"

小则吮痈舐痔，大则弑父与君，皆生于患失而已。○胡氏曰："许昌靳裁之①有言曰：'士之品大概有三：志于道德者，功名不足以累其心；志于功名者，富贵不足以累其心；志于富贵而已者，则亦无所不至矣。'志于富贵，即孔子所谓鄙夫也。"

[注释]①靳裁之：宋代颍川郡（今许昌）人，经学家、理学家，曾为胡安国之师。

子曰："古者民有三疾，今也或是之亡也。

气失其平则为疾，故气禀之偏者亦谓之疾。昔所谓疾，今亦无之，伤俗之益衰也。

古之狂也肆，今之狂也荡；古之矜也廉，今之矜也忿戾；古之愚也直，今之愚也诈而已矣。"

狂者，志愿太高。肆，谓不拘小节。荡则逾大闲①矣。矜者，持守太严。廉，谓棱角峭厉。忿戾②则至于争矣。愚者，暗昧不明。直，谓径行自遂。诈则挟私妄作矣。○范氏曰："末世滋伪。岂惟贤者不如古哉？民性之蔽，亦与古人异矣。"

[注释]①闲：本指栅栏，引申为界限、法度。　②忿戾：忿恨；蛮横无理，动辄发怒。

子曰："巧言令色，鲜矣仁。"

重出①。

[注释]①重出《学而》篇。

子曰:"恶紫之夺朱也,恶郑声之乱雅乐也,恶利口之覆邦家者。"

恶,去声。覆,芳服反。○朱,正色。紫,闲色。雅,正也。利口,捷给①。覆,倾败也。○范氏曰:"天下之理,正而胜者常少,不正而胜者常多,圣人所以恶之也。利口之人,以是为非,以非为是,以贤为不肖,以不肖为贤。人君苟悦而信之,则国家之覆也不难矣。"

[注释]①捷给:应对敏捷,有口辩。

子曰:"予欲无言。"

学者多以言语观圣人,而不察其天理流行之实,有不待言而著者。是以徒得其言,而不得其所以言,故夫子发此以警之。

子贡曰:"子如不言,则小子何述焉?"

子贡正以言语观圣人者,故疑而问之。

子曰:"天何言哉? 四时行焉,百物生焉,天何言哉?"

四时行,百物生,莫非天理发见流行之实,不待言而可见。圣人一动一静,莫非妙道精义之发,亦天而已,岂待言而显哉? 此亦开示子贡之切,惜乎其终不喻也。○程子曰:"孔子之道,譬如日星之明,犹患门人未能尽晓,故曰'予欲无言'。若颜子则便默识,其他则未免疑问,故曰'小子何述'。"又曰:"'天何言哉,四时行焉,百物生焉',则可谓至明白矣。"愚按:此与前篇无隐之意相发①,学者详之。

[注释]①见《述而》:"二三子以我为隐乎?吾无隐乎尔。吾无行而不与二三子者,是丘也。"

孺悲欲见孔子,孔子辞以疾。将命者出户,取瑟而歌。使之闻之。

孺悲,鲁人,尝学士丧礼于孔子。当是时必有以得罪者。故辞以疾,而又使知其非疾,以警教之也。程子曰:"此孟子所谓不屑之教诲,所以深教之也。"

宰我问:"三年之丧,期已久矣。

期,音基,下同。○期,周年也。

君子三年不为礼,礼必坏;三年不为乐,乐必崩。

恐居丧不习而崩坏也。

旧谷既没,新谷既升,钻燧改火,期可已矣。"

钻,祖官反。○没,尽也。升,登也。燧,取火之木也。改火,春取榆柳之火,夏取枣杏之火,夏季取桑柘之火,秋取柞楢之火,冬取槐檀之火,亦一年而周也。已,止也。

言期年则天运一周,时物皆变,丧至此可止也。尹氏曰:"短丧之说,下愚且耻言之。宰我亲学圣人之门,而以是为问者,有所疑于心而不敢强焉尔。"

子曰:"食夫稻,衣夫锦,于女安乎?"曰:"安。"

夫,音扶,下同。衣,去声。女,音汝,下同。○礼。父母之丧:既殡,食粥、粗衰。既葬,疏食、水饮,受以成布①。期而小祥②,始食菜果,练冠③缥缘④、要绖不除,无食稻衣锦之理。夫子欲宰我反求诸心,自得其所以不忍者。故问之以此,而宰我不察也。

[注释]①成布:质地较细的布。　②小祥:亲丧一周年的祭礼。　③练冠:厚缯或粗布之冠。古礼亲丧一周年祭礼时著练冠。　④缥缘:浅红色的边。

"女安则为之! 夫君子之居丧,食旨不甘,闻乐不乐,居处不安,故不为也。今女安,则为之!"

乐,上如字,下音洛。○此夫子之言也。旨,亦甘也。初言女安则为之,绝之之辞。又发其不忍之端,以警其不察。而再言女安则为之以深责之。

宰我出。子曰:"予之不仁也! 子生三年,然后免于父母之怀。夫三年之丧,天下之通丧也。予也有三年之爱于其父母乎?"

宰我既出,夫子惧其真以为可安而遂行之,故深探其本而斥之。言由其不仁,故爱亲之薄如此也。怀,抱也。又言君子所以不忍于亲,而丧必三年之故。使之闻之,或能反求而终得其本心也。○范氏曰:"丧虽止于三年,然贤者之情则无穷也。特以圣人为之中制而不敢过,故必俯而就之。非以三年之丧,为足以报其亲也。所谓三年然后免于父母之怀,特以责宰我之无恩,欲其有以跂①而及之尔。"

[注释]①跂:踮起脚后跟。详见《礼记·檀弓上》。

子曰:"饱食终日,无所用心,难矣哉! 不有博弈者乎,为之犹贤乎已。"

博,局戏也。弈,围棋也。已,止也。李氏曰:"圣人非教人博弈也,所以甚言无所用心之不可尔。"

子路曰:"君子尚勇乎?"子曰:"君子义以为上。君子有勇而无义为乱,小人有勇而无义为盗。"

尚,上之也。君子为乱,小人为盗,皆以位而言者也。尹氏曰:"义以为尚,则其勇也大矣。子路好勇,故夫子以此救其失也。"胡氏曰:"疑此子路初见孔子时问答也。"

子贡曰:"君子亦有恶乎?"子曰:"有恶:恶称人之恶者,恶居下流而讪上者,恶勇而无礼者,恶果敢而窒者。"

恶,去声,下同。惟恶者之恶如字。讪,所谏反。○讪,谤毁也。窒,不通也。称人恶,则无仁厚之意。下讪上,则无忠敬之心。勇无礼,则为乱。果而窒,则妄作。故夫子恶之。

曰:"赐也亦有恶乎?""恶徼以为知者,恶不孙以为勇者,恶讦以为直者。"

徼,古尧反。知、孙,并去声。讦,居谒反。○恶徼以下,子贡之言也。徼,伺察①也。讦,谓攻发人之阴私。○杨氏曰:"仁者无不爱,则君子疑若无恶矣。子贡之有是心也,故问焉以质其是非。"侯氏曰:"圣贤之所恶如此,所谓唯仁者能恶人也。"

[注释]①伺察:侦查,观察,窥察。

子曰:"唯女子与小人为难养也,近之则不孙,远之则怨。"

近、孙、远,并去声。○此小人,亦谓仆隶下人也。君子之于臣妾,庄以莅①之,慈以畜之,则无二者之患矣。

[注释]①莅:临。

子曰:"年四十而见恶焉,其终也已。"

恶,去声。○四十,成德之时。见恶于人,则止于此而已,勉人及时迁善改过也。苏氏曰:"此亦有为而言,不知其为谁也。"

微子第十八

此篇多记圣贤之出处。凡十一章。

微子去之,箕子为之奴,比干谏而死。

微、箕,二国名。子,爵也。微子,纣庶兄。箕子、比干,纣诸父。微子见纣无道,去之以存宗祀。箕子、比干皆谏,纣杀比干,囚箕子以为奴,箕子因佯狂而受辱。

孔子曰:"殷有三仁焉。"

三人之行不同,而同出于至诚恻怛①之意,故不咈②乎爱之理,而有以全其心之德也。杨氏曰:"此三人者,各得其本心,故同谓之仁。"

[注释]①恻怛:恻隐,哀伤。 ②咈:违逆,乖戾。

柳下惠为士师,三黜。人曰:"子未可以去乎?"曰:"直道而事人,焉往而不三黜?枉道而事人,何必去父母之邦。"

三,去声。焉,于虔反。○士师,狱官。黜,退也。柳下惠三黜不去,而其辞气雍容如此,可谓和矣。然其不能枉道之意,则有确①乎其不可拔②者。是则所谓必以其道,而不自失焉者也。○胡氏曰:"此必有孔子断之之言而亡之矣。"

[注释]①确:固守,坚固。 ②拔:动摇,变动。

齐景公待孔子,曰:"若季氏则吾不能,以季、孟之间待之。"曰:"吾老矣,不能用也。"孔子行。

鲁三卿,季氏最贵,孟氏为下卿。孔子去之,事见《世家》①。然此言必非面语孔子,盖自以告其臣,而孔子闻之尔。○程子曰:"季氏强臣,君待之之礼极隆,然非所以待孔子也。以季、孟之间待之,则礼亦至矣。然复曰'吾老矣不能用也',故孔子去之。盖不系待之轻重,特以不用而去尔。"

[注释]①《史记·孔子世家》。

齐人归女乐,季桓子受之。三日不朝,孔子行。

归,如字,或作馈。朝,音潮。○季桓子,鲁大夫,名斯。按《史记》,"定公十四年,孔子为鲁司寇,摄行相事。齐人惧,归女乐以沮之"。尹氏曰:"受女乐而怠于政事如此,其简贤弃礼,不足与有为可知矣。夫子所以行也,所谓见几而作,不俟终日者与?"○范氏曰:"此篇记仁贤之出处,而折中以圣人之行,所以明中庸之道也。"

楚狂接舆歌而过孔子曰:"凤兮!凤兮!何德之衰?往者不可谏,来者犹可追。已而,已而!今之从政者殆而!"

接舆,楚人,佯狂辟世。夫子时将适楚,故接舆歌而过其车前也。凤有道则见,无道则隐,接舆以比孔子,而讥其不能隐为德衰也。来者可追,言及今尚可隐去。已,止也。而,语助辞。殆,危也。接舆盖知尊孔子而趋不同者也。

孔子下,欲与之言。趋而辟之,不得与之言。

辟,去声。○孔子下车,盖欲告之以出处之意。接舆自以为是,故不欲闻而避之也。

长沮、桀溺耦而耕,孔子过之,使子路问津焉。

沮,七余反。溺,乃历反。○二人,隐者。耦,并耕也。时孔子自楚反乎蔡。津,济渡处。

长沮曰:"夫执舆者为谁?"子路曰:"为孔丘。"曰:"是鲁孔丘与?"曰:"是也。"曰:"是知津矣。"

夫,音扶。与,平声。○执舆,执辔在车也。盖本子路御而执辔,今下问津,故夫子代之也。知津,言数周流①,自知津处。

[注释]①周流:周游在外。

问于桀溺,桀溺曰:"子为谁?"曰:"为仲由。"曰:"是鲁孔丘之徒与?"对曰:"然。"曰:"滔滔者天下皆是也,而谁以易之?且而与其从辟人之士也,岂若从辟世之士哉?"耰而不辍。

徒与之与，平声。滔，吐刀反。辟，去声。耰，音忧。
○滔滔，流而不反之意。以，犹与也。言天下皆乱，将谁
与变易之？而，汝也。辟人，谓孔子。辟世，桀溺自谓。
耰，覆种①也。亦不告以津处。

[注释]①覆种：播种后，以器耙地，使土开处复合，以覆盖种子。

子路行以告。夫子怃然曰："鸟兽不可与同群，吾非斯
人之徒与而谁与？天下有道，丘不与易也。"

怃，音武。与，如字。○怃然，犹怅然，惜其不喻己意
也。言所当与同群者，斯人而已，岂可绝人逃世以为洁
哉？天下若已平治，则我无用变易之。正为天下无道，故
欲以道易之耳。○程子曰："圣人不敢有忘天下之心，故
其言如此也。"张子曰："圣人之仁，不以无道必天下而弃
之也。"

子路从而后，遇丈人，以杖荷蓧。子路问曰："子见夫子
乎？"丈人曰："四体不勤，五谷不分。孰为夫子？"植其杖
而芸。

蓧，徒吊反。植，音值。○丈人，亦隐者。蓧，竹器。
分，辨也。五谷不分，犹言不辨菽麦尔，责其不事农业而
从师远游也。植，立之也。芸，去草也。

子路拱而立。

知其隐者，敬之也。

止子路宿，杀鸡为黍而食之，见其二子焉。

食，音嗣。见，贤遍反。

明日，子路行以告。子曰："隐者也。"使子路反见之。至则行矣。

孔子使子路反见之，盖欲告之以君臣之义。而丈人意子路必将复来，故先去之以灭其迹，亦接舆之意也。

子路曰："不仕无义。长幼之节，不可废也；君臣之义，如之何其废之？欲洁其身，而乱大伦。君子之仕也，行其义也。道之不行，已知之矣。"

长，上声。○子路述夫子之意如此。盖丈人之接子路甚倨，而子路益恭，丈人因见其二子焉。则于长幼之节，固知其不可废矣，故因其所明以晓之。伦，序也。人之大伦有五：父子有亲，君臣有义，夫妇有别，长幼有序，朋友有信是也。仕所以行君臣之义，故虽知道之不行而不可废。然谓之义，则事之可否，身之去就，亦自有不可苟者。是以虽不洁身以乱伦，亦非忘义以殉禄也。福州有国初时写本，路下有"反子"二字，以此为子路反而夫子言之也。未知是否？○范氏曰："隐者为高，故往而不反。仕者为通，故溺而不止。不与鸟兽同群，则决性命之情以饕①富贵。此二者皆惑也，是以依乎中庸者为难。惟圣人不废君臣之义，而必以其正，所以或出或处而终不离于道也。"

[注释]①饕：贪，贪求，贪婪。

逸民：伯夷、叔齐、虞仲、夷逸、朱张、柳下惠、少连。

少，去声，下同。○逸，遗逸。民者，无位之称。虞仲，即仲雍，与大伯同窜荆蛮者。夷逸、朱张，不见经传。少连，东夷人。

子曰："不降其志，不辱其身，伯夷、叔齐与！"

与，平声。

谓："柳下惠、少连，降志辱身矣。言中伦，行中虑，其斯而已矣。"

中，去声，下同。○柳下惠，事见上。伦，义理之次第也。虑，思虑也。中虑，言有意义合人心。少连事不可考。然《记》称其"善居丧，三日不怠，三月不解。期悲哀，三年忧"①。则行之中虑，亦可见矣。

[注释]①见《礼记·杂记》。

谓："虞仲、夷逸，隐居放言。身中清，废中权。

仲雍居吴，断发文身，裸以为饰。隐居独善，合乎道之清。放言自废，合乎道之权。

我则异于是，无可无不可。"

孟子曰："孔子可以仕则仕，可以止则止，可以久则久，可以速则速。"所谓无可无不可也。〇谢氏曰:"七人隐遁①不污则同,其立心造行则异。伯夷、叔齐,天子不得臣,诸侯不得友,盖已遁世离群矣,下圣人一等,此其最高与!柳下惠、少连,虽降志而不枉己,虽辱身而不求合,其心有不屑也。故言能中伦,行能中虑。虞仲、夷逸隐居放言,则言不合先王之法者多矣。然清而不污也,权而适宜也,与方外之士害义伤教而乱大伦者殊科。是以均谓之逸民。"尹氏曰:"七人各守其一节,而孔子则无可无不可,此所以常适其可,而异于逸民之徒也。"扬雄曰:"观乎圣人则见贤人。是以孟子语夷、惠,亦必以孔子断之。"

[注释]①隐遁:隐居,遁迹,逃遁。

大师挚适齐,

大,音泰。〇大师,鲁乐官之长。挚,其名也。

亚饭干适楚,三饭缭适蔡,四饭缺适秦。

饭,扶晚反。缭,音了。〇亚饭以下,以乐侑食①之官。干、缭、缺,皆名也。

[注释]①侑食:劝食。后为一种祭礼。《周礼·天官·膳夫》:"以乐侑食,膳夫授祭。"郑玄注:"侑,犹劝也。"

鼓方叔入于河,

鼓,击鼓者。方叔,名。河,河内①。

[注释]①河内:指黄河北,战国属魏,汉代有河内郡。

播鼗武入于汉,

鼗①,徒刀反。○播,摇也。鼗,小鼓。两旁有耳,持其柄而摇之,则旁耳还自击。武,名也。汉,汉中。

[注释]①鼗:音"táo"。

少师阳、击磬襄入于海。

少,去声。○少师,乐官之佐。阳、襄,二人名。襄即孔子所从学琴者。海,海岛也。○此记贤人之隐遁以附前章,然未必夫子之言也。末章放此。张子曰:"周衰乐废,夫子自卫反鲁,一尝治之。其后伶人贱工识乐之正。及鲁益衰,三桓僭妄,自大师以下,皆知散之四方,逾河蹈海以去乱。圣人俄顷①之助,功化如此。如有用我,期月而可。岂虚语哉?"

[注释]①俄顷:片刻,一会儿。

周公谓鲁公曰:"君子不施其亲,不使大臣怨乎不以。故旧无大故,则不弃也。无求备于一人。"

施,陆氏本作弛,诗纸反。福本①同。○鲁公,周公子伯禽也。弛,遗弃也。以,用也。大臣非其人则去之,在其位则不可不用。大故,谓恶逆。李氏曰:"四者皆君子之事,忠厚之至也。"○胡氏曰:"此伯禽受封之国,周公训戒之辞。鲁人传诵,久而不忘也。其或夫子尝与门弟子言之欤?"

[注释]①福本:指福州本。

周有八士：伯达、伯适、仲突、仲忽、叔夜、叔夏、季随、季騧。

騧，乌瓜反。○或曰"成王时人"，或曰"宣王时人"。盖一母四乳而生八子也，然不可考矣。○张子曰："记善人之多也。"○愚按：此篇孔子于三仁、逸民、师挚、八士，既皆称赞而品列之；于接舆、沮、溺、丈人，又每有惓惓①接引②之意。皆衰世之志也，其所感者深矣。在陈之叹，盖亦如此。三仁则无间然矣，其余数君子者，亦皆一世之高士。若使得闻圣人之道，以裁其所过而勉其所不及，则其所立，岂止于此而已哉？

[注释]①惓惓：恳切貌，念念不忘。 ②接引：引导，教导。

卷　十

子张第十九

此篇皆记弟子之言,而子夏为多,子贡次之。盖孔门自颜子以下,颖悟莫若子贡;自曾子以下,笃实无若子夏。故特记之详焉。凡二十五章。

子张曰:"士见危致命,见得思义,祭思敬,丧思哀,其可已矣。"

致命,谓委致其命,犹言授命也。四者立身之大节,一有不至,则余无足观。故言士能如此,则庶乎其可矣。

子张曰:"执德不弘,信道不笃,焉能为有?焉能为亡?"

焉,于虔反。亡,读作无,下同。有所得而守之太狭,则德孤;有所闻而信之不笃,则道废。焉能为有无,犹言不足为轻重。

子夏之门人问交于子张。子张曰:"子夏云何?"对曰:"子夏曰:'可者与之,其不可者拒之。'"子张曰:"异乎吾所闻:君子尊贤而容众,嘉善而矜不能。我之大贤与,于人何所不容?我之不贤与,人将拒我,如之何其拒人也?"

贤与之与,平声。○子夏之言迫狭①,子张讥之是也。但其所言亦有过高之病。盖大贤虽无所不容,然大故亦所当绝;不贤固不可以拒人,然损友亦所当远。学者不可不察。

[注释]①迫狭:局促,心胸不宽广。

子夏曰:"虽小道,必有可观者焉;致远恐泥,是以君子不为也。"

泥,去声。○小道,如农圃医卜之属。泥,不通也。○杨氏曰:"百家众技,犹耳目鼻口,皆有所明而不能相通。非无可观也,致远则泥矣,故君子不为也。"

子夏曰:"日知其所亡,月无忘其所能,可谓好学也已矣。"

亡,读作无。好,去声。○亡,无也。谓己之所未有。○尹氏曰:"好学者日新而不失。"

子夏曰:"博学而笃志,切问而近思,仁在其中矣。"

四者皆学问思辨之事耳,未及乎力行而为仁也。然从事于此,则心不外驰,而所存自熟,故曰仁在其中矣。○程子曰:"博学而笃志,切问而近思,何以言仁在其中矣?学者要思得之。了此,便是彻上彻下之道。"又曰:"学不博则不能守约,志不笃则不能力行。切问近思在己者,则仁在其中矣。"又曰:"近思者以类而推。"苏氏曰:"博学而志不笃,则大而无成;泛问远思,则劳而无功。"

子夏曰:"百工居肆以成其事,君子学以致其道。"

肆,谓官府造作之处。致,极也。工不居肆,则迁于异物而业不精。君子不学,则夺于外诱而志不笃。尹氏曰:"学所以致其道也。百工居肆,必务成其事。君子之于学,可不知所务哉?"愚按:二说相须①,其义始备。

[注释]①相须:互相依存,相互配合。

子夏曰:"小人之过也必文。"

文,去声。○文,饰之也。小人惮于改过,而不惮于自欺,故必文以重其过。

子夏曰:"君子有三变:望之俨然,即之也温,听其言也厉。"

俨然者,貌之庄。温者,色之和。厉者,辞之确。○程子曰:"他人俨然则不温,温则不厉,惟孔子全之。"谢氏曰:"此非有意于变,盖并行而不相悖也,如良玉温润而栗然①。"

[注释]①栗然:坚实密致貌。

子夏曰:"君子信而后劳其民,未信则以为厉己也;信而后谏,未信则以为谤己也。"

信,谓诚意恻怛而人信之也。厉,犹病也。事上使下,皆必诚意交孚,而后可以有为。

子夏曰:"大德不逾闲,小德出入可也。"

大德、小德,犹言大节、小节。闲,阑也,所以止物之出入。言人能先立乎其大者,则小节虽或未尽合理,亦无害也。○吴氏曰:"此章之言,不能无弊。学者详之。"

子游曰:"子夏之门人小子,当洒扫、应对、进退,则可矣。抑末也,本之则无。如之何?"

洒,色卖反。扫,素报反。○子游讥子夏弟子,于威仪容节之间则可矣。然此小学之末耳,推其本,如大学正心诚意之事,则无有。

子夏闻之曰:"噫!言游过矣!君子之道,孰先传焉?孰后倦焉?譬诸草木,区以别矣。君子之道,焉可诬也?有始有卒者,其惟圣人乎!"

别,必列反。焉,于虔反。○倦,如诲人不倦之倦。区,犹类也。言君子之道,非以其末为先而传之,非以其本为后而倦教。但学者所至，自有浅深，如草木之有大小，其类固有别矣。若不量其浅深，不问其生熟，而概以高且远者强而语之，则是诬之而已。君子之道，岂可如此？若夫始终本末一以贯之，则惟圣人为然，岂可责之门人小子乎？〇程子曰："君子教人有序，先传以小者近者，而后教以大者远者。非先传以近小，而后不教以远大也。"又曰："洒扫应对，便是形而上者，理无大小故也。故君子只在慎独。"又曰："圣人之道，更无精粗。从洒扫应对，与精义入神贯通只一理。虽洒扫应对，只看所以然如何。"又曰："凡物有本末，不可分本末为两段事。洒扫应对是其然，必有所以然。"又曰："自洒扫应对上，便可到圣人事。"愚按：程子第一条，说此章文意，最为详尽。其后四条，皆以明精粗本末。其分虽殊，而理则一。学者当循序而渐进，不可厌末而求本。盖与第一条之意，实相表里。非谓末即是本，但学其末而本便在此也。

子夏曰："仕而优则学，学而优则仕。"

优，有余力也。仕与学理同而事异，故当其事者，必先有以尽其事，而后可及其余。然仕而学，则所以资其仕者益深；学而仕，则所以验其学者益广。

子游曰："丧致乎哀而止。"

致极其哀，不尚文饰也。杨氏曰："'丧，与其易也宁戚'，不若礼不足而哀有余之意。"愚按："而止"二字，亦微有过于高远而简略细微之弊。学者详之。

子游曰:"吾友张也,为难能也。然而未仁。"

子张行过高,而少诚实恻怛之意。

曾子曰:"堂堂乎张也,难与并为仁矣。"

堂堂,容貌之盛。言其务外自高,不可辅而为仁,亦不能有以辅人之仁也。○范氏曰:"子张外有余而内不足,故门人皆不与其为仁。子曰:'刚、毅、木、讷近仁。'宁外不足而内有余,庶可以为仁矣。"

曾子曰:"吾闻诸夫子:人未有自致者也,必也亲丧乎!"

致,尽其极也。盖人之真情所不能自已者。○尹氏曰:"亲丧固所自尽也,于此不用其诚,恶乎用其诚。"

曾子曰:"吾闻诸夫子:孟庄子之孝也,其他可能也;其不改父之臣与父之政,是难能也。"

孟庄子,鲁大夫,名速。其父献子,名蔑。献子有贤德,而庄子能用其臣,守其政。故其他孝行虽有可称,而皆不若此事之为难。

孟氏使阳肤为士师,问于曾子。曾子曰:"上失其道,民散久矣。如得其情,则哀矜而勿喜。"

阳肤,曾子弟子。民散,谓情义乖离,不相维系。谢氏曰:"民之散也,以使之无道,教之无素。故其犯法也,非迫于不得已,则陷于不知也。故得其情,则哀矜①而勿喜。"

[注释]①哀矜:哀怜,怜悯。

子贡曰:"纣之不善,不如是之甚也。是以君子恶居下流,天下之恶皆归焉。"

恶居之恶,去声。○下流,地形卑下之处,众流之所归。喻人身有污贱之实,亦恶名之所聚也。子贡言此,欲人常自警省,不可一置其身于不善之地。非谓纣本无罪,而虚被恶名也。

子贡曰:"君子之过也,如日月之食焉:过也,人皆见之;更也,人皆仰之。"

更,平声。

卫公孙朝问于子贡曰:"仲尼焉学?"

朝,音潮。焉,于虔反。○公孙朝,卫大夫。

子贡曰:"文、武之道,未坠于地,在人。贤者识其大者,不贤者识其小者,莫不有文、武之道焉。夫子焉不学?而亦何常师之有?"

识,音志。下焉字,于虔反。○文、武之道,谓文王、武王之谟训①功烈②,与凡周之礼乐文章皆是也。在人,言人有能记之者。识,记也。

[注释]①谟训:《尚书》的两种文体,后指谋略和训诲。 ②功烈:功勋业绩。

叔孙武叔语大夫于朝,曰:"子贡贤于仲尼。"

语,去声。朝,音潮。○武叔,鲁大夫,名州仇。

子服景伯以告子贡。子贡曰:"譬之宫墙,赐之墙也及肩,窥见室家之好。

墙卑室浅。

夫子之墙数仞,不得其门而入,不见宗庙之美,百官之富。

七尺曰仞。不入其门,则不见其中之所有,言墙高而宫广也。

得其门者或寡矣。夫子之云,不亦宜乎!"

此夫子,指武叔。

叔孙武叔毁仲尼。子贡曰:"无以为也,仲尼不可毁也。他人之贤者,丘陵也,犹可逾也;仲尼,日月也,无得而逾焉。人虽欲自绝,其何伤于日月乎?多见其不知量也!"

量,去声。○无以为,犹言无用为此。土高曰丘,大阜曰陵。日月,逾其至高。自绝,谓以谤毁自绝于孔子。多,与只同,适也。不知量,谓不自知其分量。

陈子禽谓子贡曰:"子为恭也,仲尼岂贤于子乎?"

为恭,谓为恭敬推逊①其师也。

[注释]①推逊:谦让,逊让。

子贡曰:"君子一言以为知,一言以为不知,言不可不慎也。

知,去声。○责子禽不谨言。

夫子之不可及也,犹天之不可阶而升也。

阶,梯也。大可为也,化不可为也,故曰不可阶而升。

夫子之得邦家者,所谓立之斯立,道之斯行,绥之斯来,动之斯和。其生也荣,其死也哀,如之何其可及也。"

道,去声。○立之,谓植其生也。道,引也,谓教之也。行,从也。绥,安也。来,归附也。动,谓鼓舞之也。和,所谓于变时雍①。言其感应之妙,神速如此。荣,谓莫不尊亲。哀,则如丧考妣。程子曰:"此圣人之神化,上下与天地同流者也。"○谢氏曰:"观子贡称圣人语,乃知晚年进德,盖极于高远也。夫子之得邦家者,其鼓舞群动,捷于桴鼓影响。人虽见其变化,而莫窥其所以变化也。盖不离于圣,而有不可知者存焉,此殆难以思勉及也。"

[注释]①于变时雍:出自《尚书·尧典》。于,以。时,是。雍,和睦。意指(百姓)变得十分和睦。

尧曰第二十

凡三章。

尧曰:"咨!尔舜!天之历数在尔躬。允执其中。四海困穷,天禄永终。"

此尧命舜,而禅以帝位之辞。咨,嗟叹声。历数,帝王相继之次第,犹岁时气节之先后也。允,信也。中者,无过不及之名。四海之人困穷,则君禄亦永绝矣,戒之也。

舜亦以命禹。

舜后逊位于禹,亦以此辞命之。今见于《虞书·大禹谟》,比此加详。

曰:"予小子履,敢用玄牡,敢昭告于皇皇后帝:有罪不敢赦。帝臣不蔽,简在帝心。朕躬有罪,无以万方;万方有罪,罪在朕躬。"

此引《商书·汤诰》之辞。盖汤既放桀而告诸侯也。与《书》文大同小异。曰上当有汤字。履,盖汤名。用玄牡,夏尚黑,未变其礼也。简,阅也。言桀有罪,己不敢赦。而天下贤人,皆上帝之臣,己不敢蔽。简在帝心,惟帝所命。此述其初请命而伐桀之辞也。又言君有罪非民所致,民有罪实君所为,见其厚于责己薄于责人之意。此其告诸侯之辞也。

周有大赉,善人是富。

赉,来代反。○此以下述武王事。赉,予也。武王克商,大赉于四海。见《周书·武成篇》。此言其所富者,皆善人也。《诗序》云"赉所以锡予善人"①,盖本于此。

[注释]①《诗经·周颂·赉》之《序》。

"虽有周亲,不如仁人。百姓有过,在予一人。"

此《周书·太誓》之辞。孔氏曰:"周,至也。言纣至亲虽多,不如周家之多仁人。"

谨权量,审法度,修废官,四方之政行焉。

权,称锤也。量,斗斛也。法度,礼乐制度皆是也。

兴灭国,继绝世,举逸民,天下之民归心焉。

兴灭继绝,谓封黄帝、尧、舜、夏、商之后。举逸民,谓释箕子之囚,复商容①之位。三者皆人心之所欲也。

[注释]①商容:商末殷纣王时期主掌礼乐的大臣,著名贤者,因为不满纣王的荒唐暴虐,多次进谏而被黜。

所重：民、食、丧、祭。

《武成》曰："重民五教①，惟食丧祭。"

[注释]①五教：五常之教，一说指父义、母慈、兄友、弟恭、子孝。

宽则得众，信则民任焉，敏则有功，公则说。

说，音悦。○此于武王之事无所见，恐或泛言帝王之道也。○杨氏曰："《论语》之书，皆圣人微言，而其徒传守之，以明斯道者也。故于终篇，具载尧、舜咨命之言，汤、武誓师之意，与夫施诸政事者。以明圣学之所传者，一于是而已。所以著明二十篇之大旨也。《孟子》于终篇，亦历叙尧、舜、汤、文、孔子相承之次，皆此意也。"

子张问于孔子曰："何如斯可以从政矣？"子曰："尊五美，屏四恶，斯可以从政矣。"子张曰："何谓五美？"子曰："君子惠而不费，劳而不怨，欲而不贪，泰而不骄，威而不猛。"

费，芳味反。

子张曰："何谓惠而不费？"子曰："因民之所利而利之，斯不亦惠而不费乎？择可劳而劳之，又谁怨？欲仁而得仁，又焉贪？君子无众寡，无小大，无敢慢，斯不亦泰而不骄乎？君子正其衣冠，尊其瞻视，俨然人望而畏之，斯不亦威而不猛乎？"

焉，于虔反。

子张曰:"何谓四恶?"子曰:"不教而杀谓之虐;不戒视成谓之暴;慢令致期谓之贼;犹之与人也,出纳之吝,谓之有司。"

出,去声。○虐,谓残酷不仁。暴,谓卒遽无渐。致期,刻期①也。贼者,切害之意。缓于前而急于后,以误其民,而必刑之,是贼害之也。犹之,犹言均之也。均之以物与人,而于其出纳之际,乃或吝而不果。则是有司之事,而非为政之体。所与虽多,人亦不怀其惠矣。项羽使人,有功当封,刻印刓②,忍弗能予,卒以取败,亦其验也。○尹氏曰:"告问政者多矣,未有如此之备者也。故记之以继帝王之治,则夫子之为政可知也。"

[注释]①刻期:在严格规定的期限内。 ②刓:削去或磨损棱角,削刻。琢磨。

子曰:"不知命,无以为君子也。

程子曰:"知命者,知有命而信之也。人不知命,则见害必避,见利必趋,何以为君子?"

不知礼,无以立也。

不知礼,则耳目无所加,手足无所措。

不知言,无以知人也。"

言之得失,可以知人之邪正。○尹氏曰:"知斯三者,则君子之事备矣。弟子记此以终篇,得无意乎?学者少而读之，老而不知一言为可用，不几于侮圣言者乎？夫子之罪人也，可不念①哉？"

[注释]①念：记住，惦念，铭记。

附　　录

四书章句附考序

　　朱子之注"四书"也,毕生心力于斯,临没前数日,犹有改笔。但其本行世早,而世之得其定本者鲜,此注本所以有异也。又有因传写而异者,亦未免焉。定本如《大学》"欲其必自慊",后为"欲其一于善"而定也;《论语》"行道而有得于心",后为"得于心而不失"而定也,此类是也。传写而异,如《论语》"卫大夫公孙拔",误为公孙枝;《孟子》"自武丁至纣凡九世",误为"七世"之类耳。传写之误,固注疏家之常事,若夫注是书而毕生心力于斯,没前有改笔,则朱子之注"四书"也,其用心良苦,其用力独瘁矣。

　　夫朱子之意,必欲精之又精,以造乎其极,亦何为也哉?立志于为圣贤,在自得躬行,而不在于《注》之有定本也;用以治国平天下,在体诸身,施于政,亦不在于《注》之有定本也;即以讲论"四书"经文,亦在于大本大源,而不在于一句一字之间也。然则我子朱子之苦心瘁力于斯者,何为也哉?盖以四子之书为两间至精之理,为孔门至精之文。为之注者,必至当而不可易,乃与斯文为无所负焉耳,此子朱子之意也。况有非朱子原文,为传写所误者耶?况不惟注也,经文历汉以来,授受既远,亦不免有传写之误者耶!

英自癸卯而后,因于棘闱者二十余年。此二三十年间,颇亦手不释卷,而于朱子《注》之异同处,不暇详也。未尝不研摩于《朱子文集》及朱门诸子集中《语录》,然于其自论注处,则置之。未尝不涉历于朱子《仪礼经传通解》、东发《黄氏日抄》,然于其中《学庸注》则置之。何也?以为通经致用之学不系此也。《十三经》经义之未通而求通者,汲汲不暇,而奚暇于此也!

慨自丁卯,英与儿志忠偕入省,未数日,母病信至,与儿偕返,已抱恨终天。自是每闻人言乡试,则心痛,尽弃所业,而就业名山。忠儿感予心之摧伤,亦不乐习帖括。今岁,忠遍觅借古本"四书"及疏释"四书"之书,以求朱子《章句集注》最后改定本及传写未误者,别录一部,而私记《考证》附于后。有疑则折衷于予,然不能多得善本,予惧其折衷之犹未当,命付梓以广其就正有道之忱。斯役也,固幼学壮行者所不屑为之事也。乡使英于屡踬场屋之年,即得所愿,则儿当亦相从于青云之路,求所谓通经致用之学而学焉,又奚暇为此学?乃今而英之所遇可谓穷矣,穷况及于家人,非听儿之不自量而为此迂远也。四方诸君子见其书而教正其中之缪讹,尚其哀英之遇,而谅忠之情也夫!

嘉庆辛未重阳日,吴邑吴英序。

四书章句集注定本辨

吴邑吴英伯和氏撰

辛未夏,儿志忠学辑"四书"朱子《注》之定本,句考之而有所疑,折衷于予。此非易事也,得不尽心焉!定本句有不待辨者,有犹待辨者,有不可不辨者。

不待辨者维何？如《大学·诚意》章"故必谨之于此，以审其几焉"，为定本；其初本则曰："慊与不慊，其几甚微。"如此之类是也。犹待辨者维何？如《大学·圣经》章"欲其必自慊"，此初本，非定本；其定本则曰："欲其一于善。"《论语·为政》章"行道而有得于心也"，此初本，非定本；其定本则曰："得于心而不失也。"如此之类是也。不可不辨者维何？如《中庸》首章"盖人知己之有性，而不知其出于天；知事之有道，而不知其由于性；知圣人之有教，而不知其因我之所固有者裁之也。故子思于此首发明之，而董子所谓道之大原出于天，亦此意也。"此实非定本，其定本则曰："盖人之所以为人，道之所以为道，圣人之所以为教，原其所自，无一不本于天而备于我。学者知之，则其于学知所用力，而自不能已矣。故子思于此首发明之，读者所宜深体而默识也。"如此之类是也。

所以一为不待辨，一为犹待辨，一为不可不辨，何哉？吾苏坊间所行之本，多从永乐《大全》本。相习既久，人情每安于所习，而先入者常为主。《诚意》章"故必谨之于此，以审其几焉"，凡所习坊本既与之相合矣，久而安之矣，此固宜不待辨矣。若夫《圣经》章"一于善"句、《为政》章"得于心"句，二者虽有善本可证，又有朱子及先儒之说，然皆与坊本不合，所以犹待辨也。"盖人之所以为人"一段，既与所习熟之坊本不合，为见闻所骇异，而善本及先儒疏释本又但从定本而无所辨说，而又为小儒之所訾，得毋益甚其骇异？所以不可不辨也。

今试辨之：所以知"人之所以"一段之为定论者，我朝所橅刻宋淳祐版大字本原自如此，即此可知其为定本而无疑矣。朱子《仪礼经传通解》全载《学庸注》，其于此段，亦原自如此。朱子之子敬止跋云："先公晚岁所亲定，为绝笔之书，未脱稿者八篇。"则殁后而书始出也。殁而始出，则《学庸注》岂非所改定者乎？于此又可知其为定本而无疑矣。是则此段之为定本，得斯二者，正可以决然从焉而不必有旁求矣；而况又下及纳兰氏翻刻西山真氏《四书集编》亦如是。《集编》惟《学庸》为真氏所手定。真氏亲受业于朱子，而得其精微者也，则其手定《学庸集编》，安有不从最后定本而遽取未定本以苟且从事者乎？于此又益可知其为定本而无疑也。格庵赵氏《四书纂疏》亦如是。赵氏，其父受业于朱子之门人，故以所得于家庭者遡求朱门之源委而作《纂疏》，又岂有不从最后定本者？于此又益可知其为定本而无疑也。东发黄氏所著《日钞》，亦全载《学庸注》，而此段亦如是。黄氏亦渊源朱子而深有得者，《日钞》皆其著作，而乃载《章句》，岂苟然哉？此其为定本又益可无疑也。云峰胡氏《四书通》，此段亦如是。自南宋至前明，为朱子《注》作疏解者多矣，若《四书通》，可谓最善，而《通》于此段亦如是，但惜无辨说。然以他处有辨者推之，此其为定本又益可无疑也。旁求之，复有如此，何不可决之坚矣，而坊本则皆作"知己之有性"云云。考其缘由，则惟《辑释》之故；而穷究其源，则自《四书附录》始也。《辑释》者，元新安倪氏士毅所作也；《附录》者，宋建安祝氏洙所作也。今坊本《四书注》，皆仍明胡氏广永乐《大全》本。《大全》只剿袭《辑释》，《学》、《庸》尤无增减，虽谓永乐《大全》即倪氏之书可耳，其于胡氏又何责焉？故论坊本所从之缘由，不谓《大全》而谓《辑释》也。倪氏之师，定宇陈氏栎也。陈氏著《四书发明》，惟主祝氏《附录》而已。倪氏惟师是从，亦惟主《附录》而已。故穷究坊本所从之源，则惟在祝氏之《附录》也。诸儒或多从祝氏者，只以其父讳穆，字和父，为朱子母党，尝受业于朱子。然迹和父所著《方舆胜览》一书，则其人近于风华淹雅，未必内专性学者。今祝氏《四书附录》虽未见其全书，而即《辑释》所载引诸说以观之，是直不知有定本，已为《四书通》道之矣。《四书通》曰："如《为政》章祝本作'有得于心'，则于改作'得于心而不失'，祝未之见也。"《通》之说有如此，仍倪氏后生不能择善以从，而因阿其师以及祝氏。至颠倒是非，即朱子口讲指画之言，而亦弗之信焉，何其无识欤？而祝本之为非定本可以决然矣。然犹可委者，曰"源略远，派亦分矣"；乃祝本之为非定本，更有即出于朱子后嗣之人之言为祝氏微辨者，即出于信从祝氏之人自呈破绽者。倪氏《辑释》引陈氏《四书发明》之言曰："文公适孙鉴书祝氏《附录》本卷端云：'"四书"元本，则以鉴向得先公晚年绝笔所更定而刊之兴国者为据。'"按此语：曰"元"，宗之也；曰"则以"、曰"所"、曰"者"，别有指之辞也；曰"得"，则已失也。子明题祝本也如是，则是明明谓祝本与子明所得之本不合矣，明明谓祝本非刊之兴国之本矣，明明谓祝本非绝笔更定之本矣。朱子之家犹自失之而觅得之，况祝氏何从得乎？其不直告以此非定本，必自有故，不可考矣。然其辞其意则显然也，而祝氏不达。陈氏信祝本而载之于《发明》，而倪氏又述之于《辑释》，皆引之以为祝本重，亦未达也。又何其并皆出于卤莽耶？而祝本之为非定本更可以决然矣。祝本如此，则其相传以至于《辑释》，亦如此矣；《辑释》如此，则其脱胎于此之《大全》，亦如此矣；《大全》如此，则从《大全》之坊本，亦如此矣。总之不知朱子改笔之所以然尔。

今取此段而细绎之，熟玩之，即其所以必改之旨有可得而窥见者。"人之所以为人，道之所以为道"二句，浑括"天命之谓性，率性之谓道"二句，不复分贴，以首节三句，原非三平列也。道从性命而来，性命从天而来。"修道之谓教"，即道中之事，即天命中之事也。其不曰"性之所以为性"者，以经义系于明吾人之有道，而不系于明性也。"人之所以为人，道之所以为道，圣人之所以为教"三句，一气追出"原其所自，无一不本于天而备于我"二句来，方才略顿，使下文"学者知之，则其于学知所用力而自不能已矣"二句，直腾而上接也。"本于天而备于我"，与此章总注"本原出于天，实体备于己"恰相针对，虽总注多"不可易"、"不可离"两层，然"不可易"即"出于天"足言之耳，"不可离"即"备于己"足言之耳，非有添出也。即此

"无一不本于天而备于我"一句之中，亦已具有"不可易"、"不可离"之意。性、道、教无一非不可易，无一非不可离也。次节经文，特从首节三句中所蕴含之意抽出而显言之，使首次二节筋络相联耳。"学者知之，则其于学知所用力而自不能已矣"，此二句正为此节经文推原立言之所以然处，正得子思吃紧启发后学心胸之旨。此节注要义在此，故下文"子思于此首发明之"二句，十分有力。一部《中庸》，其使学者知所用力自不能已之意居其半也。"读者所宜深体而默识也"，乃是勉励之辞。改本之精妙如此。若初本"知己之有性"云云，尚觉粗浅而未及精深，况三平列，亦依文而失旨，虽似整齐，而仍于第一句遗"命"字，于第三句遗"道"字，文亦未能尽依。董子所谓"道之大原"云云，为知言则可矣；若引来证《中庸》此节，则为偏重"本于天"意，而未及"备于我"意，则是仍未免遗却亲切一边意矣。定本与未定本相较，虽皆朱子之笔，而尽善与未尽善县殊。朱子岂徒为好劳？岂乐人之取其所舍而舍其所取耶？乃《辑释》反为引陈氏之言曰："元本含蓄未尽，至定本则尽发无余蕴。"是粗浅则得解而以为尽发，精深则不得解而以为含蓄，似为无学。又引史氏之言曰："'学者知之，则其于学知所用力而自不能已矣'，不过称赞子思勉励学者之言，不复有所发明于经。"是以钩深致远之言，仅视为称赞而勉励，似为无见。又引陈氏之言曰："'知己有性'六句，义理贯通，造语莹洁，'所以为人'三句，未见贯通之妙。至'无一不本于天而备于我'，其义方始贯耳。"是讨寻章句而仅乃用其批评帖括之笔，似为无知。此所以缪从祝本，而致令圣经贤传传授心法之文，大儒毕生尽心力而为之以成其至粹者，千百阙其一二，故曰不可不辨也。

"欲其一于善而无自欺也"一句，《四书通》曰："初本'必自慊'，后改作'一于善'。朱子尝曰：'只是一个心，便是诚；才有两，便自欺。'愚谓《易》以阳为君子，阴为小人，阳一而阴二也。一则诚，二则不诚。改'一于善',旨哉!"《通》之说如此,则"一于善"为定本无疑也。诚其意者,自修之首,故提善字,以下文"致其知"句方有知为善以去恶之义,而此节后言致知先言诚意,不比下节及第六章皆承致知来也。"一于"二字,有用其力之意,正与第六章《注》"知为善以去其恶,则当实用其力",恰相针对也。若作"必自慊",则终不如"一于善"之显豁而缜密也。改本之胜于初本又如此,而《辑释》顾乃又引陈氏之言曰:"'一于善',不若'必自慊'对'毋自欺',只以传语释经文,尤为痛快该备。"夫传本释经,何劳挹注?以用传释经为快,不如不注,而但读传文矣。圣经三纲领犹必言善,若注自修之首而不提善字,何以反谓该备耶?"得于心而不失也"一句,《四书通》曰:"初改本云:'行道而有得于心。'后改本云:'得于心而不失。'门人胡泳尝侍坐武夷亭,文公手执扇一柄,谓泳曰:'便如此扇,既得之而复失之,如无此扇一般。'所以解'德'字用'不失'字。"《通》之所引如此,则"不失"为最后定本无疑也。政者,正也;德者,得也。得字承上"为政"二字来。得于心者,心正也。心正而后身正,身正而后朝廷正,朝廷正而后天下正,所谓"正人之不正"者,此也。不失者,兢兢业业,儆戒无虞,罔失法度也。不失,便是不已无息也。若作"行道",则上文既言"政之为言正也,德之为言得也",则"得于心"句正宜直接,而于此复加以"行道"二字,岂不赘乎?初本是"行道而有得于身",次改"身"作"心"而仍未去"行道"二字者,沿古注而未能尽消镕耳。况不失,则道之行也自在其中而不待言矣。行道,则虽有得于心而未见其必不失也。最后改本之胜于初次二本又如此,而《辑释》顾乃又引陈氏之言曰:"此必非末后定本,终不如'行道而有得于心'之精当。'得于心而不失',得于心者何物乎?方解德字,未到持守处,不必遽云不失。'据于德'注'得之于心而守之不失',道得于心而不失,乃是自'据'字上说来。况上文先云德,则行道而有得于心者也;若遽云不失,则失之急。《大学序》谓'本之躬行心得',躬行即行道,心得即有得于心,参观之而祝氏定本为尤信。"是又皆缪证。夫大学序之言躬行也,上有"自王公以下至于庶人之子弟,自天子之元子、众子,以至公、卿、大夫、元士之适子,与凡民之俊秀"之文,下有"当世之人"之文,故其间不得不言躬行也。若为政以德,则其所为者即其所以。所为所以,非有异时,何得多添"行道"二字于其间乎?"据于德"注之言行道也,经文上有"志于道"之文。"据于德"德字原根道字来,故注德字不得不言行道也。若为政以德,德字即承政字来,何必增"行道"二字,反似政在行道之外乎?《中庸》说到"不显惟德",亦此德字,何得谓方解德字,未到持守处耶?又引史氏之言曰:"定宇谓得于心者何物?此说极是。《大学》释明德曰:'所得乎天。'便见所得实处。今但曰得于心,而不言所得之实,可乎?况不失为进德者言,为政以德是盛德,不失不足以言之。"是又缪议。不失二字即得字而足言之也。《为邦》章注曰:"一日不谨则法坏矣。"故必言不失以足之。岂盛德不可言不失耶?《大学》注谓"人之所得乎天",以见德非大人所独有;此节注不言行道,以见圣人之德所性而有,而乃妄以为罅漏也而议之耶?故曰犹待辨也。

若夫《诚意》章注,坊本与定本合,固不待辨矣。然祝本有诸处不合定本,而独于最后所改之《诚意》章"故必谨之于此,以审其几焉"无殊。夫此,以《年谱》考之,是在没前三日所改者也,何以祝本反得与之合耶?陈氏信祝本为定本,以他本为未定本,而惟此无殊,陈氏亦自不解。即倪氏从陈氏,而倪氏亦自不解。然此亦易解也。子明之题祝本也,即曰"向得先公晚年绝笔所更定",则晚年所更必不能缕述,而绝笔所更必为之述于此,以扬先人之精勤。祝氏得此语,潜为改正,而秘其因题得改之由。自谓此本今而后人之见之者,皆以为晚年绝笔所更定之本矣,于是但述所云"'四书'元本"以下二十六字,示人谓此最后定本之证也。况朱子之疾,来问者众，殁前有改笔，及门必述传一时，祝氏因得闻而窃改。若其余诸处，安得尽闻之而改之乎？此所以他处多未定本，此处反得定本也。陈氏既不得其解，易《年谱》以就之。《辑释》引陈氏之言曰："'欲其必自慊而无自欺也'一句，惟祝氏《附录》本如此，他本皆作'欲其一于善'。《年谱》谓：'庆元庚申四月辛酉，公改《诚意》章句。甲子，公易箦。'今观《诚意》章，则祝本与诸本无一字殊，惟此处有'一于善'三字异，是其绝笔改定在此三字也。"倪氏又不得其解，亦疑《年谱》。于《辑释》摘录《年谱》而附其说于后曰："鉴有晚年改本之说，愚考之《年谱》，无一语及晚年改本之论，似为可疑。"信如陈氏、倪氏之言，是《年谱》有讹文也。夫惟知信祝本，而于其罅隙可疑之处，不能因疑生悟，而强断《年谱》之文为有讹，抑何愚乎！不待辨者，窃更有所解如此，若不可不辨者甚多，不能尽记。

予有健忘之疾，恐尽忘而无以请正于先生朋友也，故姑取其尤要者记焉。忠所学《附考》粗就，因命忠刻此以弁于卷首。

参 考 书 目

朱熹:《四书章句集注》,中华书局2012年版。
黎靖德:《朱子语类》,中华书局1986年版。
朱杰人、严佐之、刘永翔主编:《朱子全书》,上海古籍出版社、安徽教育出版社2002年版。
程颢、程颐:《二程集》,中华书局2004年版。
张载:《张载集》,中华书局1978年版。
陆九渊:《陆九渊集》,中华书局1980年版。
王守仁:《阳明先生集要》,中华书局2008年版。
周敦颐:《周敦颐集》,中华书局2009年版。
陈淳:《北溪字义》,中华书局1983年版。
脱脱:《宋史》,中华书局,1985年版。
司马迁:《史记》,中华书局1959年版。
《孔子家语》,百子全书本。
《孔丛子》,百子全书本。
《孔子集语》,百子全书本。
《子思子》,四库全书本。
《曾子》,四库全书本。
阮元:《十三经注疏》,中华书局1980年版。

孙诒让:《周礼正义》,中华书局1987年版。
孙希旦:《礼记集解》,中华书局1989年版。
刘宝楠:《论语正义》,中华书局1990年版。
焦循:《孟子正义》,中华书局1987年版。
毛奇龄:《四书改错》,华东师范大学出版社2015年版。
程树德:《论语集释》,中华书局1990年版。
钱穆:《论语新解》,三联书店2005年版。
黄怀信:《论语汇校集释》,上海古籍出版社2008年版。
杨伯峻:《论语译注》,中华书局1980年版。
杨伯峻:《春秋左传注》,中华书局1990年版。
王文锦:《礼记译解》,中华书局2001年版。
杨天宇:《礼记译注》,上海古籍出版社1997年版。
黄宗羲:《宋元学案》,中华书局1986年版。
《婺源县志》,道光六年刻本。
束景南:《朱熹年谱长编》,华东师范大学出版社2004年版。
束景南:《朱子大传》,商务印书馆2003年版。
钱穆:《朱子新学案》,九州出版社2011年版。
钱穆:《四书释义》,九州出版社2011年版。
陈来:《朱子哲学研究》,华东师范大学出版社2000年版。
陈来:《朱子书信编年考证》(增订本),三联书店2007年版。
余英时:《朱熹的历史世界》,三联书店2011年版。
陈荣捷:《朱熹》,三联书店2012年版。
张立文:《朱熹评传》,南京大学出版社2011年版。

近期国学读物要目

国学新读本
诗经　梁锡锋　注说
论语　臧知非　注说
尚书　姜建设　注说
国语　曹建国　张玖青　注说
孔子家语　杨朝明　注说
山海经　郑慧生　注说
墨子　苏凤捷　程梅花　注说
孟子　何晓明　周春健　注说
庄子　曹础基　注说
荀子　杨朝明　注说
韩非子　赵沛　注说
孙子兵法　赵国华　注说
楚辞　李中华　邹福清　注说
潜夫论　王健　注说
文心雕龙　戚良德　注说

礼记　杨天宇　注说
老子　曹峰　注说
吕氏春秋　张富祥　注说
商君书　徐莹　注说
战国策　张彦修　注说
淮南子　杨有礼　注说
春秋繁露　曾振宇　注说
世说新语　赵成林　注说
史通　李振宏　注说

周易　龚留柱　注说
新语　李振宏　注说
新书　徐莹　注说
新论　臧知非　注说
说苑　赵国华　范正娥　注说
搜神记　王利锁　注说
颜氏家训　郭宝军　注说

文中子　王路曼　池桢　注说
潜书　池桢　王路曼　注说
六祖坛经　姚彬彬　注说
韩愈集　刘真伦　注说
柳宗元集　岳珍　注说
贞观政要　苏士梅　注说
通书　张文瀚　注说
正蒙　李峰　注说
王弼集　党圣元　注说
欧阳修集　杨亮　注说
王安石集　张富祥　李玉诚　注说
容斋随笔　张富祥　注说
论语集注　梁振杰　注说
大学中庸集注　梁振杰　注说
孟子集注　赵庆伟　注说
近思录　路新生　注说
传习录　岳淑珍　注说
焚书　李竞艳　注说
明夷待访录　赵轶峰　注说
闲情偶寄　惠萍　注说
龚自珍集　曹志敏　注说
校邠庐抗议　刘克辉　戴宁淑　注说
劝学篇　马小泉　注说

百年河大国学旧著新刊

河洛方言诠诂　王广庆　著
三统历表　邵瑞彭　著
中国戏剧概论　卢前　著
晚明思想史散论　嵇文甫　著
论语新探　赵纪彬　著
天问研究　孙作云　著
汉魏六朝文学史　李嘉言　著
金艺文志　金登科记考　万曼　著
唐集叙录　万曼　著
中国文学史新编　张长弓　著
汉碑集释　高文　著
袁中郎研究　任访秋　著
东夷杂考　李白凤　著
宋会要辑稿考校　王云海　著
长江集新校　李嘉言　著

高适岑参选集　高　文　王刘纯　选著
花间集注　华锺彦　著
庆湖遗老诗集校注　王梦隐　著
曾瑞散曲集校注　李春祥　著
辛弃疾选集　佟培基　选著
汉魏六朝韵谱　于安澜　著
毡推闲话　武慕姚　著
中国救荒史　邓云特　著
红学二百年　李春祥　著
文心雕龙选讲　温绎之　著

于安澜书画学四种
画论丛刊
画史丛书
画品丛书
书学名著选

元典文化丛书
中华第一经——《周易》与中国文化　宋会群　苗雪兰　著
教化百科——《诗经》与中国文化　孙克强　张小平　著
经国治民之典——《周礼》与中国文化　郝铁川　著
哲人的智慧——《老子》与中国文化　高秀昌　龚力　著
圣人箴言录——《论语》与中国文化　李振宏　著
武学圣典——《孙子兵法》与中国文化　龚留柱　著
亚圣思辨录——《孟子》与中国文化　何晓明　著
逍遥之祖——《庄子》与中国文化　白本松　王利锁　著
外王之学——《荀子》与中国文化　张曙光　著
中国帝王术——《韩非子》与中国文化　王宏斌　著
史家绝唱——《史记》与中国文化　邓鸿光　著
诸经总龟——《春秋》与中国文化　涂文学　周德钧　著
管理宝典——《管子》与中国文化　袁闾　著
纵横家书——《战国策》与中国文化　张彦修　著
人仙之间——《抱朴子》与中国文化　徐仪明　冷天吉　著
医学圣典——《黄帝内经》与中国文化　王庆宪　梁晓珍　著
礼乐渊薮——《礼记》与中国文化　黄宛峰　著
词章之祖——《楚辞》与中国文化　李中华　著
星学宝典——《历书天官书》与中国文化　郑慧生　著
天人衡中——《春秋繁露》与中国文化　曾振宇　范学辉　著
王政全书——《吕氏春秋》与中国文化　张富祥　著
神话之源——《山海经》与中国文化　高有鹏　孟芳　著

新道鸿烈——《淮南子》与中国文化　杨有礼　著
史家龟鉴——《史通》与中国文化　曾凡英　著
政事纲纪——《尚书》与中国文化　姜建设　著
春秋弦歌——《左传》与中国文化　龚留柱　著
平民理想——《墨子》与中国文化　苏凤捷　程梅花　著
人伦本原——《孝经》与中国文化　臧知非　著
法典之王——《唐律疏议》与中国文化　徐永康　吉霁光　郑取　著
文论巨典——《文心雕龙》与中国文化　戚良德　著

宋代研究丛书
北宋诗学　张海鸥　著
宋代东京研究　周宝珠　著
宋代地域经济　程民生　著
宋代监察制度　贾玉英　著
宋代官员选任和管理制度　苗书梅　著
宋代地域文化　程民生　著
宋代文学通论　王水照　主编
宋代司法制度　王云海　主编
宋代教育　苗春德　主编
清明上河图与清明上河学　周宝珠　著
宋代文化史　姚瀛艇　主编
黄庭坚与宋代文化　杨庆存　著
宋代交通管理制度研究　曹家齐　著
岳飞和南宋前期政治与军事研究　王曾瑜　著
成圣之道——北宋二程修养工夫论之研究　温伟耀　著
宋代绘画研究　邓乔彬　著

汉语史专书语法研究丛书
《三朝北盟会编》语法研究　刁晏斌　著
《荀子》虚词研究　黄珊　著
《晏子春秋》词类研究　姚振武　著
《聊斋俚曲》语法研究　冯春田　著
《孟子》词类研究　崔立斌　著
《朱子语类辑略》语法研究　吴福祥　著
敦煌变文12种语法研究　吴福祥　著
《吕氏春秋》句法研究　殷国光　著
《尚书》语法论稿　钱宗武　著
《左传》语法研究　何乐士　著
《元典章·刑部》语法研究　李崇兴　祖生利　著
汉语语法史断代专书比较研究　何乐士　著

图书在版编目(CIP)数据

论语集注/梁振杰注说.—郑州:河南大学出版社,2016.6
(国学新读本)
ISBN 978-7-5649-2419-5

Ⅰ.①论… Ⅱ.①梁… Ⅲ.①儒家②《论语》—注释 Ⅳ.①B222.22

中国版本图书馆CIP数据核字(2016)第141298号

责任编辑　胡玲霞
责任校对　陈　霞
封面设计　马　龙

出　版	河南大学出版社
	地址:郑州市郑东新区商务外环中华大厦2401号　邮编:450046
	电话:0371－86059701(营销部)　网址:www.hupress.com
排　版	郑州市今日文教印制有限公司
印　刷	河南新华印刷集团有限公司
版　次	2016年10月第1版　印　次　2016年10月第1次印刷
开　本	650mm×960mm　1/16　印　张　24.75
字　数	310千字　定　价　49.00元

(本书如有印装质量问题请与河南大学出版社营销部联系调换)